인간 관계의 법칙

인간 관계의 법칙

로버트 그린 지음 | 강미경 옮김

웅진 지식하우스

일러두기
※ 이 책은 『유혹의 기술』(웅진지식하우스, 2012)의 에센셜 에디션입니다.

상대의 마음을 장악하는
최고의 관계 전략, 유혹

∞

사람들은 끊임없이 우리에게 영향력을 행사하려 든다. 우리에게 무엇인가를 하라고 무언의 압력을 넣는 것이다. 반면에 우리는 그들의 말을 듣지 않으려 하고, 우리를 설득하려는 모든 노력을 거부한다. 하지만 사랑에 빠질 때는 모든 게 달라진다. 우리는 마치 마법에 걸린 사람처럼 행동하게 된다. 사람은 자신의 일에 우선적인 관심을 보이게 마련이다. 하지만 사랑에 빠지면 사랑하는 사람에 대한 생각이 온 마음을 가득 채운다. 우리는 감정적으로 변하고, 이성적인 판단 능력을 잃은 채 바보처럼 행동한다. 무언가에 사로잡힌 사람처럼 그렇게밖에 행동할 수 없게끔 사고가 마비되기 때문이다. 이런 상태가 오래 지속되면 사랑하는 사람의 의지에 굴복하게 되고, 오로지 그를 소유하고 싶다는 욕망에 갇히게 된다.

이처럼 유혹의 힘은 엄청나다. 유혹자들은 사랑에 빠진 사람이 겪는 심리적인 과정을 익히 알고 있기에, 그 사람의 욕구를 자극할 수 있는 방법과 수단에 정통하다. 그들은 사람을 사랑에 빠지게 하는 기술을 본능적으로 타고나기도 하지만 훈련을 통해 터득하기도 한다.

관심이 없다는 이유로, 또는 악하고 추하다는 이유로 유혹의 힘을 애써 부인하려고 해도 소용없다. 유혹은 현실적인 권력의 일종이다. 따라서 부인하려고 하면 할수록 유혹의 힘에 더욱 매혹될 뿐이다. 이유는 간단하다. 다른 사람이 우리를 사랑하도록 만드는 힘이 얼마나 매혹적인지를 우리 모두가 이미 잘 알고 있기 때문이다. 상대방이 우리를 사랑하는 한 우리의 행위, 몸짓, 말을 비롯한 모든 것이 그 사람에게 긍정적인 영향을 끼친다. 옳고 그름을 판단하는 것은 전혀 중요하지 않다. 무언가 강한 힘으로 상대방에게 영향력을 행사하고 있다는 것만이 현실로 느껴진다. 그런 느낌이 우리에게 자신감을 주고, 그럴수록 우리는 점점 유혹의 매력에 이끌리게 된다.

사회관계나 직장에서도 얼마든지 이와 유사한 경험을 할 수 있다. 어느 순간 우리는 평상시보다 훨씬 매혹적인 모습이 될 때가 있다. 그런 순간이면 사람들이 우리의 모습에 반해 끌려오는 것을 느끼게 된다. 물론 이런 일은 잠시 일어나는 일시적인 현상일 수도 있지만, 시간이 지나도 그때의 기억을 잊지 못한다. 우리는 다시 그런 순간을 경험하기를 바란다. 누구나 주목을 받고 싶고, 매력적인 사람이 되고 싶어 한다. 유혹은 곧 권력이다. 권력을 좋아하는 본성을 가지고 있는 한 인간은 결코 유혹자가 되고 싶은 욕망에서 벗어나지 못

인간 관계의 법칙

한다. 특히 오늘날의 사회에서 권력을 얻으려면 반드시 유혹의 능력을 갖춰야 한다.

성격을 갑작스레 바꾼다고 해서, 또는 외모를 몽땅 뜯어고쳐 미남, 미녀가 된다고 해서 유혹의 힘을 갖게 되는 것은 아니다. 사실 유혹의 힘은 외적인 아름다움에서 나온다기보다는 심리 게임을 펼쳐나가는 능력에 달려 있다. 누구든지 그 게임에 정통하기만 하면 유혹의 힘을 가질 수 있다. 즉, 세상을 다르게, 유혹자의 눈으로 보면 된다.

유혹자는 결코 자기도취에 빠지지 않는다. 그의 시선은 항상 안이 아니라 밖을 향해 있다. 누군가를 처음 만날 경우, 유혹자는 상대방의 생각을 읽으려 하고 그의 눈으로 세상을 보려 한다. 유혹자가 자신보다는 상대방을 바라보려고 하는 데에는 몇 가지 이유가 있다. 첫째, 자기도취에 빠진다는 것은 불안하다는 증거다. 불안한 심리를 가지고 있는 한 결코 유혹자가 될 수 없다. 물론 불안에서 벗어날 수 있는 사람은 없다. 하지만 유혹자는 그것을 무시하고 자기 밖의 세상에 몰두함으로써 자기를 의심하는 심리를 극복해낸다. 이러한 태도는 쾌활한 정신 상태를 갖게 하며 사람들은 자연히 그런 사람의 주위에 몰려들게 되어 있다. 둘째, 상대방의 생각을 읽는다는 것은 그 사람의 입장에 서서 생각한다는 것을 의미한다. 상대방의 눈으로 세상을 보면 귀중한 정보를 많이 얻게 된다. 즉, 상대방의 마음을 움직일 수 있는 것이 무엇인지 알게 된다. 일단 마음을 움직이는 데 성공하면 상대방의 판단력을 흐리게 해 덫에 빠뜨릴 수 있다.

유혹자는 마치 벌이 이 꽃에서 꽃가루를 묻혀 저 꽃에 날라주는 것처럼, 자신이 사람들에게 즐거움을 가져다주는 존재라고 생각한다. 어린 시절 우리는 즐거운 게임과 놀이를 하며 지낸다. 하지만 성인이 된 뒤에는 그와 같은 즐거움을 잊어버린 채 책임과 의무에 짓눌린 삶을 산다. 유혹자는 사람들이 즐거움을 원한다는 사실을 알고 있다. 유혹자는 대부분의 사람들이 연인이나 친구에게서도 충분한 즐거움을 얻지 못하고, 스스로도 즐거운 삶을 만들어낼 능력이 없다는 사실을 잘 알고 있다. 그런 사람들의 삶에 뛰어들어 로맨스와 모험을 제공하는 유혹자를 거부하기란 결코 쉽지 않다.

유혹자는 삶을 극장으로 보고, 모든 사람을 배우로 생각한다. 대부분의 사람들은 삶에서 자신의 역할이 한정되어 있다고 생각하고 스스로를 불행하게 여긴다. 하지만 유혹자는 자신이 어떤 모습으로든 변할 수 있고, 많은 역할을 할 수 있다고 믿는다. 유혹자는 필요하다면 어떤 역할이든 다 소화해낼 수 있다는 자신감을 지니고 있다. 이러한 자유, 즉 그의 몸과 마음에 존재하는 유연성이 그를 매혹적인 존재로 만든다. 사람들은 현실만을 필요로 하지 않는다. 그들은 환상과 놀이를 원한다. 유혹자의 차림새, 유혹자에 이끌려 가게 되는 장소, 그의 말과 행동 등 모든 것이 마치 현실을 벗어난 환상의 세계를 연상케 하며, 나아가 영화 속에서나 가능할 것 같은 즐거움을 제공한다면 누가 그런 유혹을 뿌리칠 수 있겠는가!

누구나 매력 있고 설득력을 갖춘 사람이 되고 싶어 한다. 이 책은 여러분들을 바로 그런 사람이 될 수 있도록 유혹의 기술로 무장시켜주고 있다. 유혹의 기술을 갖춘 사람 앞에서 우리는 서서히 저항할 힘을 잃게 된다. 자신도 모르는 사이에 유혹자 앞에 굴복하고 마는 것이다. 따라서 유혹의 기술은 물리적인 힘보다는 심리적인 힘이 작용하는 오늘날과 같은 시대를 헤쳐나가는 데 반드시 필요한 기술이다.

모든 유혹은 두 가지 요소를 가지고 있다. 첫째, 먼저 자신의 매력을 찾아야 한다. 다시 말해 자신의 어떤 점이 사람들을 유혹할 수 있는지를 파악해야 한다. 둘째, 목표물에 관해 알아야 한다. 상대방의 방어선을 무너뜨리고 항복을 얻어내려면 어떤 전략과 행동이 필요한지 알아야 한다. 이 두 가지 요소는 똑같이 중요하다. 만일 자신의 성격이나 매력을 알지 못한 채 유혹의 전략을 세울 경우에는 유치한 아첨을 하거나 속임수를 쓴다는 인상을 줄 수밖에 없다. 반대로 상대방에 대한 이해 없이 자신의 매력만 믿고 밀어붙일 경우에는 심각한 실수를 저지를 가능성이 높다.

이 책은 크게 두 부분으로 나뉜다. 1부에서는 유혹자의 아홉 가지 유형을 다루고 있다. 이들 유형을 잘 살펴보면 자신이 어떤 유형에 속하는지 알게 될 것이다. 유능한 유혹자가 되려면 우선 자신의 유형부터 알아야 한다. 2부에서는 사람들을 저항할 수 없게 매혹시켜 유혹에 굴복하게 만들 수 있는 유혹의 전략과 전술을 다루었다.

책에 기록된 이야기와 내용에 잠시 자신을 맡겨라. 마음을 열고 생각이 자유롭게 흐르도록 내버려두어라. 그러면 이 책의 사상이 천천히 스며들 것이며, 세상의 모든 것이 유혹임을 알게 될 것이다. 그러면 세상을 생각하고 바라보는 방식도 자연히 변하게 될 것이다.

| 목차 |

PART 2

관계를 주도하는 24가지 전략

[CHAPTER 1. 상대의 숨은 욕망을 겨냥하라]

PART 1
관계를 주도하는
9가지 유형

사람은 누구나 매력, 곧 사람을 유혹해 사로잡는 힘을 지니고 있다. 하지만 우리는 자신에게 그런 내적 잠재력이 존재한다는 사실을 의식하지 못하고, 단지 선택받은 소수의 사람들만 그런 신비한 자질을 타고난다고 생각한다. 우리 자신의 잠재력을 깨달으려면 먼저 자신의 성격 가운데 어떤 측면이 사람의 관심을 끌 만한 매력을 지니고 있는지 알아야 한다. 그런 다음에 우리에게 있는 유혹의 능력을 발전시켜나가야만 한다.

뛰어난 유혹자들은 속이 빤히 들여다보이는 책략이나 전략은 구사하지 않는다. 그럴 경우에는 괜히 의심만 불러일으킬 뿐이다. 유혹은 그 사람만의 독특한 개성에서 자연스레 우러나오는 것이 되어야만 성공을 거둘 수 있다. 다시 말해 사람들을 매료시킬 수 있고, 그들의 감정을 자극해 통제력을 상실하게 만들 수 있는 자질이 몸에서 저절로 우러나와야 한다. 그래야만 속셈을 드러내지 않고 상대방을 마음먹은 대로 움직일 수 있다. 유혹자의 천성이 몸에 배어 있어야만 마치 어린아이가 놀이를 하듯 자연스럽게 사람들을 유혹할 수 있다.

세상의 유혹자들은 모두 아홉 가지 유형으로 나눌 수 있다. 각각의 유형마다 사람들을 사로잡는 나름대로의 독특한 특성이 있다. 먼저 '세이렌'은 성적 에너지가 풍부할 뿐만 아니라 그 이용 방법에 정통하다.

'레이크'는 지칠 줄 모르고 이성을 탐닉한다. 이런 유형의 사람은 주변에 있는 모든 사람들을 전염시킬 정도로 강한 욕구를 지니고 있다. '아이디얼 러버'는 로맨스를 불러일으킬 만큼 심미적 감각이 뛰어나다. '댄디'는 자신을 연출하는 능력이 뛰어나며 남자인지 여자인지 모를 정도의 풍모를 지닌다. '내추럴'은 자발적이고 열린 자세를 지니고 있다. '코케트'는 자기 충족적이면서 동시에 상대방을 매료시키는 차가운 매력을 발산한다. '차머'는 즐거움을 주는 방법을 알고 싶어 하며 또 알고 있다. 이런 유형의 사람들은 아주 사교적이다. '카리스마'는 자신을 매우 과신하며, '스타'는 마치 연기처럼 신비스러운 분위기를 연출한다.

누구나 이 아홉 가지 유형 가운데 하나에 해당하는 속성을 지니고 있다. 따라서 이 책을 읽다 보면 자신의 유형을 파악할 수 있을 것이다. 여기에 실린 각각의 장들은 자신의 매력을 발전시켜나갈 수 있는 열쇠 역할을 해줄 것이다. 아홉 가지 유형을 일종의 지침으로 생각하라. 일단 그러한 유형들을 살펴보고 나면 자신의 매력을 알게 될 것이며, 그 순간 무한한 힘을 느끼게 될 것이다.

세이렌
The Siren

원초적인 욕망의 지배자

—

남성은 자신에게 부과된 사회적인 역할을 이행하느라 늘 욕망을 억누르며 산다. 모든 일에 책임을 지고 스스로를 억제하며 이성적으로 살아야 하는 남성에게 세이렌은 해방과 자유를 느끼게 하는 여성 유혹자다. 남성은 세이렌이 발산하는 성적 매력 앞에서 순수한 쾌락의 세계로 인도되는 듯한 환상에 젖는다. 대부분의 여성은 세이렌과 같은 이미지를 만들어낼 정도로 과감하지 못하다. 하지만 세이렌은 남성이 원하는 환상 속의 여인으로 나타난다. 세이렌은 남성의 욕망을 자극함으로써 그를 지배한다.

두 황제를 사로잡은 세기의 여인

기원전 48년 이집트의 프톨레마이오스 14세는 자신의 여동생이자 아내인 클레오파트라 여왕을 폐위시켜 유배에 처했다. 그는 그녀가 다시 돌아와 권력을 행사하지 못하도록 국경의 수비를 강화했다. 기원전 49년 율리우스 카이사르가 알렉산드리아를 공격했다. 이집트인들은 저항했지만, 결국 로마의 승리로 돌아갔고 이집트는 로마의 지배를 받게 되었다.

어느 날 저녁 카이사르는 이집트의 궁전에서 부하 장군들과 함께 전략을 논의하고 있었다. 그때 한 로마 경비병이 들어와 어떤 그리스 상인이 카이사르에게 줄 값진 선물을 가지고 문밖에서 기다리고 있다는 소식을 전했다. 호기심이 발동한 카이사르는 그 상인을 들어오게 했다. 상인은 둘둘 말린 큼지막한 양탄자를 어깨에 짊어지고 궁전 안으로 들어오더니 양탄자를 바닥에 펼쳤다. 그러자 그 안에 숨어 있던 젊은 클레오파트라가 모습을 드러냈다. 카이사르 앞에 선 반라의 클레오파트라는 마치 바다에서 솟아오른 아프로디테와 다름없었다.

로마의 저술가 디오 카시우스 Dio Cassius는 이렇게 적었다. "클레오파트라는 듣는 사람을 황홀하게 만들 만큼 아름다운 목소리를 지니고 있었다. 그녀의 목소리와 자태는 철저한 여성 차별주의자였던 카이사르를 단번에 사로잡았다. 카이사르는 그녀를 보자마자 마치 마법에 걸린 사람처럼 되어버렸고, 그날 밤 클레오파트라는 카이사르의 연인이 되었다."

어느 날 밤 클레오파트라는 둘이 함께 알렉산드로스 대왕의 영화를 재현해 신들처럼 세상을 다스려보자고 카이사르에게 제안했다. 그런 다음 자신의 화려한 궁궐에서 이시스 여신처럼 단장하고 갖가지 향연을 베풀었다. 클레오파트라는 이집트 여인의 이국적인 매력을 한껏 발산했으며, 카이사르에게 퇴폐적인 주연의 즐거움을 맛보게 했다. 이는 마치 전쟁을 치르는 것과 같은 도전적인 즐거움을 그에게 안겨주었다. 클레오파트라의 마음을 정복했다고 생각하는 순간, 그녀는 갑자기 차갑게 돌변해 화를 내곤 했으며, 그럴 때마다 그는 그녀의 사랑을 얻기 위해 애를 태웠다.

기원전 44년에 카이사르가 살해되자, 마르쿠스 안토니우스를 포함한 세 명의 실력자가 로마를 지배하게 되었다. 몇 년이 흐른 뒤 클레오파트라는 시리아에 있는 안토니우스에게 이집트의 타르수스라는 도시에서 만나자는 전갈을 보냈다. 그녀는 일부러 그를 기다리게 했다. 그녀의 모습은 처음 카이사르 앞에 나타났을 때처럼 여전히 아름다웠다. 보라색 돛대를 단 화려한 황금색 유람선이 키드누스 강에 모습을 드러냈다. 노 젓는 사람들은 아름다운 음악에 맞추어 노를 저었다. 배 가장자리에는 젊고 아름다운 여성들이 마치 신화에 나오는 요정들처럼 치장을 하고 빙 둘러서 있었다. 클레오파트라는 아프로디테 여신 같은 자태로 갑판 가운데 앉아 있었고, 미소년들이 그녀의 주위를 둘러싼 채 커다란 부채를 천천히 흔들고 있었다.

클레오파트라에게 희생된 다른 모든 사람들이 그랬듯이 안토니우스도 감정이 크게 동요되었다. 그는 클레오파트라가 제공하는 쾌락을 거부하기 힘들었다. 그와 동시에 그녀를 길들이고 싶은 욕망을 느꼈다. 오만하고 아름다운 클레오파트라의 콧대를 꺾는다면 그의 위대성이 입증될 수 있으리라고 생각했다. 결국 그는 그곳에서 클레오파트라와 함께 머물렀으며, 카이사르처럼 서서히 그녀의 마법에 빠져들었다.

세 명의 실력자 가운데 한 사람인 옥타비아누스는 안토니우스를 로마로 돌아오게 하려고 자신의 동생인 옥타비아를 그에게 아내로 주었다. 사람들은 아름답고 착한 옥타비아가 '이집트 요부'의 손에서 안토니우스를 구해낼 것이라고 믿었다. 하지만 안토니우스는 로마로 돌아와서도 클레오파트라를 잊지 못했다. 3년 뒤 그는 다시 이집트로 돌아갔다. 그리고 영원히 클레오파트라의 노예가 되어 그녀에게 엄청난 권력을 쥐어주었으며, 그 자신도 로마식을 포기하고 이집트식 관습과 복장을 따랐다.

한때 왕궁에서 쫓겨나 때 이른 죽음을 맞이할 뻔했던 클레오파트라는 자신만의 전략으로 결국 운명을 반전시켰고, 거의 20년간 이집트의 통치자로 군림했다.

○ ○ ○

클레오파트라는 육체적으로 그렇게 뛰어난 편도 아니었고, 정치적 힘도 발휘하지 못했다. 그런 클레오파트라에게 당대의 영웅들이었던 카이사르와 안토니우스는 완전히 눈이 멀고 말았다. 그들은 끊임없이 변화무쌍한 모습을 보여주는 클레오파트라에게 매혹되었다. 그녀는 뛰어난 화장술과 화려한 차림새로 매일 새로운 모습으로 변신했으며, 항상 여신과 같은 자태를 풍겼다. 문헌들은 한결같이 클레오파트라의 음성이 마치 음악 소리처럼 감미로웠다고 전한다.

클레오파트라는 세이렌이 되려면 외모가 아니라 남성의 환상을 사로잡을 수 있는 분위기를 연출하는 능력을 갖춰야 한다는 교훈을 준다. 남자는 새로운 쾌락을 열망하고 모험을 즐기고 싶어 한다. 남자는 보이는 것에 쉽게 속는 경향이 있다. 한마디로 시각적인 것에 약하다. 세이렌의 모습(당당한 풍모와 연극적인 분위기가 한데 어우러진 성적 매력)을 연출하면 남자는 쉽게 걸려든다. 남자의 마음을 혼란하게 만들어 자신이 어떤 여성인지 정체를 파악하지 못하게 하라. 그러면 당신에게 푹 빠져 원하는 대로 끌려오게 될 것이다.

세이렌이 되는 길

세이렌은 남성에게 끊임없는 쾌락을 안기며 남성의 상상력을 사로잡는 모든 여성 유혹자를 대표한다. 이들 세이렌은 매우 관능적이며, 자신 있게 자신을 연출해 남성을 유혹한다. 물론 그들의 유혹의 배후에는 당연히 위험이 도사리고 있다.

오늘날의 문화적 상황에서 세이렌은 과거 그 어느 때보다 더욱 강력한 힘을 발휘한다. 요즘 남성들은 일신의 안전을 꾀하며 출세 지향적인 경쟁사회에서 살고 있기 때문에 모험을 즐기고 쾌락을 누릴 기회가 적다. 따라서 요즘 남성들의 심리 구조는 세이렌의 유혹에 넘어가기에 딱 좋다. 과거에는 남자들이 전쟁, 정치, 낯선 세상에 대한 모험 등을 통해 스릴과 재미를 즐길 수 있었다. 성적인 분야에서도 제도적으로 후궁과 첩을 여러 명 두고 원하는 대로 다양하게 자신의 욕망을 충족시킬 수 있었다. 하지만 오늘날에는 이러한 배출구가 사회적으로 모두 막혀 있으므로 남성의 욕구는 점점 내면화되고 언제라도 폭발해버릴 상황에 직면해 있다. 때로 권력자나 재력가가 전혀 그럴 것 같지 않은 상황에서 내연의 관계를 갖고, 단지 스릴과 모험을 즐기기 위해 비이성적인 행동을 하는 것만 보아도 알 수 있다. 비이성적인 것은 스릴과 재미를 느끼게 한다. 특히 항상 합리적으로 행동하도록 요구받는 남성에게 비이성적인 것은 엄청난 유혹으로 다가온다.

만일 유혹자가 되고자 한다면, 세이렌이 되는 것이 가장 강력한 방법이다. 세이렌은 남성의 가장 기본적인 욕구를 충족시킨다. 세이렌의 능력을 충분히 발휘할 수만 있다면, 아무리 강하고 이성적인 남자라도 마치 어린아이와 같은 노예로 만들 수 있다.

무엇보다도 세이렌은 보통의 여성과는 분명히 구별되는 특징을 지녀야 한다. 세이렌은 신비하고 매우 드문 존재다. 그래서 싸워서라도 빼앗을 만한 가치가 있다. 세이렌은 대개 시선을 끌 만한 독특한 외모를 지녀야 하기 때문에 특히 외모를 치장하는 것이 중요하다. 아울러 세이렌은 지극히 여성적이며 성적인 매력을 내뿜어야 한다. 대부분의 여성들이 그렇게 과감한 이미지를 연출하지 못한다. 하지만 외모에 관심을 갖고 가꾸는 순간부터 세이렌이 될 수 있는 여지는 더욱 커진다.

일단 남성의 시선을 사로잡을 만한 특성을 갖춘 뒤에는 두 가지 자질이 더 필요하다. 하나는 남성이 정신을 잃고 푹 빠지게 만드는 능력이고, 다른 하나는 위험한 인상을 풍기는 능력이다. 위험한 인상은 놀라우리만큼 유혹적이다. 남성의 관심을 사로잡는 일은 비교적 쉽다. 관능적인 매력을 풍기면 남성들은 대개 관심을 갖기 때문이다. 하지만 창녀처럼 굴어서는 안 된다. 그럴 경우 남성은 즉시 관심을 잃게 된다. 그 대신 약간의 거리를 두고 교묘한 태도를 취함으로써 남성의 상상력을 자극해야 한다. 그럴 경우, 남성들은 마치 자신이 주도권을 잡은 듯 착각하고 푹 빠져들 뿐 자신이 이용당하고 있다는 생각은 결코 하지 못한다.

위험이나 도전, 죽음과 같은 개념은 고리타분하게 생각될지 모르지만 유혹을 하려면 때로는 위험한 인상을 줄 수 있어야 한다. 어딘가 위험하다는 분위기를 풍기는 것은 특별한 유혹의 효과를 발휘한다. 특히 합리적인 사고에 억압되어 있는 오늘날의 남성들에게는 더욱 그렇다. 세이렌은 종종 비이성적이고 위험스러워야 한다. 그래야만 합리성에 짓눌린 남성들을 유혹할 수 있다. 남성들에게 일종의 경외감을 갖게 하는 것도 중요하다. 즉, 남성과 적당한 거리를 유지하면서 존경심을 갖게 해야만 속셈이나 약점을 효과적으로 감출 수

　　　　　　　　　　　　　인간 관계의 법칙

있다. 두려움을 갖게 하려면 갑작스레 화를 내거나 변덕을 부리면 된다. 그럴 경우 남자는 혼돈에 빠지게 된다.

세이렌에게 필요한 능력

세이렌의 가장 중요한 자질은 육체에 있다. 화장술과 우아하고 유혹적인 옷차림새로 여성미를 한껏 부풀릴 때 남성을 유혹할 수 있다. 외모를 강조한다고 해서 육체적인 아름다움, 특히 얼굴이 예뻐야 한다는 말로 착각해서는 안 된다. 아름다운 얼굴을 가졌다고 해서 자동적으로 세이렌이 되는 것은 아니다. 세이렌은 정신을 혼란하게 만드는 방법으로 은근하게 남성의 욕구를 자극한다. 한 가지 출중한 자질을 가지고 있다고 해서 세이렌이 되는 것은 아니다. 다음의 여러 가지 자질들이 한데 어우러져야만 세이렌이 될 수 있다.

목소리
세이렌에게 목소리는 매우 중요한 자질이다. 전설이 말해주는 대로, 세이렌의 음성은 듣는 순간 거부할 수 없는 욕망을 느끼게 한다. 세이렌의 음성은 감미롭고 은근해서 에로틱한 정서를 만들어낸다. 세이렌은 결코 소리를 높여 빠르게, 공격적으로 말하지 않는다. 세이렌의 목소리는 마치 잠에서 아직 덜 깬 사람처럼 차분하며 서두르지 않는다.

외모와 몸단장

목소리는 자장가처럼 달콤해야 하지만, 외모는 눈부시고 화려해야 한다. 세이렌은 몸단장을 통해 자신을 마치 여신처럼 보이게 한다. 세이렌에게는 눈부신 몸단장이 절대적으로 필요하다. 현실을 초월한 분위기, 곧 환상을 자아낼 수 있는 분위기를 연출할 수 있어야 한다. 관능적인 분위기를 연출하되 너무 노골적이어서는 안 된다. 은근하고 무언가를 암시하는 듯한 여운을 남기는 것이 중요하다.

몸짓과 태도

세이렌은 서두르지 않고 천천히 움직인다. 세이렌은 몸짓, 움직임, 태도로 상대방의 욕망을 은근히 부추기며, 기대감으로 흥분하게 만든다. 이처럼 세이렌이 되기 위해서는 마치 사랑과 쾌락을 위해 세상에 태어난 것처럼 은근하고 권태로운 듯한 분위기를 풍겨야 하고, 순결하면서도 에로틱하고 모호한 분위기의 몸짓이 배어 나와야 한다.

세이렌의 몰락

아무리 관대한 사회라고 하더라도 쾌락에만 열중하는 여성을 용납할 사회는 없다. 세이렌은 결국에는 사회의 지탄을 피할 수 없다. 로마인들은 클레오파트라를 이집트의 창녀라고 부르면서 경멸했다. 옥타비아누스는 군대를 보내 그녀를 제거하려고 했다. 하지만 남성들은 대개 몰락하는 세이렌에게 동정심을 느낀다. 세이렌의 궁극적인 몰락은 다른 여성들의 질투심에서 비롯된다. 클레오파트라를 향한 로마인들의 미움도 실은 요조숙녀를 자처하는 로마의 점잖은 아낙네들의 분노에서 시작되었다.

세이렌은 결백을 주장하며, 자신은 단지 남정네들의 욕구에 희생된 연약한 여자일 뿐이라고 호소할 수 있다. 하지만 세이렌의 힘은 그녀에게 홀린 남성들에게서 비롯된 것이다. 따라서 아무리 호소를 해봤자 결국 자신을 구원할 수 없다. 다른 여성의 질투심을 받아들이든지, 아니면 무시하든지 둘 중 하나를 선택해야 한다. 시간이 흐르면 육체적인 아름다움도 퇴색하게 마련이다. 결국 세이렌은 그때를 대비해 정신적인 아름다움을 가꾸는 노력을 기울여야만 비참한 몰락을 피할 수 있다.

세이렌의 노래는 마치 물처럼 유연하고 매혹적이다. 세이렌은 구체적인 형체가 없고 손으로 만질 수도 없는 존재다. 세이렌은 바다처럼 무한한 모험과 쾌락의 세계로 남성을 유혹한다. 마법에 걸린 남성들은 과거와 미래를 모두 잊어버린 채, 그녀의 노랫소리를 듣고 따라갔다가 바다에 빠져 죽는다.

TYPE 2

레이크
The Rake

억눌린 욕구를
해방시키는 정열가

—

여성은 남성으로부터 더 많은 사랑과 관심을 받고 싶어 한다. 하지만 대개의 경우 남성은 신경 써야 할 일이 많기 때문에 여성에게 충분한 관심을 기울이지 못한다. 레이크는 바로 여성이 원하는 환상의 유혹자다. 비록 그 관계는 오래 지속되지 않더라도 레이크는 여성을 원하고, 그녀를 위해 땅 끝까지라도 쫓아갈 수 있다는 정열을 보여준다. 레이크는 부정직하고 비도덕적이며, 한 여인에게 충실하지도 않지만, 그런 모습이 오히려 그의 매력을 한층 더 강력하게 만든다. 위험한 쾌락을 추구하는 레이크의 분위기를 풍긴다면 여성의 억눌린 욕망을 얼마든지 자극할 수 있다.

타인을 전염시키는 위험한 정열

오를레앙 공작은 딸이 궁정을 들락거리는 방탕한 귀족들의 유혹에 넘어가지 않도록 샤프롱chaperon(지체 높은 집안의 처녀를 보살피는 나이 든 여자)을 두어 자기 딸을 지키게 했다. 하지만 드 발루아는 어느 날 우연히 공원에서 마주친 남자의 눈길에 끌려 그만 마음에 불이 붙고 말았다. 잠깐 스쳐 지나갔을 뿐이지만, 그의 눈길은 드 발루아의 마음에 강렬하게 새겨졌다. 그의 이름은 바로 유혹자, 난봉꾼으로 악명 높은 리슐리외 공작duc de Richelieu이었다.

오를레앙 공작이 너무나 엄격해서 아무도 감히 그녀에게 접근하지 못했지만, 리슐리외는 아랑곳하지 않았다. 그는 곧 아름다운 필체로 쓴 연서를 그녀에게 보내기 시작했다. 그녀는 처음에는 망설이는 듯했다. 하지만 곧 연서를 주고받는 재미에 푹 빠져들었다.

그러던 어느 날 리슐리외는 하룻밤을 같이 보낼 수 있는 만반의 준비를 갖추어놓겠다고 제안했다. 그런 일을 감쪽같이 해내기란 거의 불가능했기 때문에 그녀는 그저 장난이겠거니 하고 그의 대담한 제안에 동의했다. 며칠이 지난 밤에 그녀의 샤프롱은 뜨개질을 하고, 드 발루아는 책을 읽고 있었다. 문득 시선을 들었을 때 하녀인 앙젤리크가 잠옷을 들고 방으로 들어가는 모습이 보였다. 그러면서 앙젤리크는 그녀를 향해 살며시 미소를 지었다. 그런데 이게 웬일인가! 바로 리슐리외였다. 그가 앙젤리크의 옷을 입고 나타난 것이다.

드 발루아는 너무 놀라 숨이 넘어갈 듯했지만, 곧 정신을 차렸다.

그녀는 방으로 들어가서 리슐리외에게 당장 이 위험한 일을 그만두라고 말할 작정이었다. 하지만 일단 방에 들어서자 그녀는 말을 할 수가 없었다. 막 입을 열려고 하는 순간 그의 눈길과 마주쳤고, 그는 충동적인 말을 속삭이면서 그녀를 애무하기 시작했다. 그녀는 소리도 지르지 못하고 정신이 아득해졌다. 그동안 단조로운 삶을 살아오다가 갑자기 가장 악명 높은 유혹자와 하룻밤의 쾌락을 즐기게 되자, 도덕도 수치심도 생각할 겨를이 없었다.

몇 달 후 오를레앙 공작은 리슐리외가 자신이 쳐놓은 방어벽을 뚫고 딸을 유린한 사실을 알게 되었다. 그는 샤프롱을 해고하고, 방어벽을 두 배로 강화했다. 하지만 그러한 조치가 오히려 리슐리외의 모험심을 더욱 자극할 것이라고는 꿈에도 생각지 못했다. 리슐리외는 가명으로 오를레앙 공작의 이웃집을 구입했다. 그리고 오를레앙 공작의 집 부엌 찬장 쪽 벽과 이어지는 비밀 통로를 만들어 두 집을 연결했다. 그 찬장 안에서 드 발루아와 리슐리외는 몇 달 동안 애정 행각을 벌였다.

리슐리외가 자신이 달성한 위업을 떠벌리고 다닌 탓에 파리의 모든 사람들이 이 일을 알게 되었다. 매주 새로운 소문이 하나씩 궁정에 떠돌았다. 어떤 남자가 리슐리외 공작이 자기 부인에게 접근하는 것을 막기 위해 그녀를 2층에 가두어놓았는데, 그는 전혀 개의치 않고 2층 창문들 사이에 걸쳐진 얇은 나무판자를 딛고 그녀에게 접근했다는 이야기, 한 집에 과부와 정숙한 부인이 살고 있었는데 리슐리외 공작이 밤에 두 여자를 오가며 잠자리를 가졌다는 이야기 등이었다. 두 여자는 리슐리외에게 농락당했다는 사실을 알고 화가 나서 그에게 따져 물었지만, 그는 사과는커녕 얼굴색 하나 변하지 않고 삼각관계의 상황을 이용해 능청스럽게 위기를 빠져나갔다. 그 후에도 리슐리외 공작의 기상천외한 유혹 행각에 관한 이야기가 꼬리에 꼬리를 물고 이어졌다.

○ ○ ○

리슐리외 공작처럼 어둡고 억압된 여성의 욕구를 적절하게 건드린 사람이 바로 돈 후안Don Juan이라는 전설적인 바람둥이다. 돈 후안의 전설은 원하는 여성을 마음대로 취할 수 있는 모험심 많은 기사가 되고 싶어 하는 남성들의 환상에 그 뿌리를 두고 있다. 하지만 17~18세기에 들어오면서 돈 후안은 점차 여성화되기 시작했다. 즉, 모험심 많은 기사가 아니라 오직 여성만을 위해 사는 남자라는 이미지로 바뀌게 된 것이다. 이는 돈 후안의 전설에 여성들의 억압된 심리가 반영된 결과였다.

당시 여성들에게 결혼이란 합법적인 노예 생활이나 다름없었다. 돈 후안은 그런 여성들에게 순수한 쾌락을 제공했다. 그가 지나가는 모습만 보아도 여성들은 마음이 설렜고, 그가 욕망의 손길을 뻗쳐오면 뒷일을 걱정할 겨를이 없었다. 그는 밤중에 다가와 결코 잊을 수 없는 쾌락을 안겨주고 홀연히 사라졌다. 그런 식으로 수천 명의 여성을 정복했지만, 오히려 그 사실이 그를 더욱 동경하게 만드는 요인이 되었다.

　역사상 가장 위대한 시인 가운데 한 명인 바이런 George Gordon Byron 역시 레이크였다. 그는 누구보다도 어둡고 방탕하기로 소문나 있었다. 다소 차갑고 거만해 보이는 외모 뒤에 감춰진 이런 성격이 여자들을 미치게 만들었다. 여자들은 실은 그가 아주 낭만적이고 심지어 정신적으로 고결한 사람이라고 생각했다. 바이런은 우울한 표정과 가끔씩 보이는 친절한 행동으로 그런 믿음을 더욱 부추겼다. 수많은 여성이 그런 모습에 속아 오직 자신만이 그를 새 사람으로 바꿔놓을 수 있다는 착각에 빠졌다.

　여성들은 자신이 레이크를 바른 길로 인도할 수 있다고 착각한다. 하지만 이것이 오히려 레이크가 지닌 유혹의 힘을 배가한다. 바이런을 길들이겠다며 정의의 사도처럼 나섰던 여자들이 얼마나 많았던가! 피카소의 수많은 연인들을 보라. 그 여성들은 피카소가 진실로 사랑한 사람은 오직 자기뿐이라고 믿었다.

레이크가 되는 길

레이크는 사회가 여성에게 허락하지 않는 것을 제공한다. 레이크는 여성에게 순수한 쾌락과 위험을 동반한 짜릿한 즐거움을 선사한다. 여성은 대개 사회와 가정에서의 역할을 강요받는다. 사회는 다소곳하고 교양 있는 여성을 요구하며, 평생 한 남자에게 충실할 것을 강요한다. 여성의 삶은 단조로운 일상의 반복이다. 그런 상황에서 여성은 자신에게 전폭적인 관심을 기울여줄 수 있는 남성을 만났으면 하는 환상에 젖는다.

레이크는 여성의 마음을 산란하게 만들어서 사로잡을 수 있는 힘을 지니고 있다. 이는 마치 세이렌의 육체적 아름다움이 남성에게 미치는 영향과 비슷하다. 여성은 방어적인 태도를 취하기 쉽고, 불안을 느끼거나 계산을 하는 성향이 있다. 하지만 여성은 자신이 남성의 강렬한 관심을 받고 있고 그 남자가 자신을 위해 무슨 일이든 할 수 있다고 생각하는 순간 다른 생각은 하지 않는다. 그뿐만 아니라 그의 무분별한 행동까지 기꺼이 용서하고 싶어 하는 심리를 갖고 있다. 따라서 조금의 망설임도 없이 모든 자제력을 버리고 자신이 지금 스스로를 통제할 수 없다는 인상을 주는 것이 중요하다. 상대가 당신을 신뢰하지 않을 수도 있다는 불안감을 떨쳐버려라. 당신이 그녀의 매력에 사로잡혀 꼼짝도 할 수 없다는 인상을 주기만 하면 그녀는 나중 일은 전혀 생각하지 않고 당신을 받아들일 것이다.

레이크는 여성이 자기를 거부한다고 해도 전혀 개의치 않는다. 그는 자신의 길을 막는 어떤 장애물도 겁내지 않는다. 레이크에게 장애물은 자신의 창의성과 능력을 입증할 수 있는 기회다. 심지어 그는 상대 여성의 남편도 전혀 고려하지 않는다. 저항은 오히려 그의 욕망을 더욱 부추길 뿐이다. 진정한 레이크는 저항이나 장애물이 없을 경우 스스로 그것을 만들기도 한다. 저항이나 장애물이 없으면 상대를 유혹하고 싶은 마음도 생기지 않기 때문이다.

레이크는 사회가 금기로 여기는 극단적인 행동을 한다. 그 때문에 그는 종종 위험하고 잔인한 존재로 인식된다. 바이런은 인습에 얽매이기를 싫어했다. 그는 이복동생과 사랑에 빠져 아이를 낳고, 그 사실을 온 잉글랜드 사람들에게 알렸다. 그는 자기 아내를 비롯해 누구에게나 잔인했지만, 그럴수록 여성들은 그를 사모했다. 교양 있고 얌전한 여성상을 요구하는 문화 속에 살던 여성들은 사회적인 금기를 깨고 위험한 행동을 일삼던 그의 모습을 보며 그들의 마음에 억압되어 있던 욕망을 풀어놓았다.

남성들이 세이렌의 유혹에 넘어가는 이유는 그녀가 남성이 짊어져야 할 사회적인 책임감에서 해방시켜주는 존재로 비치기 때문이다. 여성들이 레이크에게 굴복하는 이유도 다르지 않다. 레이크는 덕행과 정절이라는 사회적 제약에서 자유롭기를 원하는 여성들의 욕망을 채워줄 수 있는 존재다. 실제로 레이크와 깊은 사랑에 빠지는 여인들이 가장 정숙한 여인들인 경우가 종종 있다. 여성이든 남성이든 인간에게는 때로는 금지된 것, 위험한 것, 악한 것을 동경하는 성향이 있다.

레이크에게 필요한 능력

레이크가 되고자 한다면 약간은 위험하고 어두운 분위기를 풍겨야 한다. 그래야만 상대가 뭔가 흔치 않으면서 스릴 넘치는 일에 가담하고 있다는 인상을 받게 된다. 다시 말해 여성 안에 깃들어 있는 악마적 본성을 일깨워줄 수 있어야 한다.

여성들이 레이크를 개선시키고 싶다는 생각을 갖게 만드는 것도 레이크가 지닌 대표적인 유혹자의 기질 가운데 하나다. 레이크가 되려면 이러한 여성의 심리를 십분 활용해야 한다. 무수한 여성 편력이 들통났을 때도 레이크는 이렇게 말한다. "나도 내 욕망을 다스릴 수 없어요. 오직 당신만이 그럴 수 있을 거요. 나를 도와주시오." 그러면 상대 여성은 손을 내밀게 되고, 흥미진진하고 과감한 레이크의 매력에 흠뻑 빠져들어 간다.

유혹은 성별의 차이를 초월한 심리적인 과정이다. 물론 몇 가지 점에서 남녀의 약점이 다르기는 하다. 남성은 대개 시각적인 것에 약하고, 여성은 언어에 약하다. 레이크는 암시적인 말, 최면 효과가 있는 말, 상대방의 마음을 한껏 부풀리는 말, 강한 인상을 남기는 말 등을 자유자재로 구사한다. 한마디로 레이크의 언변은 세이렌의 몸치장과 같은 역할을 한다. 그의 말은 마약처럼 정신을 혼미하게 하는 힘을 발휘한다.

레이크가 말을 하는 목적은 정보 제공이 아니라 상대방의 마음과 감정을 사로잡는 데 있다. 마치 에덴동산에서 이브를 유혹했던 뱀의 말과 같다. 중요한 것은 형식이지 내용이 아니다. 내용이 아닌 말의 형식에 관심을 기울일 경우 더욱 유혹적인 효과를 연출할 수 있다. 다소 고고하고 문학적인 분위기가 풍기는 언변을 구사한다면 상대방은 무의식중에 욕망을 느끼게 될 것이다.

마지막으로 레이크는 자신의 악명을 가능한 한 널리 떨친다. 악명을 떨친다고 해서 양심의 가책을 느끼지도 않는다. 오히려 한층 더 뻔뻔하게 행동한다. 그것이 레이크의 무기다. 자신에 관한 몇 가지 일화를 남겨 소문이 돌게 만들고, 자신이 쾌락을 향해 주체할 수 없는 욕망을 가졌다는 사실을 보여준다. 그와 동시에 인습을 혐오하는 인상을 줌으로써 스스로를 약간은 위험한 존재로 부각시킨다. 다시 말해 겉으로는 공손하고 유순한 척하면서 속으로는 무엇인가를 전복시키고 말 듯한 인상을 풍기는 것이다.

레이크의 몰락

세이렌이 같은 여성들에게 미움을 사는 것처럼 레이크도 동성인 남성들에게 미움을 산다. 대개 순간적으로 화를 참지 못하고 달려드는 남편들은 레이크를 위험에 빠뜨릴 수 없다. 진짜 그를 위험에 빠뜨리는 이들은 돈 후안과 같은 레이크에게 위협을 느끼는 남성들이다. 그들은 레이크의 행동을 용인하지는 않지만, 속으로는 그런 쾌락적인 삶을 부러워한다. 질투심에 사로잡힌 사람들이 대개 그렇듯이, 그들은 종종 도덕을 내세우며 그를 공격한다. 레이크는 그런 남성들에 의해 위험에 처하게 된다(물론 여성들이 그를 공격하는 일도 간혹 있다. 그에게 버림받은 여성이 원한을 품고 공격하는 경우가 그렇다).

하지만 레이크의 매력은 그와 같은 위험을 전혀 개의치 않는다는

인간 관계의 법칙

데 있다. 두려움이나 신중한 태도를 지녀서는 결코 레이크가 될 수 없다.

레이크는 자신이 유혹하는 여성을 활활 태워버릴 수 있는 욕망으로 불타오른다. 그의 욕망은 극단적이며 통제할 수 없을 뿐 아니라 위험하다. 레이크의 삶은 지옥으로 종착되지만, 지옥의 불길은 오히려 그를 더욱 더 매력적이고 탐스럽게 빛나게 한다.

TYPE 3

아이디얼 러버
The Ideal Lover

마음속 이상을
실현시켜주는 구원자

—

사람들은 나이가 들면서 젊었을 때의 꿈과 이상이 산산이 부서지는 좌절을 맛본다. 사회적인 역할, 인간관계, 이런저런 일들로 몸과 마음이 지쳐가면서 젊은 날의 이상과는 거리가 먼 삶을 살아가게 되는 것이다. 이런 사람들에게 아이디얼 러버는 마치 깨진 꿈을 실현시켜줄 구원자의 모습으로 나타난다. 아이디얼 러버는 낭만, 모험, 정신적 교감을 원하는 사람들의 욕구를 만족시켜준다. 한마디로 아이디얼 러버는 사람들이 원하는 환상을 만들어내는 예술가와 같은 존재다. 속물적이고 무미건조한 세상에서 아이디얼 러버는 무한한 유혹의 힘을 발휘한다.

이상형이 되기 위한 무한한 헌신

아마도 역사상 가장 위대한 유혹자는 카사노바Giovanni Giacomo Casa-
nova일 것이다. 그를 거부한 여성은 거의 없었다. 그의 방법은 매우
단순했다. 그는 여성을 만나는 순간부터 그녀에 대해 연구하기 시
작했다. 그 덕분에 상대 여성의 기분을 잘 맞추었을 뿐 아니라, 그녀
의 삶에 없는 것이 무엇인지를 파악해 그 부분을 채워주었다. 그렇
게 해서 그는 모든 여성의 아이디얼 러버가 될 수 있었다. 삶이 권태
로워진 여인에게는 모험과 로맨스를, 품위가 중요한 여인에게는 고
상한 이상과 진지한 대화를, 지나치게 순탄한 삶을 살아온 여인에게
는 살아 있음을 느끼기 해주는 고통과 죄책감을 주었다. 어떤 경우
든 카사노바는 그들의 이상형에 맞게 자신을 변모시켰다. 다시 말해
그들이 꿈꾸는 것을 현실로 만들어주었다.

　1920년대 할리우드 최고의 인기 배우였던 루돌프 발렌티노Rudol-
ph Valentino 역시 전형적인 아이디얼 러버였다. 적어도 영화에 등장하
는 그의 모습은 그랬다. 선물, 꽃, 춤, 여자 손을 잡는 방법에 이르기
까지 그의 행동 하나하나에서 상대방에 대한 세심한 배려가 드러났
다. 그는 구애가 시간과 노력을 요하는 일일 뿐만 아니라, 심미적인
차원으로 승화해야 하는 것임을 보여주었다. 그의 열정과 인내를 지
켜본 여성들은 다른 남자들에게도 똑같은 것을 요구하게 되었다. 이
때문에 남자들에게 발렌티노는 공공의 적이었다. 하지만 인내심을
가지고 관심을 기울이는 것보다 더 큰 힘을 발휘하는 유혹은 없다.

그것은 애정 행각을 단순한 쾌락이 아닌 고상하고 미적인 차원의 것으로 보이게 한다.

여성들이 기사도 같은 남성을 이상형으로 꼽는다면 남성들은 관능미와 천진난만한 순수성이 적절히 결합된 여성을 원한다. 르네상스 시대의 이탈리아에는 툴리아 다라고나 Tullia d'Aragona 라는 고급 매춘부가 있었다. 그녀는 매춘부였으나 시인이자 철학자라는 명성을 얻음으로써 자신의 사회적 신분을 위장했다. 당시 툴리아는 '정직하고 순수한 만인의 연인'으로 통했다. 그녀는 자주 교회에도 나가곤 했다. 미사에 참석한 모습을 보여줌으로써 자신이 순수한 영혼을 지니고 있다는 인상을 주려는 목적이었다. 그녀의 집은 사실상 아방궁이나 다름없는 쾌락의 장소였지만, 예술품을 비롯해 페트라르카 Francesco Petrarca 나 단테 Dante Alighieri 같은 작가들의 책으로 장식해 방문객의 눈을 즐겁게 했다.

이런 모습은 남성들의 환상을 자극하기에 충분했다. 남성들은 육체적으로 아름다울 뿐만 아니라, 지성과 모성애, 예술성까지 갖춘 여성과 잠자리를 한다는 생각에 더욱더 흥분이 고조되었다. 매춘부는 육체적인 쾌락이 지나간 뒤에는 환멸감이 남을 뿐이지만, '정직하고 순수한 만인의 연인'과의 잠자리는 마치 에덴동산에서 일어나는 일처럼 순수하고 고상하게까지 느껴진다. 이로써 그녀는 남성들에게 막강한 영향력을 행사할 수 있었다. 오늘날에도 남성들은 이런 여성을 이상형으로 생각한다.

인간 관계의 법칙

○ ○ ○

아이디얼 러버는 사람들이 내면에 간직한 이상, 곧 어린 시절의 꿈에 호소함으로써 상대방을 유혹하는 사람이다. 정치가 역시 이런 방법을 사용한다면 막강한 지지를 얻을 수 있다.

존 F. 케네디가 대표적인 예다. 그는 미국인들에게 그와 같은 방법을 사용해 자신을 신비한 존재로 부상시켰다. 그는 잘생긴 얼굴과 젊음을 무기로 미국인들에게 신선하게 다가갔으며, 위대해지고 싶은 미국인들의 욕망을 부추겼다. 1950년대 후반, 차츰 살기가 편해지고 안정된 생활을 누리게 되자 미국인들은 프런티어 정신을 잃어버렸다. 케네디는 그런 미국인들에게 우주 개발로 상징되는 '뉴프런티어New Frontier'라는 이미지를 제시하여 잃어버린 이상을 일깨웠다. 이와 더불어 케네디는 위대한 국가라는 이상을 통해 미국인의 애국심을 고취시킴으로써 국가에 대한 봉사를 강조했다. 평화봉사단Peace Corps 설립이 그 한 예다. 이런 일련의 정치적 장치들을 통해 케네디는 2차 세계대전 이후 시들해진 미국인의 모험 정신과 이상을 다시금 일깨웠다. 미국인들은 케네디가 만들어낸 환상과 사랑에 빠졌다.

정치가는 과거 역사를 파헤쳐 잃어버렸거나 억눌린 이상을 찾아 그것을 새롭게 제시할 때 대중을 유혹할 수 있다. 그러한 이상이 현실성이 있느냐 없느냐는 별로 중요하지 않다. 사람들의 감정에 호소할 수 있는 상징과 이미지를 만들어내면 그만이다. 좋은 감정을 느끼게 하는 것만으로도 충분히 긍정적인 반응을 이끌어낼 수 있다.

아이디얼 러버가 되는 길

사람들은 대부분 타인들이 평가하는 것보다 스스로를 더 위대한 존재라고 믿는다. 그들은 내면 깊숙한 곳에 실현되지 않은 이상을 가득 담고 살아간다. 그들은 예술가, 사상가, 지도자가 될 수 있지만, 외부의 현실에 억눌려 제대로 자신의 이상을 펼치지 못한다. 바로 이런 생각을 건드리면 사람들은 쉽게 유혹에 넘어간다.

아이디얼 러버는 이와 같은 사람들의 심리를 정확히 이해하고 유혹의 주문을 왼다. 아마추어 유혹자들은 사람들의 외모에만 관심을 기울이며 저급한 본능만을 자극하려 하지만, 아이디얼 러버는 좀 더 고상한 방법으로 사람들의 내면을 자극한다. 따라서 전자는 유치하고 단순해서 사람들의 저항에 부딪히기 쉽지만, 후자는 유혹을 받고 있는 줄도 모르고 유혹자의 마법에 걸려든다. 그러므로 사람들의 마음을 한껏 부추기고, 고상한 정신적 만족을 제공해주면 막강한 유혹의 힘을 발휘할 수 있다.

우리 모두의 내면에는 이상이 있다. 이상을 실현하는 주체는 우리 자신이 될 수도 있고 다른 사람이 될 수도 있다. 이런 이상의 근원을 찾다 보면 우리는 어린 시절을 떠올리게 된다. 살아오는 과정에 놓쳤다고 생각한 부분, 다른 사람이 채워주지 못했던 부분, 스스로에게 해줄 수 없었던 부분들이 곧 이상이 되는 것이다. 우리는 안락함 속에 파묻혀 지내면서도 마음속으로는 늘 위험과 반란을 꿈꾼다. 만일 스스로 위험을 무릅쓸 용기가 없을 경우에는 다른 사람이 나타나

인간 관계의 법칙

그 일을 대신해주기를 바란다. 경우에 따라서는 지금보다 더 창조적이고 고상하며 친절한 사람이 되고 싶다는 것이 우리의 이상이 될 수도 있다. 이상이란 이처럼 삶에서 잃어버린 그 무엇을 가리킨다.

주변의 여건 때문에 이상을 향한 욕구를 마음껏 펼칠 수는 없지만, 그러한 욕구는 우리의 내면 깊숙한 곳에 여전히 존재한다. 만일 다른 사람에게서 우리가 원하는 이상적인 모습을 발견하게 되거나 그것을 실현시켜줄 수 있는 능력을 발견하게 될 경우, 우리는 사랑에 빠진다. 아이디얼 러버란 사람들이 삶에서 잃어버린 이상이 무엇인지 파악해 그것을 일깨워주는 존재를 말한다. 다시 말해 그는 우리의 이상을 반영해주는 존재다. 우리는 아이디얼 러버에게 우리의 욕망과 이상을 투사한다.

우리는 모든 분야에서 친절과 선의를 요구하는 세상에 살고 있다. 그런 점에서 요즘처럼 아이디얼 러버가 활동하기에 좋은 시대도 없다. 힘 있는 자가 최고라는 식의 사고방식은 거의 통하지 않는다. 물론 지금도 우리는 매일 사람들과 힘을 겨루며 살아가고 있지만 고결함이나 자기희생 같은 덕목은 어디에서도 찾아볼 수 없다. 이런 상황에서 아이디얼 러버는 우리를 고결한 존재처럼 느끼게 해준다. 즉, 아이디얼 러버는 관능적이고 육체적인 것을 정신적이고 미적인 것으로 보이게 만든다. 다른 모든 유혹자처럼 아이디얼 러버도 상대방을 지배하고 통제하려 하지만, 이상이라는 외피에 가려 그 속셈이 쉽게 드러나지 않는다. 따라서 그만큼 지속적인 유혹의 힘을 발휘할 수 있다.

이상은 카를 구스타프 융Carl Gustav Jung이 말하는 '원형 archetype'과 비슷하다. 융의 원형이란 우리 문화의 먼 과거에 뿌리를 둔, 우리의 무의식을 지배하는 이미지들이다. 중세의 기사도 역시 그런 이미지 가운데 하나다. 중세의 기사나 음유시인은 대개 남편이 있는 유부녀를 유혹해 그녀를 여왕처럼 받들어 모셨다. 그는 그녀를 대신해 끔찍한 시련을 당하기도 하고, 그녀의 명예를 위해 위험천만한 모험을 감행하기도 하고, 심지어는 사랑을 입증하기 위해 처참한 고통을 당하기도 했다(예를 들어 손톱을 뽑고 귀를 절단하는 등 신체를 훼손하는 일도 있었다). 아울러 그는 상대방 여성을 위해 아름다운 시를 짓고 노래를 불렀다. 심미적이고 정신적인 즐거움을 주지 못한다면 여자를 유혹할 수 없었다.

유혹의 성공 여부는 절대적인 헌신에 달려 있었다. 자신의 이익보다는 상대방을 먼저 생각해주는 헌신적인 모습을 보여야 했다. 이처럼 남자가 모든 것을 버리고 자신을 사랑해준다고 느낄 때 여자의 허영심을 채워줄 수 있다.

아이디얼 러버에게 필요한 능력

아이디얼 러버가 되려면 먼저 관찰 능력이 뛰어나야 한다. 목표물로 삼은 상대방의 말이나 의도적인 행위를 무시하고, 그들의 음성과 몸짓, 표정, 눈빛에 주목하라. 사람들은 그런 것들을 통해 무심결에 자신의 내면을 드러낸다. 뿐만 아니라 상대방의 삶에 무엇이 결핍되어 있는지를 면밀히 조사해야 한다. 상대방이 삶에서 갈구하는 것을 파악한 뒤에는 그의 이상형에 맞는 모습으로 자신을 변신시켜야 한다.

이렇게 하는 데는 인내심은 물론 세밀하게 관찰할 수 있는 집중력이 필요하다. 대부분의 사람들은 자신의 욕망에만 갇혀 있기 때문에 인내심이 없다. 따라서 아이디얼 러버의 역할을 해낼 수 없다. 바꿔 말하면, 아이디얼 러버가 된다는 것은 곧 상대를 유혹할 수 있는 무한한 기회를 갖게 된다는 것을 의미한다. 사람들은 자신의 욕망을 충족시켜주는 존재, 곧 자신의 환상을 현실로 만들어주는 존재를 만나게 되면 결코 거부할 수 없다.

아이디얼 러버의 몰락

상대방이 환상에서 깨어나 현실을 보는 순간, 아이디얼 러버의 마력은 사라지고 만다. 아이디얼 러버가 만들어내는 환상은 자신이 가진 매력 가운데 일부를 이상화함으로써 이루어진다. 하지만 아이디얼 러버 역시 인간이기 때문에 불완전할 수밖에 없다. 따라서 그러한 불완전한 모습을 노출하거나 한계를 넘어선 행동을 할 경우 상대방은 환상이 깨져 더 이상 유혹에 넘어가지 않는다.

툴리아 다라고나는 자신이 저속한 매춘부에 불과하다는 사실이 들통날 때마다(사실 그녀는 돈 때문에 몸을 팔다가 들통이 나기도 했다),

그 마을을 떠나야 했다. 그녀가 고상한 존재라는 환상이 깨졌기 때문이다. 카사노바도 그런 위험에 처하곤 했다. 하지만 그는 상대방 여성에게 자신의 실체를 들키기 전에 교묘한 방법으로 관계를 끊음으로써 위험을 극복하곤 했다. 예를 들어 그는 언제라도 마을을 떠날 수 있는 구실을 마련해놓거나 잠시 마을에 머무르는 여성을 목표로 삼았다. 현실을 알게 되거나, 관계가 오래 지속되다 보면 환상이 깨지게 마련이다. 현실이 환상을 깨뜨리는 순간에는 잠시 거리를 두는 것이 해결책이다.

정치에서도 아이디얼 러버는 비슷한 위험에 빠지게 된다. 케네디의 경우가 그렇다. 사망 이후 불미스러운 사실들(여성 편력, 극한까지 밀어붙이는 위험한 외교 정책 등)이 드러나면서 그가 만들어낸 신화도 일부 손상되었다. 하지만 그러한 결함에도 불구하고 그의 인기는 시들지 않았다. 여론조사 결과에 따르면, 그는 여전히 미국인들이 가장 존경하는 대통령 가운데 한 명이다. 더욱이 케네디는 특별한 경우다. 그는 암살로 인해 순교자가 되었으며, 이 사실이 그에 관한 신화를 강화하는 효과를 가져왔다.

사실 아이디얼 러버는 몇 가지 결함이 드러나더라도 완전히 몰락하지는 않는다. 아이디얼 러버는 이상과 신화를 추구함으로써 강력한 환상을 만들어내기 때문에 쉽게 용서를 받는다. 하지만 아이디얼 러버로 군림하려면 약점을 드러내지 않는 게 좋다.

아이디얼 러버는 상대방의 약점을 가려주고 고상한 이상을 일깨워주는 한편, 마치 신처럼 신비롭고 영원한 삶을 지닌 존재로 만들어준다. 그는 그러한 환상을 일깨워줌으로써 막강한 유혹의 힘을 발휘한다.

TYPE 4

댄디
The Dandy

추종자를 불러 모으는
중성의 마력

—

우리는 대부분 세상이 우리에게 기대하는 역할을 하며 살아간다.
즉, 자신이 원하는 삶보다는 남이 원하는 삶을 살아간다. 따라서 마
음 한편이 늘 답답할 수밖에 없다. 댄디는 자신이 진정으로 원하는
삶을 살고 싶어 하는 사람들에게 특히 유혹적인 존재다. 댄디는 틀
에 갇힌 삶을 거부하기 때문에 한 가지 유형으로 규정할 수 없다.
그와 같은 댄디의 모습에서 우리는 자유를 느낀다. 댄디는 여성과
남성의 특성을 넘나들며 자신만의 독특한 외모를 만들어낸다. 그런
모습 때문에 항상 사람들의 주목을 끈다. 댄디의 역할을 할 수만 있
다면, 사람들의 억눌린 욕망을 자극하는 신비롭고 매력적인 존재가
될 수 있을 것이다.

여성적인 댄디

루돌프 발렌티노는 1913년 열여덟 살에 이탈리아에서 미국으로 이민을 왔다. 그는 잘생긴 외모와 춤 솜씨 외에는 특별히 내세울 만한 것이 없었다. 그는 자신의 장점을 살리기 위해 맨해튼의 댄스홀에서 일자리를 찾았다. 그는 직업 댄서로 일하면서 여성들을 즐겁고 편안하게 해주는 방법을 터득했다. 셔츠 속에 코르셋을 입어 몸매가 날렵해 보이게끔 했으며, 손목시계를 착용하고(당시 손목시계는 여성만 차는 것으로 여겨졌다), 자신을 후작의 작위를 가진 귀족이라고 소개했다.

1916년 할리우드로 진출한 발렌티노는 처음에는 삼류 영화의 엑스트라로 출연했다. 그러다가 1919년에 〈젊음의 눈 Eyes of Youth〉이라는 영화에서 좀 더 큰 배역을 맡게 되었다. 그는 이 영화에서 유혹자의 역할을 멋지게 소화해냈다. 친절하고 섬세한 몸동작, 부드러운 피부와 잘생긴 얼굴로 저항하는 여자에게 달려들어 키스로 가볍게 일축하는 그의 모습은 많은 여자들의 마음을 설레게 했다. 그 후 주연을 맡은 〈묵시록의 네 기사 The Four Horsemen of the Apocalypse〉에서 그는 탱고를 선보였는데, 춤으로 여자를 유혹하는 멋진 모습을 보여줌으로써 하룻밤 사이에 섹스 심벌로 부상했다.

그의 풍모에는 여성적인 단아함과 절제력이 배어 있었다. 그가 유부녀의 손을 들어 올려 입 맞추는 장면이나 연인과 함께 장미 향기를 맡는 장면에서 여성 관객들은 거의 졸도할 지경이었다. 그의 섬세한 행동은 어떤 남자들보다 여성을 잘 이해하고 사랑하는 듯이 보였다. 그러면서도 여자들을 광란케 하는 잔인함과 폭력성이 엿보였다.

1920년대에 들어서자 여성들은 성적 해방을 누리기 시작했다. 더 이상 남자가 관심을 갖고 말을 걸어오기를 기다리지 않고 먼저 남성을 유혹했다. 하지만 남성들이 먼저 유혹해주기를 바라는 마음은 여전했다. 발렌티노는 이런 여성의 심리를 정확하게 이해했다. 잘생긴 외모를 바탕으로 여자처럼 분장하고 옷을 입었지만 남성적인 이미지를 잃지 않았다. 그는 세세한 부분까지 하나하나 신경 쓰면서 부드럽게 상대방에게 접근했다가 드디어 때가 무르익었다고 생각되면 남성의 거친 본능을 드러내며 저항할 기회를 주지 않고 대담하게 상대방을 정복했다.

그는 이러한 영화 속 이미지를 실생활에서도 그대로 유지했다. 그가 서른한 살이던 1926년 8월 궤양 수술로 인한 합병증으로 뉴욕에서 갑자기 사망했을 때, 10만 명이 넘는 인파가 모여 그를 애도했고 충격에 빠진 여성 조문객들의 행렬이 끊이지 않았다. 부드럽고 여성적이면서도 위험하고 냉혹한 남성적인 이미지를 지녔던 발렌티노는 오늘날 모든 댄디들의 표상이기도 하다.

사실 유혹은 여성이 남성을 정복하는 수단으로 여겨져왔다. 즉, 유혹은 남성의 폭력성에 대처하기 위한 방법이었다. 하지만 여성의 방법을 동원해 여성을 유혹하는 남자는 남성이라는 정체성을 유지하면서 유혹의 힘을 발휘할 때 더 큰 효과를 거둔다. 여성적인 댄디는 여성의 전유물로 여겨졌던 특성들, 곧 친근감, 붙임성, 상냥함으로 여성에게 접근한다. 여성스러운 외모, 세심함, 약간의 교태 등이 남성의 거친 폭력성과 은근하게 결합된 댄디의 이미지는 여성들에게 거부감을 불러일으키지 않고 접근해 쉽사리 소기의 목적을 달성할 수 있게 한다.

남성적인 댄디

1882년 독일 철학자 프리드리히 니체는 이탈리아 제노바에 머물던 중 살로메Lou Andreas Salome라는 젊고 아름다운 러시아 여성을 만나게 되었다. 그는 한눈에 그녀에게 반했다. 대화를 나누는 동안 그녀의 눈은 강렬하게 빛났고, 니체는 그 눈빛에서 성적 갈구를 느꼈다. 하지만 살로메는 일정한 거리를 유지했으며, 니체는 그녀의 마음을 몰라 혼란스러웠다.

몇 달 뒤 살로메는 독일에 있는 니체를 방문했다. 그들은 함께 산책도 하고, 철학을 논하기도 했다. 그녀와 대화하면서 니체의 사상은 더욱 깊이 여물어갔다. 특히 종교에 대한 니체의 사상은 이때의 대화를 통해 더욱 발전한 것으로 보인다. 하지만 그가 다시 청혼을 했을 때 그녀는 전통적이고 관습적이라며 그를 나무랐다. 살로메가 거절할수록 니체는 더욱더 그녀에게 깊이 빠져들었다. 하지만 그녀는 끝내 그를 떠나고 말았다. 니체가 그 고통을 달래기 위해 썼던 작품이 바로 『차라투스트라는 이렇게 말했다』이다. 그녀와의 대화에서 영감을 얻은 이 작품에는 정신적으로 승화된 에로티시즘이 짙게 배어 있다.

이후 살로메는 베를린으로 이사했다. 그 도시에 사는 위대한 지성인들은 어디에도 얽매이지 않고 독립적으로 자유롭게 사는 그녀에게 매료되었다. 극작가 게르하르트 하웁트만Gerhart Hauptmann과 프랑크 베데킨트Frank Wedekind가 그녀에게 넋을 빼앗겼으며, 1897년에는 오스트리아의 위대한 시인 라이너 마리아 릴케가 그녀와 사랑에 빠졌다. 살로메의 명성이 널리 알려진 것도 이 무렵이었다.

살로메 앞에서 대부분의 남성들이 느꼈던 감정은 두 가지였다. 혼란과 흥분. 어떤 경우든 유혹이 성공하려면 이 두 가지 감정이 전제되어야 한다. 사람들은 남성적인 것과 여성적인 것이 서로 혼합되어 있는 살로메의 모습에 매료되었다. 그녀는 아름다운 용모, 밝은 미소, 상냥하고 장난기 어린 태도를 지녔으면서도 동시에 독립적인 정신과 분석적인 태도를 지니고 있었다. 그녀의 푸른 눈은 교태스러우면서도 날카로웠다. 그 때문에 남자들은 혼란과 호기심을 동시에 느꼈다.

그녀는 어떤 것에도 얽매이지 않았다. 그녀와 관계를 맺는다는 것은 모든 종류의 금기를 깨뜨리는 것을 의미했다. 그녀가 지닌 남성적인 면모는 남자들에게 동성애를 하는 듯한 착각에 빠지게 했다. 약간 냉혹한 듯하면서 거만한 분위기를 풍기는 그녀의 모습은 니체가 그랬던 것처럼 마조히즘을 갈망하는 인간의 심리를 자극했다. 살로메는 인간의 금지된 관능적 욕망을 마음껏 발산하는 존재였다. 그녀와 관계를 맺은 남성들은 평생 그녀를 잊지 못하기도 하고, 더러

인간 관계의 법칙

는 자살을 했으며, 더러는 그녀를 흡혈귀나 악마로 표현했다. 그런가 하면 그녀에게 영감을 받아 창조적인 작품을 쓴 사람들도 있었다.

남성적인 댄디가 되기 위해서는 상대방에게 모든 것을 송두리째 주어서는 안 된다. 성적 매력을 발산하는 동시에 초연함을 유지해야 한다. 한 남자와 관계가 무르익었다고 생각하는 순간 즉시 다른 남자에게 관심을 기울이기 시작해야 하며, 상대방보다 더 중요한 무언가가 있는 것처럼 보여야 한다. 남성들은 자신들의 무기를 사용하는 여성 앞에서 무장해제된 군인처럼 속수무책이 된다. 남성적인 여성 댄디가 제공하는 금지된 쾌락을 거부할 수 있는 남성은 거의 없다.

댄디가 되는 길

대부분의 사람들은 예나 지금이나 항상 정상적인 것을 받아들이고 그에 순응하며 살기를 원한다. 사람들이 정해진 사회 규범에 순응하며 살 것을 강요받는 한 유혹은 언제든지 성공할 수 있다. 댄디는 어느 시대, 어느 문화에나 존재해왔다. 댄디는 일상에 익숙한 사람들에게 유혹의 힘을 발휘한다. 말하자면 댄디는 사회의 대다수 사람들과 근본적으로 다른 삶을 살아간다. 사람들은 대부분 자유분방하게 살고 싶은 욕구를 억누르며 살기 때문에 개방적이고 자유롭게 사는 사람을 보면 마음이 끌리게 되어 있다.

댄디의 유혹은 성적인 것에 그치지 않고 사회에서도 영향력을 발휘한다. 댄디 주변에는 늘 그룹이 형성되어 있다. 사람들은 호기심 어린 눈으로 자기들과 모습이 다른 사람을 바라보다가 무엇인가 확고하고 자신 있게 살아가는 모습에 매혹되어 차츰 그를 숭배하고 그의 스타일을 모방하게 된다.

댄디는 옷차림새부터 다르다. 대부분 독특한 시각적 이미지를 창출한다. 하지만 댄디는 미묘한 본성을 지니고 있기 때문에 정확하게 댄디 스타일이라고 규정지을 수 있는 것은 없다. 물론 별천지에서 온 사람처럼 개성적인 모습을 연출한다고 해서 사람들의 관심이나 상상력을 유발하는 것은 아니다. 댄디는 기존의 스타일과 자신을 구별할 수 있을 정도로만 자기 스타일에 손질을 가하는 것으로 만족한다. 예를 들면 오스카 와일드의 벨벳 재킷, 앤디 워홀의 은빛 머리 등이 그런 경우다. 여성 댄디의 경우도 마찬가지다. 여성 댄디는 남성복을 입을 수도 있다. 하지만 무작정 남성복을 입는 것이 아니라, 여기저기 약간의 손질을 가해 자신의 모습을 돋보이게 한다.

댄디에게 필요한 능력

댄디는 너무 지나쳐도 안 되고, 너무 통속적이어도 안 된다. 이것이 핵심이다. 전혀 색다른 스타일을 연출하면 '저 사람, 관심 끌려고 꽤나 몸부림치고 있군' 하는 인상을 주기 쉽다. 대중에게 인기 있는 스타일을 약간 바꿔 자기 나름의 패션을 창조해내야 한다. 물론 댄디의 색다른 면은 옷차림에 머물지 않는다. 그들은 삶을 바라보는 태도에서 다른 사람들과 구별된다. 사람들이 그런 태도에 호기심을 보이는 순간, 댄디의 주위에는 추종자가 형성된다.

댄디는 주위 사람들을 전혀 개의치 않을 정도로 대담하고 뻔뻔스럽다. 그는 다른 사람을 비난하거나 비위를 맞추려고 애쓰지 않는다. 댄디의 뻔뻔스러움은 사회와 인습을 꼬집기 위한 것이다. 댄디는 이성만이 아니라 사회 전체를 정복하려 한다. 사람들은 항상 공손해야 하고 자기를 희생해야 한다는 책임감으로 살아가기 때문에, 사회적 통념을 뒤집어엎는 듯이 보이는 사람과 어울리고 싶어 한다.

댄디는 살아가는 방법을 터득한 사람이다. 댄디는 일이 아니라 즐거움을 위해 산다. 그는 자신의 환경을 아름답게 꾸미는 한편, 옷차림처럼 먹고 마시는 일에도 격조와 풍미를 중요시한다. 댄디는 사소한 것 하나를 고를 때에도 미적인 면을 고려한다. 이처럼 삶을 예술로 만들어 권태를 달랠 수 있는 능력은 자연히 주변 사람들의 호응을 얻을 수 있다.

이성은 미지의 세계와 같은 존재다. 이성을 대할 때 마음이 설레고 성적으로 긴장하게 되는 것은 바로 이 때문이다. 하지만 이성은 또한 실망과 성가심을 불러일으키는 존재이기도 하다. 남성이나 여성이나 서로 어떤 식으로 사고하는지 알지 못한다. 따라서 남성과 여성은 상대방을 자기 식대로 생각하고 행동하게 만들려고 한다. 하지만 댄디는 상대 이성의 심리적인 특성을 채택함으로써 나르시시즘 효과를 유발한다.

프로이트에 따르면, 인간의 리비도는 본질적으로 양성^{兩性}의 특성을 지니고 있다. 사람들은 대부분 동성을 좋아하는 마음을 갖고 있다. 하지만 사회적인 제약이 이 같은 충동을 억압한다. 사회는 성역할을 구분하고, 의무와 책임의 영역을 분명하게 규정지으려 한다. 사람들은 대부분 세상의 눈치를 보며 살아가지만, 댄디는 그런 데 전혀 신경 쓰지 않는다. 댄디가 강력한 유혹의 힘을 지닐 수 있는 것은 그 때문이다.

댄디의 몰락

댄디의 장점은 동시에 약점이 되기도 한다. 댄디는 성역할과 관련된 사회적 규범을 위반함으로써 유혹의 힘을 발휘한다. 댄디가 발휘하는 유혹의 힘은 강력하지만, 불안과 위기를 조성한다는 점에서 매우 위험하다. 댄디는 종종 동성 때문에 위험에 처한다. 발렌티노는 여성들에게는 인기가 높았지만, 남성들에게는 미움을 받았다. 그는 남성을 왜곡하고 있다는 비난에 끊임없이 시달렸다. 살로메 역시 여성들에게 미움을 샀다. 니체의 여동생은 그녀를 사악한 마녀라고 했으며, 니체가 죽은 후 그녀를 규탄하는 운동을 주도하기도 했다.

댄디는 저항에 부딪히면 무력할 수밖에 없다. 저항에 부딪히는 순간 자신이 만들어낸 이미지를 수정하려는 댄디도 있지만, 이는 현명한 처사가 아니다. 예를 들어 발렌티노는 자신의 남성성을 입증해 보이기 위해 복싱을 하기도 했다. 하지만 오히려 빈축을 샀다. 그러므로 사회적인 저항에 부딪히더라도 뻔뻔하고 당당하게 행동하는 편이 더 낫다. 댄디의 매력은 다른 사람이 어떻게 생각하든지 전혀 개의치 않고 살아가는 데 있다. 앤디 워홀이 그랬다. 그는 사람들이 자신의 기이한 행동에 싫증을 내거나 스캔들이 터지더라도 변명하기보다는 더욱 뻔뻔스럽게 퇴폐적인 보헤미안이나 상류사회의 초상화가와 같은 또 다른 이미지를 만들어내려 했다. 그는 사회를 경멸하는 사람처럼 행동했으며, 문제는 자신이 아니라 사회에 있다는 점을 부각시키려 했다.

하지만 뻔뻔하게 구는 것도 때와 정도가 있다. 진정한 댄디는 사람들을 즐겁게 해주는 농담과 상처나 모욕을 주는 농담을 가릴 줄 안다. 특히 상대방을 모욕하여 불리한 상황에 빠질 가능성이 있을 때는 더욱 신중해야 한다. 조직의 관습을 건드리거나 다른 사람들의 심기를 건드리기보다는 유쾌하고 즐거운 분위기를 만들어낼 줄 아는 댄디가 되어야만 위험을 피할 수 있다.

∞

댄디는 희귀하면서도 아름다운 꽃과 같다. 댄디는 사람들에게 충격을 줄 수 있을 만큼 아름답고 신선한 태도를 지니고 있어야 하며 통속적이어서도 안 된다. 현실을 비웃으며 새로운 스타일을 창조해야 하고, 다른 사람들의 행동에 대해 완전히 초연해야 한다.

TYPE 5

내추럴
The Natural

향수를 자극하는
천진한 어린아이

—

어린 시절은 인생의 황금기다. 사람은 누구나 어린 시절로 돌아가고 싶은 욕망이 있다. 어린아이는 가식이 없고 솔직할 뿐 아니라, 모든 행동이 자연스럽다. 내추럴은 이런 어린아이의 특성을 보여주는 존재다. 사람들은 내추럴 앞에서 편안함과 장난기 어린 마음을 느끼며, 어린 시절로 되돌아가는 듯한 환상에 젖어든다. 내추럴의 매력 앞에서 사람들은 자기도 모르게 마음의 빗장을 열고 저항할 수 없는 기쁨에 빠져들게 된다.

자연스러움이 주는 호소력

찰리 채플린은 영국에서 성장했다. 어머니가 정신병원에 수용된 후 그는 몇 년 동안 혹독한 가난 속에서 살아야 했으며, 열 살 때부터 생계를 위해 일을 해야 했다. 그는 보드빌vaudeville(노래, 춤, 만담, 곡예 등과 같은 프로그램으로 진행하는 쇼) 극단에서 일하다가 마침내 코미디언으로 성공하게 된다. 하지만 채플린의 야망은 더 컸다. 1910년 그는 열아홉 살의 나이로 영화에 진출하겠다는 꿈을 가지고 미국으로 이주했다.

먼저 그는 작은 단역을 맡아 배우로 일하기 시작했다. 하지만 경쟁이 치열했기 때문에 성공은 요원해 보였다. 채플린은 보드빌에서 배운 개그 기술이 많았지만, 당시 희극 무성영화에서 중요한 부분을 차지했던 몸으로 하는 개그 연기에는 능숙하지 못했다. 버스터 키튼과 같은 체조 기술도 없었다.

1914년 채플린은 〈생계Making a Living〉라는 단편영화에서 가까스로 주인공을 맡을 수 있었다. 그의 역할은 예술가로 위장한 사기꾼이었다. 이 역할을 위해 그는 헐렁한 바지와 중절모, 터무니없이 큰 장화 차림에 지팡이를 들고 콧수염을 그렸다. 지금까지 볼 수 없었던 새로운 인물이 탄생하는 순간이었다. 그는 우스꽝스러운 걸음걸이에 한 손으로 지팡이를 빙빙 돌리며 온갖 종류의 개그를 선보였다. 하지만 당시 감독이었던 맥 세넷Mack Sennett은 별로 희극적이지 못하다고 생각했으며, 나아가 채플린의 자질을 의심했다. 몇몇 영화

비평가의 견해는 달랐다. 한 잡지에 실린 글 가운데 이런 대목이 있다. "뻔뻔하고 재치 있는 역할을 멋지게 소화해낸 연기자의 탁월한 자질이 돋보이는 영화다. 그의 연기는 너무나 자연스러웠다. 그는 일류 코미디언이다." 그 영화는 관객들에게 큰 인기를 끌면서 흥행에 성공했다.

〈생계〉에서 보여준 채플린의 연기는 그를 다른 코미디언과 뚜렷이 구별되는 독보적인 위치에 올려놓았다. 연기의 핵심은 바로 자연스럽게 우러나오는 천진난만한 모습에 있었다. 채플린은 그와 같은 연기가 대중의 호응을 불러일으킬 것이라고 믿고 다른 영화에서도 그런 점을 더욱 발전시켰다. 그는 마치 어린아이의 눈으로 세상을 바라보는 듯한 연기를 했다.

채플린은 배역을 선정할 때 항상 자기보다 몸집이 큰 배우를 구했다. 그들을 위협적인 어른의 모습으로 분장시키고, 자신은 연약한 어린아이처럼 분장했다. 그가 점점 자신의 역할에 몰두하면서 영화와 현실이 뒤섞이는 이상한 현상이 일어나기 시작했다. 그는 힘든 어린 시절을 겪었음에도 늘 그 시절을 동경했나(〈사립 재정 Easy Street〉이라는 영화를 찍으면서 그는 어린 시절을 보냈던 런던의 거리를 모방한 무대 세트를 할리우드에 설치했다). 그는 어른들의 세계를 불신했으며, 어린아이들과 어울리며 마음으로 어린아이가 되고자 했다. 그는 네 번 결혼했는데, 그중 세 명이 십 대 소녀였다.

채플린만큼 관객의 웃음과 동정을 동시에 자아낸 코미디언은 일찍이 없었다. 사람들은 희생자가 된 듯한 그의 모습을 보면서 동정심과 애달픈 심정을 느꼈다. 관객은 폭소를 터뜨리기도 하고 울기도 했다. 채플린의 연기는 단순한 연기가 아니라 깊은 곳에서 우러나오는, 곧 그의 존재 자체를 풀어 보여주는 듯했다. 〈생계〉를 찍은 지 몇 년 지나지 않아 채플린은 가장 유명한 배우가 되었다. 채플린 인형, 채플린 만화, 채플린 장난감, 채플린 노래, 채플린에 관해 쓴 글 등이 쏟아져 나왔다. 그는 일약 세계인의 우상이 되었다. 1921년 그는 런던을 떠난 이후 처음으로 그곳을 다시 방문했다. 마치 개선장군을 맞이하듯 수많은 군중이 그의 방문을 환영했다.

청중, 국가 또는 세계를 유혹하는 위대한 유혹자들은 사람들의 무의식을 자극함으로써 논리적으로는 설명할 수 없는 호응을 불러일으킨다. 채플린 역시 그랬다. 그는 자신을 어른의 몸을 가진 어린아이로 표현함으로써 관객을 사로잡았다. 20세기 초 세계는 급속도로 변하고 있었다. 사람들은 공장에서 점점 더 많은 시간을 일해야 했으며, 삶은 기계적이고 비인간적이 되어가고 있었다. 1차 세계대전은 그런 과정을 더욱 부채질했다. 이런 혁명적인 변화 속에서 인생의 황금기로 생각되는 어린 시절을 간절히 열망하는 심리가 사람들의 마음에 싹트기 시작했다.

채플린은 예전의 삶이 더 단순하고 여유로웠다는 것을 영화를 통해 보여주고자 했다. 아울러 그는 관객에게 적어도 영화에서만큼은 그런 삶을 되찾을 수 있다는 환상을 심어주었다. 잔인하고 비인간적인 세상에서 어린아이의 천진난만한 모습은 엄청난 호소력을 지닌다. 따라서 영화 속에서 독백을 하는 찰리 채플린처럼 진지하고 천진한 모습을 연출할 때 우리는 유혹자가 될 수 있다.

가장 중요한 것은 사람들의 동정심을 자극해야 한다는 점이다. 힘이 있는 것처럼 보이면 유혹은 고사하고 경계심만 부추기게 된다. 사람들의 관심을 사로잡으려면 연약하고 무력한 모습을 보여줘야한다. 하지만 그렇다고 해서 드러내놓고 동정심을 유발해서는 안 된다. 다시 말해 희생자나 낙오자와 같은 모습을 보이기보다 약간은 겁에 질린 듯한 모습을 은근히 연출할 수 있어야 한다. 자연스럽게연약한 모습을 보여줘야만 사람들의 사랑을 받을 수 있다. 나약하게보일 때 사람들은 경계심을 늦추고 다가온다. 늑대 앞에 서 있는 한마리 양처럼 자신을 약하게 보일 수 있는 상황을 연출하는 것이 중요하다. 그러면 사람들은 동정심에 눈이 멀어 저절로 끌려오게 되어있다.

내추럴의 심리적 특성

어린아이들은 우리가 생각하는 것만큼 순진하지 않다. 어린아이들은 나름대로 세상을 조종하는 법을 알고 있다. 부모는 어린 자녀의귀엽고 천진한 모습에 매료되어 아이의 요구를 들어준다. 어린아이들 역시 그 점을 알고, 때로 어리광도 부리고 애처로운 눈빛으로 바라보며 자신이 원하는 것을 교묘하게 얻어낸다. 상처받기 쉬운 연약한 어린아이의 모습은 사람의 마음을 움직인다. 따라서 그런 특성을

인간 관계의 법칙

이용하면 유혹의 효과를 거둘 수 있다.

그렇다면 어린아이의 자연스러운 모습에 마음이 끌리는 이유는 무엇일까? 첫째, 자연스러움은 인간의 마음을 사로잡기 때문이다. 대부분의 사람들은 남을 즐겁게 하려면 의식적으로 노력해야 한다. 하지만 어린아이는 아무런 노력을 기울이지 않고서도 사람들을 즐겁게 한다. 둘째, 어린아이는 우리에게 잃어버린 세상에 대한 향수를 불러일으킨다. 권태와 타협, 형식으로 가득한 세상에 사는 우리는 어렸을 때 여러 가지 어려움과 고통에 시달렸음에도 불구하고 어린 시절이야말로 인생의 황금기라는 환상에 젖는다. 어린아이들은 아무 걱정 없이 삶을 즐긴다. 특별한 매력을 지닌 어린아이를 볼 때면, 우리는 어린 시절을 떠올리며 잃어버린 것을 다시 찾고 싶은 욕망에 사로잡힌다.

내추럴은 성인이 되어서도 어린아이가 지니는 특성을 그대로 지니고 있는 유혹자를 말한다. 하지만 그렇다고 해서 막무가내로 치기 어린 행동을 하지는 않는다. 내추럴은 어린아이의 특성 가운데 유혹의 힘을 지닌 것이 무엇인지를 파악해 자신이 통제할 수 있는 한도에서 그러한 특성을 발전시켜나간다. 성인이 되어 예절을 배우고 자기주장을 굽히는 법을 배우기 전의 모습, 곧 어린 시절의 모습을 자연스럽게 되살리는 것이 내추럴이 될 수 있는 비결이다. 그러므로 내추럴의 역할을 하기 위해서는 어린아이와 같은 마음을 가져야 한다.

내추럴의 몇 가지 주된 유형은 다음과 같다. 하지만 진정한 내추럴은 여러 가지 유형이 혼합되어 있다.

천진난만형

이 세상에서 살아가는 한 천진난만한 어린아이의 특성을 그대로 유지하는 것은 불가능하다. 하지만 내추럴은 천진난만한 모습을 잃지 않으려는 깊은 열망을 가지고 있다. 이 때문에 그들은 자신이 천진난만하다는 환상을 유지할 수 있다. 그들은 자신의 연약함을 과장함으로써 사람들의 동정심을 자극한다. 그는 마치 세상을 천진난만한 눈으로 보는 것처럼 행동한다. 사실 일부러 천진난만한 행동을 일삼는다면 정신병자 취급을 받을 것이다. 따라서 얼굴 표정이나 눈짓, 혹은 상황을 이용해 자신의 연약함을 간접적인 방법으로 전달해야 한다.

개구쟁이형

개구쟁이는 어른과 달리 두려움을 모른다. 그는 자신의 행위가 어떤 결과를 야기할지에 대해 전혀 관심이 없다. 다른 사람이 화를 내든지, 자기 몸에 상처가 나든지 전혀 개의치 않는다. 개구쟁이는 뻔뻔하기도 하고, 주변 상황도 고려하지 않는다. 개구쟁이의 매력은 바로 그러한 무사안일하고 안하무인 격인 태도다. 개구쟁이는 예의나 질서 따위에 상관없이 자신의 에너지를 발산한다. 어른들은 개구쟁이의 그러한 자유를 부러워하면서 자신도 그렇게 멋대로 한 번 살아봤으면 한다.

어른들 가운데도 개구쟁이가 있다. 바로 내추럴이다. 이들의 행동은 다른 사람들과 다르다는 점에서 매력적이다. 세상은 늘 조심스럽고 신중한 삶을 요구한다. 그런 상황에서 개구쟁이와 같은 행동은 신선하고 자연스러운 분위기를 느낄 수 있게 해준다. 사람들이 화를 낼 만한 일이라 하더라도 개구쟁이 같은 모습을 연출할 수만 있다면 용서를 받는 것은 물론 관심과 사랑까지 받을 수 있다. 개구쟁이 짓을 했다고 해서 부끄러워하거나 용서를 구할 필요가 없다. 오히려 그럴 경우에는 매력을 잃게 된다. 어떤 상황에서도 아무것도 진지하게 생각하지 않는다는 눈빛을 띠어야 한다.

신동형

신동이란 음악, 수학, 장기, 스포츠 분야 등에서 타고난 재능을 지닌 아이를 말한다. 신동은 어떤 분야에 완전히 몰입해 힘들이지 않고도 뛰어난 능력을 발휘한다. 모차르트처럼 예술이나 음악에 재능을 보일 경우에는 별다른 노력 없이 마치 누에가 실을 잣듯이 거침없이 작품을 만든다. 어떤 경우가 됐든 신동은 자기 또래의 아이들에 비해 월등한 능력을 지닌다. 그들은 우리를 매료시킨다.

어른이 되어서도 신동의 역할을 하는 내추럴은 대개 과거에 신동이라고 불렸던 사람들인 경우가 많다. 이들은 사람들의 시선에 아랑곳하지 않고 보통 사람이 쉽게 할 수 없는 묘기나 재능을 즉석에서 힘들이지 않고 선보인다. 신동의 자질은 타고난 능력이 있어야 발휘된다. 만일 훈련으로 성취한 것이라면 그런 사실을 숨기고 아무런 노력 없이 이루어진 것처럼 위장하는 것이 좋다. 감추어둔 묘기나 재능이 많으면 많을수록 더욱 자연스럽게 보이게 되고, 그 점에서 더욱 강력한 유혹의 힘을 발휘할 수 있다.

개방형

사람은 나이를 먹을수록 과거의 고통스러운 경험 때문에 자신을 보호하려는 심리가 강해진다. 이 때문에 사람은 육체적으로나 정신적으로 좀 더 엄격해지게 마련이다. 하지만 어린아이는 자신을 방어할 생각을 전혀 하지 않는다. 어린아이가 지니는 매력 가운데 하나는 바로 이러한 개방성이다. 어린아이 앞에 있으면, 그의 개방성에 자신도 모르게 마음과 몸의 빗장이 풀리는 것을 경험할 수 있다.

내추럴은 성인이 되어서도 이와 같은 개방성을 유지한다. 그는 자신을 보호하려 하지 않고 어린아이처럼 마음을 활짝 열어둔다. 그는 항상 상냥하고 서두르지 않는다. 자신을 방어하는 자세로는 아무도 유혹할 수 없다. 자기를 방어하려는 사람 앞에서는 상대도 방어하려고 할 뿐 마음을 열지 않는다. 내추럴은 열린 자세로 사람을 편안하게 해줌으로써 상대 역시 마음의 빗장을 풀고 다가서게 만든다. 유혹자에게 방어나 저항은 금물이다. 상대방이 어떻게 하든 상관없다는 개방된 태도를 유지할 때 상대방은 쉽게 유혹의 주문에 걸려든다.

내추럴의 몰락

어린아이는 사랑스럽지만 귀찮은 존재이기도 하다. 사람들은 세상 물정을 전혀 모르는 철부지 어린아이의 모습에 넌더리를 낼 수도 있다. 하나부터 열까지 어린아이처럼 유치하게 굴면 사람들을 유혹할

인간 관계의 법칙

수 없다. 어린아이 같은 태도에 성인의 경험과 지혜가 어우러져야 한다. 한마디로 성인과 어린아이의 매력이 동시에 묻어나는 삶을 연출해야 한다. 겉으로는 바보스럽고 순진한 척하면서 속으로는 자신의 영특함을 위장하는 것이다.

또한 내추럴의 특성을 활용하려면 젊어야 한다. 나이 많은 사람이 내추럴이 되기는 어렵다. 따라서 나이가 들면 어린아이의 두 가지 주된 특성 가운데 하나인 천진난만한 철부지 모습은 버리고, 나머지 특성인 자유로운 태도를 발전시켜나가는 것이 바람직하다.

∞

내추럴은 부드럽고 사랑스러운 양과 같다. 태어난 지 이틀이 지나면 양은 경쾌한 몸짓으로 이리저리 뛰논다. 그런 양의 모습은 천진난만하기 짝이 없다. 그것이 양의 매력이다. 하지만 양의 매력은 곧 약점이기도 하다. 모두가 천진난만한 양의 모습을 사랑스러워하지만, 동시에 삼켜 버리고 싶은 욕망을 품기 때문이다.

TYPE 6

코케트
The Coquette

무심함이라는 차가운 무기

—

유혹을 할 때는 서두르지 않고 천천히 욕망을 조절해나가야 한다. 상대가 완전히 걸려들 때까지 인내심을 가지고 기다려야 한다. 코케트는 이런 유혹의 기술을 완벽하게 구사할 수 있는 존재다. 늦추었다가 당겼다가, 기쁨을 주는 듯하다가도 다시 냉정해지는 코케트의 모습에 녹아나지 않을 사람은 거의 없다. 코케트는 육체적인 쾌락과 행복과 명예와 권력을 주겠다는 약속으로 상대에게 미끼를 던지지만, 그 미끼를 쉽게 낚아채도록 허락하지 않는다. 결국 상대는 더 애가 달아 달려들게 된다. 뜨거웠다 차가웠다 하는 코케트의 매력을 지닌다면 상대의 애간장을 녹일 수 있다.

차가운 코케트

트루먼 커포티Truman Capote는 작가로서 성공을 거두면서 저명인사가 되었다. 1952년, 그는 앤디 워홀이라는 남자로부터 편지 공세를 받기 시작했다. 당시 워홀은 패션 잡지에 삽화를 그리는 일을 하던 일러스트레이터였다. 그는 자신이 그린 그림을 커포티에게 보내기도 했다. 커포티가 그의 책에 자신의 그림을 삽화로 사용해주기를 바라는 마음에서였다. 하지만 커포티는 답장을 보내지 않았다. 워홀은 거의 매일 커포티에게 전화를 걸었다. 마침내 폭발한 커포티는 워홀에게 당장 모든 행동을 그만두라고 요구했다. 나중에 커포티는 "그는 아무짝에도 쓸모없는 낙오자처럼 보였다"고 술회했다.

그 후 10년이 지나 앤디 워홀은 맨해튼의 스테이블 갤러리Stable Gallery에서 첫 전시회를 열었다. 그는 이 전시회에서 코카콜라 병과 캠벨 수프 깡통 같은 것들을 실크스크린 기법으로 그린 그림들을 선보였다. 앤디 워홀은 전시회 기간 내내 멍한 눈으로 말없이 한쪽 구석에 서 있었다. 이전 화가들과는 사뭇 대조적인 모습이었다. 화가들은 대부분 술과 여자를 좋아하고, 장황한 말로 분위기를 주도하는 것이 보통이었다. 과거에 커포티를 비롯해 미술품 매매상과 후원자들을 귀찮게 쫓아다니던 모습은 더 이상 그에게서 찾아볼 수 없었다.

비평가들은 워홀에게 "작품을 통해 말하고자 하는 것이 무엇입니까?" 하고 물었지만, 그는 "그냥 좋아서요. 워낙 수프를 좋아하거든요" 하고 간단히 대꾸했다. 그러자 비평가들은 앞다투어 그의 작품을 해석하기 시작했다. "워홀의 작품은 대량 소비 문화를 신화처럼 떠받드는 현대 문명사회의 필연적인 결과다." "아무것도 표현하지 않음으로써 새로운 차원을 열어 보이려는 게 작가의 의도다." 어쨌든 전시회는 크게 성공했고, 워홀은 새로운 문화운동, 새로운 대중 예술의 선구자로 주목받기 시작했다.

1963년 워홀은 맨해튼에 있는 커다란 창고를 빌렸다. 그는 그곳을 '공장The Factory'이라고 불렀다. 곧이어 예술가와 배우 등 여러 사람들이 창고에 들락거리기 시작했다. 워홀은 특히 한밤중에 창고 안을 거닐거나 한쪽 구석에 우두커니 서 있곤 했다. 사람들이 그의 관심을 끌려고 경쟁적으로 질문을 던지면, 워홀은 어정쩡한 태도로 마지못해 대답하곤 했다.

워홀은 점차 영화 제작에도 흥미를 보였다. 그는 자기 영화에 친구들을 출연시켰는데, 그의 영화에 출연한 사람들은 일약 스타가 되었다. 곧 사람들은 너도나도 워홀의 영화에 출연하고 싶어 경쟁을 벌였다. 그의 공장은 사람들의 볼거리로 떠올랐으며, 영화계의 쟁쟁한 스타들이 그곳에서 얼리는 파티에 참석해 위홀의 이름 없는 친구들과 어울리곤 했다. 사람들은 리무진을 보내 파티에 워홀을 초대하기 시작했다. 그는 파티에서 거의 말없이 있다가 일찍 자리를 뜨기 일쑤였지만, 사람들은 그가 와준 것만으로도 영광으로 여겼다.

워홀은 어렸을 때부터 모순된 감정들 때문에 괴로워했다. 그는 명성을 원했지만, 소극적이고 수줍은 성격을 타고났다. 처음에 워홀은 다른 사람들의 관심과 사랑을 받기 위해 적극적인 노력을 기울였다.

하지만 효과가 없었다. 10년 동안의 노력이 아무 소용이 없자 그는 본래의 소극적인 모습으로 돌아갔다. 그랬더니 놀랍게도 사람들이 주목하기 시작했다.

워홀은 그와 같은 경험에서 얻은 교훈을 1960년대 초부터 자신의 작품에 적용하기 시작했다. 그는 수프 깡통이나 속도위반 딱지처럼 주변에서 흔히 볼 수 있는 소품들을 그렸다. 그의 그림에는 이렇다 할 의미가 담겨 있지 않았으므로 감상자들은 전혀 강요받는 느낌 없이 그림을 감상할 수 있었다. 사람들은 각자 나름대로 그림에 담긴 의미를 생각하면서 호기심을 가졌다. 즉각적인 표현, 시각적인 효과, 차분하고 냉담한 분위기 등은 그의 그림이 가진 특징이었다. 워홀은 그림뿐만 아니라 그런 식으로 자기 자신도 바꿔나가기 시작했다. 그는 더 이상 자신을 주장하려 하지 않았다.

○ ○ ○

세상에는 자신을 내세우려는 사람들로 가득하다. 그런 경우 일시적인 승리를 거둘지는 몰라도, 결국에는 그 정체와 속셈이 백일하에 드러나고 만다. 그런 사람들은 자기 주변에 여백을 남기지 않는다. 여백이 없으면 유혹에 성공하기 어렵다. 차가운 코케트는 자기 주변에 여백을 남김으로써 아리송한 이미지를 만들어낸다. 코케트의 냉담한 태도와 침묵은 사람들의 호기심을 자극해 말을 걸어보고 싶다는 마음을 갖게 만든다. 무관심한 태도로 아무 말 없이 가만히 앉아 있는 코케트에게 사람들은 끌리게 마련이다.

코케트를 상대하면서 사람들은 불쾌감을 느낄 수도 있다. 왜냐하면 코케트는 순순히 자기를 맡기는 것도 아니고, 그렇다고 거부 의사를 분명히 밝히지도 않으면서 사람들이 가까이 다가오는 것을 결코 허락하지 않기 때문이다. 하지만 사람들은 그런 매력에 끌려 코케트를 열망한다. 유혹이란 사람들을 끌어들여 소유하고 싶다는 욕망을 갖게 만드는 과정이다. 인간은 진공 상태를 싫어하는 본성이 있다. 감정적인 거리감이나 침묵을 못 견뎌 한다. 그래서 그 빈 공간을 말과 열정으로 채우려 한다. 워홀처럼 뒤로 한걸음 물러서면 사람들은 스스로 다가오게 되어 있다.

코케트가 되는 길

흔히 코케트의 매력은 도발적인 외모나 매혹적인 태도로 호기심만 자극할 뿐 만족을 주지 않는 능력에 있다고 생각한다. 하지만 코케트의 진정한 매력은 사람들을 감정적으로 사로잡아 유인하는 능력에 있다. 코케트가 탁월한 유혹자의 대열에 설 수 있는 것은 바로 이러한 능력 때문이다. 코케트는 차갑고 사람을 멀리하는 듯한 인상을 주는데도 이상하게 강력한 유혹의 힘을 발휘한다. 대개 누군가를 오래 사귀다 보면 그가 어떤 사람인지 알게 된다. 그리고 일단 그의 속마음을 알게 되면 흥미를 잃게 된다. 하지만 코케트는 정반대다. 사람들은 코케트가 자기를 이용한다는 사실을 알면서도 흥미를 잃기는커녕 오히려 더 안달이 난다.

코케트가 가진 유혹의 힘을 이해하려면 먼저 사랑과 욕망의 특성을 알아야 한다. 상대에게 지나치게 많은 관심을 쏟아부으면 잠시 동안 흥미를 불러일으킬 수는 있겠지만, 이내 상대를 질리게 하고 심지어는 두려움을 갖게 할 수도 있다. 하지만 코케트의 냉담한 모습은 일종의 신비감을 자아내며 상대의 상상력을 자극한다. 손안에 들어왔다 싶으면 한 번씩 거리를 둘 때, 상대는 불안해지고 관계가 깨질까 봐 안절부절못하게 된다. 코케트의 매력은 적극적으로 유혹하기보다는 마음을 주는 척하다가 갑자기 뒤로 물러서는 특성에 있다는 사실을 잊어서는 안 된다. 이것이 바로 코케트가 사람을 사로잡는 기술이다.

코케트는 자기 자신에게 만족할 줄 안다. 자기만족이 강할수록 더 큰 유혹의 힘을 발휘할 수 있다(자신에 대해 어떤 태도를 갖느냐 하는 것은 상대에게 알게 모르게 영향을 준다). 사람들은 자신감이 넘치고 자기 삶에 만족하는 사람을 좋아한다. 다른 사람을 의식하지 않을수록 사람들의 관심을 끌 수 있다. 굳이 다른 사람들과 관계를 맺으려고 애쓸 필요가 없는 것이다.

코케트에게 필요한 능력

코케트는 먼저 목표로 정한 상대를 흥분시킬 수 있는 능력이 있어야 한다. 성적 매력이든 지식이나 명예든 상대의 관심을 불러일으킬 만한 요소를 갖춰야 한다. 동시에 코케트는 상대의 애간장을 녹이면서 혼란에 빠뜨릴 수 있는 능력이 있어야 한다.

피에르 드 마리보 Pierre Carlet de Chamblain de Marivaux 가 쓴 18세기 프랑스 소설 『마리안의 생애 La Vie de Marianne』의 여주인공도 대표적인 코케트다. 그녀는 일요일마다 교회에 갈 때면 단정하게 차려입었지만, 머리를 살짝 풀어놓는 것을 잊지 않았다. 그리고 예배 도중에 손으로 흐트러진 머리를 매만지는 척하면서 팔을 드러냈다. 18세기 교회에서는 그런 일이 흔치 않았기 때문에 모든 남성의 눈이 일시에 그녀에게 쏠렸다. 이 여주인공처럼 코케트가 되려면 노골적으로 속내를 드러내서는 안 된다. 알 듯 모를 듯 모호한 태도나 말을 사용해 상대를 자극하면서도 거절하는 듯한 인상을 풍겨야 한다.

20세기의 위대한 정신적 지도자 가운데 한 사람인 지두 크리슈나무르티 Jiddu Krishnamurti 도 실은 코케트였다. 추종자들에게 정신적 스승으로 추앙받았던 그는 또한 댄디이기도 했다. 그는 우아하고 말쑥한 옷차림을 좋아했다. 독신 생활을 했으며, 다른 사람이 자신의 몸에 손을 대는 것을 극도로 싫어했다. 1929년 그는 자신은 신도 아니고 정신적인 스승도 아니며 어떤 추종자도 원하지 않는다고 선언했다. 하지만 그런 태도는 오히려 더 큰 반응을 불러일으켰다. 수많은 여성들이 그를 흠모했고, 추종자들은 더욱 헌신적이 되었다. 크리슈나무르티는 육체적으로나 정신적으로나 모순된 분위기를 풍겼다. 그는 보편적인 사랑과 포용을 설파했지만, 개인적으로는 사람들을 가까이하지 않았다. 그리고 매력적인 육체의 소유자로 외모에 상당히 신경을 썼으면서도 독신주의와 정신적인 삶을 강조했다. 바로 이런 모순된 분위기가 사람들을 더욱 매료시켰다.

사람은 한번 쾌락을 맛보게 되면 그 경험을 잊지 못한다. 이런 심리를 잘 알고 있는 코케트는 쾌락을 준 다음에 그것을 다시 거두어들인다. 코케트의 힘은 다양한 방법으로 뜨거움과 차가움을 교차시키는 능력에서 나온다.

또 하나, 코케트는 결코 질투하지 않는다. 질투심은 나르시시즘에 빠진 코케트의 자기만족 원칙에 어긋나기 때문이다. 코케트는 오히려 상대의 질투심을 유발하는 탁월한 능력을 지니고 있다. 상대가 다른 사람에게 관심을 보이면, 자기도 다른 사람에게 관심을 두는 척하며 욕망의 삼각관계를 만들어낸다. 그렇게 함으로써 코케트는 상대의 행동에 전혀 질투를 느끼지 않는 척한다.

정치 지도자들은 대개 코케트의 전술을 사용해 대중을 사로잡는다. 이들은 대중을 잔뜩 흥분시킨 다음, 갑자기 대중과 거리를 유지한다. 독일의 정치학자인 로베르트 미헬스Robert Michels는 그런 정치가들을 가리켜 차가운 코케트라고 불렀다. 나폴레옹은 프랑스를 상대로 '코케트 전술'을 구사했다. 이탈리아 원정을 성공적으로 마친 뒤 그는 일약 국가적 영웅으로 부상했다. 하지만 그는 곧 프랑스를 떠나 이집트 원정길에 나섰다. 자기가 없으면 정부가 사분오열될 테고, 그렇게 되면 국민들이 자신이 되돌아오기를 애타게 갈망할 것이라는 속셈에서였다. 그는 그런 식으로 자신의 권력을 키워나갔다.

마오쩌둥도 선동적인 연설로 대중의 감정을 자극한 뒤 며칠 동안 갑자기 모습을 감춤으로써 자신을 우상화시켰다. 이런 정치인들은 모두 확실한 나르시시스트였다. 질투와 애정과 격렬한 감정을 자극하는 '코케트 전술'은 특히 집단을 상대로 할 때 효과적이다. 집단을 상대로 할 경우에는 감정적·물리적 거리를 유지하는 것이 중요하다. 코케트는 초연한 태도로 철저한 자기만족의 모습을 보여주면서 울다가 웃다가, 차갑다가 따뜻하다가 하는 태도를 적절히 반복한다.

코케트의 몰락

코케트는 사람들의 격렬한 감정을 자극함으로써 유혹의 힘을 발휘하기 때문에 그만큼 위험도 많이 따른다. 진자기 좌우로 왔다 갔다 하듯이, 사랑의 감정도 일순간에 미움의 감정으로 바뀔 수 있다. 그러므로 너무 오래 상대와 거리를 유지해도 안 되고, 화를 냈다가도 곧 웃는 모습으로 다가가야 한다. 코케트 전술을 구사하려면 타이밍이 중요하다. 상대를 몇 달 혹은 몇 년씩 기다리게 하면 감정이 식으면서 지치게 된다.

차가운 코케트는 증오심을 자극할 가능성이 높다. 밸러리 솔라나

스^{Valerie Jean Solanas}는 앤디 워홀에게 매료된 젊은 여성이었다. 워홀은 그녀가 쓴 희곡에 관심을 보이며 영화로 만들고 싶다는 의사를 내비쳤다. 그녀는 곧 자신이 유명해질 것이라는 환상에 부풀었다. 그녀는 또한 여성운동에도 참여하고 있었다. 1968년 6월, 그녀는 워홀에게 농락당했다는 사실을 어렴풋이 깨닫게 되었다. 그동안 쌓아왔던 남자에 대한 증오심이 일시에 폭발하면서 그녀는 그를 향해 세 차례나 총격을 가했다. 워홀은 그 일로 생명을 잃을 뻔했다. 차가운 코케트는 에로틱한 감정보다는 지성적인 감정을 자극하기 쉽다. 후자는 열정적인 사랑의 감정이 개입되어 있지 않기 때문에 나중에 증오심으로 변할 경우 훨씬 더 위험하다.

◎◎◎

그림자는 붙잡을 수 없다. 자신의 그림자를 잡으려고 쫓아가면 그림자는 그만큼 더 멀리 달아난다. 코케트는 우리에게 쾌락을 안겨준 다음에 그림자를 남기고 사라져버린다. 우리는 그 그림자를 보고 구름 낀 날에 햇빛이 났으면 하고 바라듯이, 그들이 다시 돌아오기를 바란다.

TYPE 7

차머
The Charmer

기쁨과 편안함을 주는
무한한 긍정성

—

차머는 즐겁고 편안한 분위기를 만드는 데 능숙하다. 그들의 방법은
단순하다. 즉, 자기 자신이 아니라 상대방에게 관심의 초점을 맞춘
다. 차머는 상대방의 마음과 고통을 이해하고, 그들의 기분에 맞춰
준다. 그 때문에 사람들은 차머와 함께 있으면 기분이 좋아지고 마
음이 한껏 고양된다. 차머는 사람들의 근본적인 약점, 즉 허영심과
자긍심을 겨냥하기 때문에 놀라운 유혹의 힘을 발휘할 수 있다.

자신을 낮추어 모든 것을 얻는다

1936년 중국 국민당의 지도자 장제스蔣介石는 그의 정책(중국을 침략한 일본과 싸우지 않고 마오쩌둥이 이끄는 중국 공산당과 내전을 계속하려는 정책)에 불만을 품은 일단의 군인들에게 인질로 잡혔다. 국민당 군대는 마오쩌둥을 위험한 인물로 보지 않았지만, 장제스는 중국 공산당의 씨를 말리려 했다. 군인들은 그가 마오쩌둥과 손을 잡고 공동의 적인 일본과 싸우기를 바랐다. 군인들은 장제스를 사로잡아 생각을 돌리려 했지만, 그는 도무지 말을 듣지 않았다. 군인들은 장제스가 일본과 싸우는 데 가장 큰 걸림돌이라고 생각하고 그를 처형하거나 아니면 중국 공산당 손에 넘길 작정이었다. 감옥에 갇힌 장제스는 최악의 사태를 생각할 수밖에 없었다.

며칠 뒤 친구이자 중국 공산당의 지도자 가운데 한 사람인 저우언라이周恩來가 그를 방문했다. 저우언라이는 장제스에게 정중하게 예를 갖추며 국민당과 공산당이 연합해 일본에 맞서 싸우자고 설득했다. 하지만 장제스는 요지부동이었다. 그는 공산당을 증오했으며, 그러한 감정을 전혀 버릴 생각이 없었다. 그는 공산당과 제휴한다는 것은 수치이며, 자기가 이끄는 군대로부터도 신임을 잃을 게 뻔하다고 고래고래 소리쳤다.

저우언라이는 장제스의 말에 미소만 지을 뿐 아무 말도 하지 않았다. 장제스가 흥분을 가라앉히자 저우언라이는 명예를 존중하는 그의 태도를 충분히 이해한다면서, 하지만 정말 명예로운 일은 공산당과 국민당이 서로의 입장 차이를 접고 일본과 맞서 싸우는 것이라고 설득했다. 장제스가 양쪽 군대를 지휘할 수 있다는 얘기도 했다. 또한 그는 어떤 상황에서도 어느 누구도 장제스 같은 위대한 인물을 처형하지 못하게 하겠다고 약속했다. 장제스는 그 말에 매우 놀라며 크게 감동했다.

다음 날 장제스는 공산당 경비원들의 호위를 받으며 감옥에서 나와 자신의 군대로 돌아갔다. 저우언라이는 이 일로 자칫 목숨이 위태로울 뻔했다. 그가 장제스를 풀어주었다는 소식을 듣고 다른 공산당 지도자들이 길길이 뛰었기 때문이다. 장제스를 설득해 일본과 싸우게 하든지, 아니면 그를 처형했어야 한다고 생각했던 그들로서는 저우언라이의 행동을 반역으로 여길 수밖에 없었다. 하지만 저우언라이는 아무 말도 하지 않고 묵묵히 기다리기만 했다.

몇 달 뒤 장제스는 내전을 끝내고 공산당과 힘을 합쳐 일본과 싸우겠다는 의사를 전해왔다. 서로 힘을 합친 국민당과 공산당은 일본을 중국에서 몰아낼 수 있었다. 하지만 장제스가 제거하려고 했던 중국 공산당은 이 틈을 이용해 세력을 확장했다. 일본이 물러가자 그들은 다시 국민당을 표적으로 삼았다. 1949년 공산당은 장제스를 대만으로 몰아내고 권력을 장악했다.

마오쩌둥이 소련을 방문한 것은 그 후였다. 중국의 상황은 심각했으며, 외부의 원조가 절실히 필요했다. 하지만 스탈린은 중국인들을 경계했으며, 마오쩌둥이 저지른 실책을 나무랐다. 마오쩌둥은 자신의 잘못을 쉽게 인정하지 않았다. 그러자 스탈린은 중국 원조를 거

인간 관계의 법칙

부했다. 마오쩌둥은 부랴부랴 저우언라이를 불렀다. 그는 다음 날 소련에 도착해 곧 임무에 착수했다.

저우언라이는 언성을 높이며 논쟁을 벌이는 대신 중국인들이 많은 실수를 저질렀으며 경험이 많은 소련으로부터 배워야 한다는 점을 인정했다. 그는 깨끗하게 작성된 차트와 도표를 준비해오는 치밀함을 보이기도 했다. 소련 사람들이 그런 양식을 좋아한다는 점을 알고 있었던 것이다. 스탈린은 점차 저우언라이에게 끌리기 시작했다. 협상이 진행되었고, 마침내 두 나라는 상호 원조 조약에 서명했다.

1959년 중국은 다시 깊은 수렁에 빠졌다. 중국을 하루빨리 산업 국가로 만들겠다는 마오쩌둥의 대약진 운동이 실패했기 때문이다. 굶주린 국민들의 분노는 극에 달했다. 베이징의 고위 관료들은 많은 특혜를 약속하며 민심을 수습하려 했다. 하지만 저우언라이는 달랐다. 그는 먼저 조상의 무덤을 찾아 비석을 치우고 관을 더 깊이 묻으라고 명령했다. 그런 다음 그 땅에 작물을 심도록 했다. 유교의 가르침에 비추어볼 때 이는 신성 모독에 가까운 행동이었다. 하지만 이 일을 통해 사람들은 저우언라이가 솔선수범해서 국가를 위해 희생을 감수하고 있다는 사실을 알게 되었다.

저우언라이는 1976년에 사망했다. 아무도 그렇게 하라고 시키지 않았지만 그의 죽음을 슬퍼하는 애도의 목소리가 전국에 울려퍼졌다. 저우언라이는 항상 뒤에서 일하며 대중 앞에 나서지 않았다. 중국의 정부 지도자들은 그런 사람이 어떻게 그토록 국민적 사랑과 지지를 받게 되었는지 놀라지 않을 수 없었다.

○ ○ ○

장제스가 군인들에게 인질로 잡힌 사건은 내전의 전환점이었다. 그를 처형했더라면 걷잡을 수 없는 사태가 일어났을 것이다. 장제스는 국민당 군대의 지도자였다. 그가 없었더라면 국민당 군대는 사분오열되었을 테고, 결국 일본이 중국을 지배하게 되었을 것이다. 그에게 강압적으로 조약에 서명하게 하는 것 역시 도움이 되지 않았을 것이다. 그랬다면 그는 결국 자존심에 상처를 입고 복수의 칼을 갈았으리라는 것은 불을 보듯 뻔한 일이다. 저우언라이는 처형이나 감금과 같은 방법을 쓰면, 오히려 반발을 살 뿐이라는 사실을 잘 알고 있었다. 그런 점에서 저우언라이는 거부감이나 복수심을 일으키지 않고 상대를 조종하는 차머였다.

저우언라이는 장제스 앞에서 자신을 낮추었고, 그의 자존심을 존중해 주었으며, 처형의 두려움에서 벗어나 예기치 않은 석방의 기쁨을 맛보게 해주었다. 장제스는 체면을 잃지 않으면서 동시에 위기를 모면할 수 있었다. 저우언라이는 장제스에게 공산당이 나쁘지 않다는 인상을 심어주는 한편, 강요가 아닌 그의 자발적인 결정에 따라 협력을 얻어낼 수 있었다. 그는 동일한 원리를 모든 상황에 적용했다. 그는 언제나 상대보다 자신을 낮춰 처신했으며, 자신을 드러내지 않고 겸손하게 행동했다. 그는 이런 방법을 적용해 내전 종식 후에 일어난 국가의 위기 극복, 소련과의 조약 체결, 대중의 지지 등 자신이 원하는 것을 모두 얻었다.

아무리 완강한 상대라 하더라도 차머 앞에서는 무기를 내려놓을 수밖에 없다. 차머는 어떤 경우에도 효과적인 대응 전략을 세울 수 있는 마음의 여유를 가지고 있다. 상대를 감정적으로 만들고, 자신은 초연한 태도를 유지하는 것이 차머가 될 수 있는 가장 좋은 방법이다. 상대는 감사하는 마음이나 행복한 마음을 가질 수도 있고, 감동을 받거나 우쭐한 마음을 가질 수도 있다. 어떤 마음을 갖든 상관없다. 일단 감정이 움직이면 그만큼 냉정한 계산을 할 수 없게 된다. 상대의 비위를 맞추면서 우월감을 갖게 만드는 것이 중요하다. 어린 아이가 날카로운 칼을 손에 쥐고 있다고 가정해보자. 이때 절대로 달려들어 칼을 빼앗으려 해서는 안 된다. 대신 마음을 가라앉히고 사탕을 물려주어라. 이것이 바로 차머의 전략이다.

허영심과 자긍심을 부추기는 차머의 매력

차머는 사람들의 관심을 사로잡는 행동을 함으로써 그들을 매료시킨다. 차머는 상대가 이성적인 사고를 할 수 없게 만드는 한편, 그들의 허영심과 자긍심을 한껏 부추긴다. 물론 노골적으로 아첨을 하면 곤란하다. 차머는 알 듯 모를 듯 상대를 치켜세우는 기술을 구사해야 한다. 차머는 직접 내리쬐는 빛이라기보다는 목표물에 부딪혀 은근한 빛을 드리우는 간접 조명과 같은 존재다.

차머는 개인은 물론 집단에도 영향력을 발휘할 수 있다. 지도자의 경우에도 차머의 방법을 구사해 대중을 매료시킬 수 있다. 다음은 역사상 차머로서 성공을 거두었던 사람들에 관한 이야기를 토대로 매혹의 기술을 정리해놓은 것이다.

관심의 초점을 상대방에게 맞추라

차머는 자신을 뒤에 감추고 상대를 관심의 주제로 내세운다. 차머가 되려면 듣고 관찰하는 법을 배워야 한다. 상대가 말을 하도록 유도하여 속마음을 드러내게 하라. 상대방의 말을 통해 그의 장점이나 약점을 알아낸 후에는 그의 구체적인 욕망이나 요구가 무엇인지 세세히 파악하려는 노력을 기울여라. 상대의 생각에 적절히 맞장구를 치고, 아픔에 연민의 정을 표하면서 상대로 하여금 자신의 가치를 발견하게 하고 스스로 훌륭하다는 생각을 갖게 만들어야 한다.

즐거움을 제공하라

차머가 되려면 자신의 어려움이나 문제를 호소하려 하지 말고 상대의 불평에 관심을 기울여야 한다. 그리고 무엇보다도 상대에게 즐거움을 제공함으로써 불평거리를 잊게 만들어야 한다. 진지하고 비판적인 태도보다는 경쾌한 마음으로 삶을 즐기는 듯한 태도를 갖는 것이 훨씬 매력적이다.

갈등을 화합으로 변화시켜라

차머는 상대에게 적대감을 품게 하지 않는다. 상대가 공격적인 사람일 경우에는 일단 뒤로 물러서서 지는 척해야 한다. 상대가 원하는 대로 해주고 양보하면 적이 생길 리 없다. 사람들을 대놓고 비판해서는 안 된다. 사람들은 비판을 받으면 불안해할 뿐 자신의 행위를 고치려고 하지 않는다. 이처럼 차머는 탁월한 외교술을 구사해 사람들을 다스려나가는 존재다.

상대가 편안하고 느긋한 마음을 갖게 하라

차머는 마치 시계추를 흔들면서 최면을 거는 최면술사와 같다. 상대가 편안한 마음을 가질수록 다루기가 쉽다. 누구나 취향과 가치관이 같은 사람을 좋아하고, 자기를 이해해줄 수 있는 사람을 사랑한다. 마치 다른 나라의 언어와 관습을 배우는 이방인처럼 사람들의 가치관에 동조하고 그들의 습관과 생각을 이해하려는 노력을 기울일 때 무한한 매력을 발산하게 된다.

언제나 침착하고 태연한 태도를 보여라

어려운 때일수록 매력을 발산할 수 있는 기회가 생긴다. 불쾌한 상황에 직면해서도 침착하고 여유 있는 태도를 보이면 주변 사람들은 편안함을 느끼게 된다. 분노나 원한을 품어서도 안 되고 짜증을 내서도 안 된다. 부정적인 감정을 드러내면 주변 사람들은 마음의 문을 굳게 닫아버린다.

유익한 사람이 되라

차머가 되려면 사람들에게 유익한 존재가 되어야 한다. 그러려면 인간관계의 폭을 넓히고, 사람들에게 도움을 줄 수 있어야 한다. 대단한 선심을 베풀 것처럼 약속해놓고 지키지 않으면 오히려 상대를 친구가 아니라 적으로 만들게 된다. 신뢰감을 심어주려면 자신이 한 약속을 반드시 지켜야 한다. 반대로 도움을 받은 일이 있으면 구체적으로 고마움을 표현해야 한다.

차머의 몰락

차머에게 속지 않는 부류가 있다. 특히 냉소주의자와 남의 인정이나 아첨을 필요로 하지 않는 자신만만한 사람이 여기에 속한다. 이런 사람들은 차머를 교활한 아첨꾼이라고 생각하며, 때로 차머를 곤경에 빠뜨린다. 곤경에서 벗어나는 최선의 길은 자연스러운 태도로 차머의 역할을 하는 것이다. 상냥하고 따뜻한 본성을 타고난 것처럼 꾸미고, 되도록 많은 사람들을 사귀어라. 많은 사람을 사귀면 비록 유혹에 걸려들지 않는 소수의 사람이 있다고 하더라도 전혀 걱정할 필요가 없다.

때로는 자신의 속셈을 솔직히 드러내 보이는 것도 전략이 될 수 있다. 만일 유혹에 걸려들지 않는 사람이 있거든 마치 상대를 유혹할 마음이 없는 것처럼 있는 그대로의 모습을 보여주어라. 그러면 덜 교활하고 인간적인 사람이라는 평가를 받을 수 있다.

정치 분야에서 차머는 훨씬 더 위험한 몰락을 경험할 수 있다. 정치 문제에 항상 유연한 태도로 두루뭉술하게 접근하다 보면, 뚜렷한 명분을 추구하는 사람들을 적으로 만들기 쉽다. 빌 클린턴이나 헨리 키신저 같은 유혹자들은 개인적인 매력으로 까다로운 정적을 설복하기도 했지만, 그런 방법이 항상 통했던 것은 아니다. 특히 확고한 정책이 필요한 시기에 정치적 차머는 위기에 직면할 가능성이 높다.

그러나 시간은 모든 것을 해결해준다. 차머는 몸을 웅크릴 때와 일어나 행동을 취할 때를 구별하는 안목이 있어야 한다. 늘 상냥하고 친절하게만 행동하는 습성에 젖어 정작 단호해야 할 때 그렇지 못한 경우도 생길 수 있다. 변신의 귀재였던 저우언라이는 자신에게 기회가 주어지자 철저한 공산주의자의 모습을 보여주었다. 진정한 차머는 움츠릴 때와 일어설 때를 자신의 의지로 완벽하게 다스릴 수 있어야 한다.

◯◯◯

차머는 마치 거울처럼 상대의 모습을 비추어줄 뿐, 자신을 드러내지 않는다. 사람들은 차머를 통해 자신의 가치와 취향, 심지어 결점을 들여다본다. 사람들은 자신을 사랑하는 나르시시즘에 빠져 있다. 따라서 자신의 모습을 보면 편안함을 느끼며, 흠뻑 매료된다. 그들은 거울 뒤에 무엇이 도사리고 있는지 알지 못한다.

카리스마
The Charismatic

본능적으로 타고난
강렬한 호소력

—

카리스마의 매력은 내면에서 우러나온다. 카리스마의 특징은 대다수의 사람에게 결여된 자신감, 강렬한 성적 에너지, 뚜렷한 목적의식, 충만한 만족감이다. 이와 같은 내면의 자질을 바탕으로 한 카리스마를 가진 사람은 군계일학과도 같은 탁월한 존재로 비친다. 카리스마는 대개 상대의 마음을 꿰뚫어보는 듯한 강렬한 눈빛, 뛰어난 웅변술, 신비감 넘치는 기풍을 가지고 있다. 초연한 듯 정열이 넘치는 카리스마의 모습은 그의 매력을 한층 더해준다.

대중을 이끄는 놀라운 흡입력

1950년대 할렘에 거주하던 대부분의 아프리카계 미국인들은 이슬람 국가 운동The Nation of Islam(흑인 분리주의 종교운동으로 '검은 무슬림 Black Muslims'이라고도 함)에 대해 무지했으며, 이슬람 사원이 어떻게 생겼는지도 알지 못했다. 이슬람 국가 운동은 백인은 악마의 후손이며, 언젠가 알라가 흑인을 해방시킬 것이라고 주장했다. 이런 주장은 교회에 나가 정신적인 위로를 구하고, 지역 정치인들에게 의존해 현실적인 문제를 해결하려는 할렘 사람들에게 아무런 영향도 미치지 못했다.

하지만 1954년, 이슬람 국가 운동에서 파견한 새로운 성직자 한 사람이 할렘에 도착하면서 상황은 바뀌기 시작했다. 그의 이름은 맬컴 엑스Malcolm X였다. 그는 교육 수준도 높고 설교도 잘했지만, 몸짓과 말투에 분노가 배어 있었다. 그는 소년원에서 성장했으며, 도둑질로 목숨을 연명하다가 붙잡혀 6년 동안 감옥살이를 했다. 그러던 그가 박학한 지식과 자신감으로 무장한 이슬람 성직자가 되어 나타났던 것이다.

할렘 사람들은 전단을 뿌리며 젊은 사람들에게 무언가를 열심히 외치는 맬컴의 모습을 어디서나 쉽게 볼 수 있었다. 그는 할렘의 흑인들이 교회에서 예배를 드리는 동안 밖에 우두커니 서 있곤 했다. 그리고 예배가 끝나면 설교자를 가리키며 "그는 백인의 신을 대변하지만, 나는 흑인의 신을 대변한다"고 말했다. 그는 흑인들에게 그들의 처지를 돌아볼 것을 종용했다. "지금 여러분이 어떻게 살고 있는 지를 알려면 센트럴파크를 거닐어보십시오. 그리고 백인들이 사는 동네와 그들의 월스트리트를 보십시오." 그의 말에는 힘이 있었다. 특히 성직자 신분이었기에 더욱 그랬다.

1957년 할렘의 한 젊은 이슬람 신자가 술에 취한 흑인이 백인 경찰들에게 몰매를 맞는 광경을 목격했다. 그는 곧 항의했지만, 경찰들은 오히려 그를 두들겨 패고 감옥에 가두었다. 격분한 군중이 경찰서 밖에 집결했다. 금세라도 폭동이 일어날 분위기였다. 경찰서장은 맬컴 엑스를 불러 군중을 해산시켜달라고 요청했다. 맬컴은 요구를 들어주는 대신 구타당한 무슬림을 치료해주고, 폭행에 가담한 경찰들을 처벌하라는 조건을 제시했다. 서장은 마지못해 수락했다. 맬컴은 경찰서 밖으로 나가 군중을 설득하여 해산시켰다. 이 일로 맬컴은 할렘은 물론 전국에 영웅으로 널리 알려지게 되었다.

맬컴은 미국 각지에서 연설을 하기 시작했다. 그는 결코 원고를 들여다보지 않았고, 손가락으로 허공을 가리키며 청중의 눈을 직시했다. 그의 음성이나 몸짓에는 분노가 짙게 배어 있었다. 하지만 논리와 자제심을 잃지 않았다. 목의 핏줄이 선명하게 불거질 정도로 열변을 토하는 그의 모습에서는 강렬한 힘이 뿜어져 나왔다. 이전의 흑인 지도자들은 비록 현실이 부당하다고 하더라도 운명으로 받아들여 인내하며 살 것을 종용했다. 하지만 맬컴은 달랐다. 그는 인종 차별주의자와 자유주의자는 물론, 심지어 대통령까지 대놓고 조소했다. 그는 '폭력'이란 말은 폭력을 휘두르는 장본인인 백인들에게

만 적용될 수 있다고 주장했다. 그는 "적개심은 신성한 것입니다. 우리는 너무 오랫동안 분노를 억눌러왔습니다"라고 외쳤다. 마틴 루서킹 Martin Luther King 목사의 비폭력주의에 대한 흑인들의 호응이 날로더해가자, 맬컴은 "누구나 가만히 앉아 있기는 쉽습니다. 그러나 오직 용기 있는 자만이 일어설 수 있습니다"라고 말했다.

○ ○ ○

맬컴 엑스는 일종의 모세 같은 카리스마였다. 그는 해방자였다. 해방자는 다른 사람들의 억눌린 분노, 즉 강요된 예절의 껍질 속에 갇혀 있는 적개심을 발산할 수 있는 기회를 제시한다. 해방자는 고통받는 민중과 하나가 되기를 바라기 때문에 고난의 생애를 살아갈 수밖에 없다(맬컴 엑스는 1965년 연설 도중에 암살되었다).

　카리스마가 되려면 몸짓과 목소리에 솟구치는 감정을 실어 전달하는 능력을 지녀야 한다. 그러기 위해서는 다른 사람들보다도 더욱깊은 감수성과 통찰력이 필요하다. 남들이 드러내기를 두려워하는것을 거침없이 드러내는 카리스마에게서 사람들은 강한 인상을 받는다. 카리스마는 사람들이 하고 싶지만 할 수 없는 말을 대신 해줄수 있어야 한다. 억압받는 이들의 편에 서서 해방을 부르짖는 순간카리스마가 탄생한다. 물론 카리스마는 자신의 분노를 적절하게 표현할 수 있는 능력을 지녀야 한다. 맬컴 엑스는 일찍이 분노를 느꼈지만, 자신의 감정을 논리 정연하게 표출하는 방법을 배웠다.

카리스마의 기본 자질

카리스마가 대중을 사랑에 빠뜨리는 과정은 일대일의 관계에서 일어나는 유혹과 비슷한 경로를 따른다. 카리스마는 자기 확신이 강하며, 대담하고 침착하다. 카리스마에게는 항상 강한 욕구와 총명한 눈빛, 끊임없이 솟아나는 힘이 있다. 사람들은 카리스마에 매료되어 한마디로 그와 사랑에 빠진다. 원래 카리스마라는 용어는 관능적 욕구가 아니라 종교에서 기원했다. 카리스마는 신의 은총으로 받은 은사恩賜, 또는 재능을 의미했다. 대부분의 종교는 신의 은총으로 기적의 능력을 나타내는 사람, 곧 카리스마에 의해 창시되었다.

오늘날에도 사람을 끄는 흡인력을 가진 사람들을 가리켜 카리스마를 지녔다고 말한다. 카리스마는 신비롭고 설명이 불가능하다. 하지만 카리스마에게는 남다른 자신감이 넘친다. 그는 말로 사람들을 설득하며 지도자의 자리에 오른다. 그는 마치 환상을 본 예언자처럼 비전을 제시한다. 카리스마가 되려면 어딘가 종교적인 분위기를 풍겨야 한다. 카리스마의 환상을 심어주기 위해서는 다음과 같은 기본 자질이 필요하다.

분명한 목적의식
사람들을 사로잡으려면 어떤 계획과 목적이 있다는 것을 보여주어야 한다. 방향은 별로 중요하지 않다. 명분과 이상과 비전을 제시하고, 흔들림 없는 확고한 모습을 보여주면 된다. 사람들은 그러한 자

인간 관계의 법칙

신감을 곧이곧대로 믿는다. 이는 마치 고대 히브리인들이 겉으로 나타난 표정만을 보고 모세가 신과 직접 대화를 나누었다고 믿었던 것과 비슷하다.

신비감

카리스마가 발산하는 신비감은 모순적인 성격을 띤다. 카리스마는 프롤레타리아적이면서도 귀족적이어야 하고, 잔인하면서도 자상해야 하며, 열정적이면서도 초연해야 하고, 친밀하면서도 거리감이 있어야 한다. 카리스마의 행동은 예측할 수 없다. 한마디로 깊이를 헤아리기가 어렵다. 사람들은 카리스마의 다양한 인격에 매료된다. 따라서 모순되는 행동을 보임으로써 사람들에게 종잡을 수 없는 존재라는 인식을 은근하고 교묘하게 심어주는 것이 중요하다.

성스러움

대부분의 사람들은 생존하기 위해 타협하지만, 성인聖人은 그렇지 않다. 성인은 결과를 아랑곳하지 않고 자신의 이상을 실현하고자 한다. 이러한 성인의 모습에 카리스마가 담겨 있다. 종교의 영역에서만 성인이 존재하는 것은 아니다. 조지 워싱턴과 레닌 같은 정치인들도 권력자답지 않게 단순하고 소박한 삶을 삶으로써 성인에 버금가는 명성을 얻었다. 물론 카리스마가 허구로 밝혀지는 일도 있긴 하지만, 어쨌든 카리스마가 되려면 성인의 경우처럼 자신의 이상을 위해 산다는 인상을 심어주는 것이 중요하다.

웅변술

카리스마는 말의 힘에 의존한다. 말은 감정을 자극하는 가장 빠른 방법이다. 루스벨트는 자상한 아버지와 같은 웅변술로 사람들을 사로잡았다. 그는 두운頭韻을 이용했으며, 느린 말투로 상상력을 자극하는 한편 성경을 자주 인용했다. 열정적인 웅변술보다 다소 느린 웅변술이 결국에는 더 효과적이다. 그런 웅변술은 듣는 사람이나 말하는 사람을 덜 지치게 하며, 은근한 매력을 발휘하기 때문이다.

자유로움

대부분의 사람들은 자신의 무의식에 도사리고 있는 욕망을 분출하지 못한다. 카리스마는 이런 심리적 상황을 십분 이용할 수 있어야 한다. 그는 사람들의 내면에 감춰져 있는 환상과 열망을 투사할 수 있는 스크린이 되어야 한다. 카리스마는 자유로워야 한다. 다시 말해 어딘가 위험스러운 분위기를 연출하면서 죽음을 두려워하지 않는 초연한 삶을 사는 것처럼 보여야 한다. 그래야만 사람들에게 힘을 가지고 있다는 인상을 심어줄 수 있다.

대중 의존성

카리스마는 대중이 없이는 존재할 수 없다. 대중과 카리스마는 상호 의존적인 관계를 지니고 있다. 카리스마는 대중에게 자신을 열어 보이고, 그 대가로 대중은 그에게 열광한다. 카리스마가 갖는 이런 취약성은 다가가기 힘든 그의 강한 모습을 희석시켜주는 효과를 발휘한다. 카리스마는 대중을 사랑하고, 또한 대중의 사랑을 원한다. 하지만 그렇다고 해서 대중을 이용하려 들고, 그들의 사랑이 없으면 살 수 없다는 인상을 심어주어서는 곤란하다.

모험심

카리스마는 관습에 매이지 않는다. 카리스마는 모험과 스릴을 즐긴다. 그런 모습은 재미없는 인생을 살아가는 사람들의 관심을 사로잡을 수밖에 없다. 카리스마가 되기 위해서는 과감하고 용기 있게 행동하는 한편, 공동의 선善을 위해서라면 기꺼이 위험도 불사한다는 인상을 심어주어야 한다.

강렬한 눈빛

인간의 육체 중에서 가장 큰 유혹의 힘을 발휘하는 부분은 바로 눈이다. 인간의 눈은 흥분, 긴장, 초연함 같은 다양한 감정을 드러낸다. 따라서 카리스마가 되려면 침착하고 유연한 태도와 함께 강렬한 눈빛을 가져야 한다. 즉, 상대의 폐부를 관통하는 듯한 강렬한 눈빛으로 무언의 힘을 발휘할 수 있어야 한다.

카리스마의 몰락

카리스마는 사람들의 감정을 움직이는 존재이기 때문에 그만큼 불안정하다. 카리스마는 대중의 사랑을 받지만, 그런 감정이 오래 지속되기는 어렵다. 심리학자들이 말하는 이른바 '애정의 피로 현상' 때문이다. '애정의 피로 현상'이란 강렬한 사랑의 감정이 식으면서 피곤함을 느끼는 현상을 가리킨다.

모든 유형의 카리스마에게 '애정의 피로 현상'은 커다란 위협이 된다. 카리스마는 종종 구원자가 되어 어려운 상황에서 사람들을 구해내지만, 일단 위기 상황을 벗어난 뒤에는 그에 대한 애정이 사그라지기 쉽다. 카리스마는 위기 상황에서 진가를 발휘한다. 그들은 묵묵히 자기 일에 열중하는 관료 유형과는 거리가 멀다. 카리스마는 대개 의도적으로 위기 상황을 조성하려는 습성이 있다. 하지만 사람들은 이러한 카리스마의 태도에 염증을 느낀다. 따라서 약점이 드러나는 순간 그에 대한 애정은 순식간에 증오로 변한다.

이러한 파국을 맞이하지 않으려면 한계를 넘지 말아야 한다. 열정과 분노와 자신감은 강력한 카리스마를 형성할 수 있지만, 그러한 카리스마적 특성을 지나치게 오래 지속하면 사람들은 피로를 느끼고 오히려 평화와 질서를 희구하게 된다. 위기 상황을 극복한 후에는 좀 더 신중한 자세로 현실적인 문제를 다루는 것이 성공을 유지할 수 있는 최선의 방법이다.

카리스마로서의 지위를 유지하는 또 다른 방법은 대중을 철저하게 억압할 수 있는 힘을 갖는 것이다. 마키아벨리는 카리스마로서 생명을 유지해가려면 그것을 뒷받침해줄 물리적인 힘이 있어야 한다고 말했다. 대중이 카리스마에게 염증을 느낄 경우 힘으로 진압할

인간 관계의 법칙

수 있어야 하기 때문이다. 카리스마는 대개 적을 만들기 쉽기 때문에 카리스마로서 권력을 유지하려면, 적을 무자비하게 제압할 수 있는 잔인함을 갖춰야 한다.

카리스마의 뒤를 잇는 것은 지극히 위험한 일이다. 카리스마가 지나간 자리에는 혼란이 따르게 마련이다. 따라서 카리스마를 추종하다가는 모든 책임을 뒤집어쓸 확률이 높다. 만일 카리스마의 후계자가 될 수밖에 없는 상황이라면 그가 시작한 일을 계속 추진하지 말고, 새로운 활로를 모색하는 것이 좋다. 좀 더 현실적인 태도로 사람들에게 믿음을 주면서 전임 카리스마의 그늘에서 서서히 벗어나라. 그러면 전임자와 대조되는 새로운 유형의 카리스마로 군림할 수 있을 것이다. 전임자 루스벨트의 이미지를 극복하고 자신의 카리스마를 구축했던 해리 트루먼이 이 경우에 해당한다.

∞

등잔은 심지를 통해 불꽃을 피워올린다. 심지의 뿌리가 석유에 적셔져 있는 모습은 눈에 보이지 않는다. 우리는 다만 환하게 타오르는 불꽃을 볼 수 있을 뿐이다. 주변이 어두우면 어두울수록 등잔의 불꽃은 더욱 환하게 빛난다.

TYPE 9

스타
The Star

대중의 동경을 읽는 눈

—

인생살이는 고달프고 힘들다. 따라서 사람들은 누구나 환상과 꿈을 통해 현실에서 도피하고자 한다. 스타는 사람들의 이런 약점을 이용하는 존재다. 스타는 빼어난 용모와 스타일로 사람들이 우러러보는 우상이 된다. 아울러 스타는 대중과 거리를 둔 채 자신을 신비로 위장하기 때문에 더욱더 사람들의 호기심과 환상을 자극한다. 마치 꿈같은 삶을 사는 듯이 보이는 스타의 모습에 사람들은 무의식적으로 끌리게 된다. 아름답지만 손으로 잡을 수 없는 무지개와 같은 스타의 모습을 연출한다면 놀라운 유혹의 힘을 발휘할 수 있다.

신화적 스타

민주당 전당대회가 열리기 몇 주 전인 1960년 7월 2일, 전임 대통령 해리 트루먼은 존 F. 케네디가 대통령직을 맡기에는 너무 젊고 경험이 없다고 선언했다(참고로 당시 민주당은 대통령을 배출하기에 충분한 선거인단을 확보하고 있었다). 케네디의 반응은 놀라웠다. 7월 4일 그는 생방송 기자회견을 열어 자신의 입장을 밝혔다. 그가 휴가 중이라는 사실이 알려지면서 기자회견은 더욱 화제가 되었다. 텔레비전 방송에 모습을 드러내기까지 아무도 그를 보지 못했고, 그의 말을 들을 수도 없었다.

마침내 케네디가 기자회견장에 불쑥 나타났다. 그는 어떤 대가와 희생이 따르더라도 대선에 출마해 경쟁자들과 당당히 겨루어 승리를 거두겠다고 말했다. 그는 트루먼이 민주화를 가로막는다고 비판하면서 다음과 같이 역설했다. "미국은 젊은 사람들이 건설한 젊은 나라입니다. 세상은 변하고 있는데 옛 방식만을 고집하는 사람들이 있습니다. 새 시대는 우리에게 새로운 도전과 기회를 제공하고 있습니다. 이에 대응하기 위해서는 젊은 지도력이 필요합니다."

케네디는 자신의 경험 부족이 문제가 아니라 구세대의 권력 독점이 문제라고 주장함으로써 트루먼의 논리를 무력하게 만들었다. 그는 단지 말뿐만 아니라 스타일에서도 강한 호소력을 발휘했다. 그를 모델 삼아 만든 영화들을 보면, 그 점을 분명하게 알 수 있다. 예를 들어 영화 〈셰인〉에서 부패한 목장주들과 맞대결을 벌였던 앨런

래드나 〈이유 없는 반항〉에 나온 제임스 딘의 모습은 많은 부분에서 케네디를 연상시킨다.

몇 달 뒤 케네디는 민주당 대통령 후보로 지명되어 텔레비전 공개 토론에서 공화당 후보 리처드 닉슨과 한판 승부를 벌였다. 닉슨은 예리했다. 그는 질문에 정확하게 답변했으며, 자신이 한때 부통령으로 참여했던 아이젠하워 행정부가 이룩한 업적들에 대해 정확한 통계를 인용하며 침착하게 토론에 임했다. 하지만 흑백 텔레비전에 비친 닉슨의 모습은 마치 송장 같아 보였다. 불안하게 움직이며 자주 깜박거리는 눈, 경직된 자세, 피로에 지친 듯한 얼굴, 눈썹과 볼 위로 흘러내리는 땀은 좋지 못한 인상을 주었다.

하지만 케네디는 이와 대조적인 모습을 보여주었다. 닉슨은 경쟁자인 케네디만을 주시했던 데 반해, 그는 거실에 앉아 텔레비전을 시청하는 국민들에게 시선을 맞추며 자신의 의견을 피력했다. 그는 이전에 어떤 정치인에게서도 찾아볼 수 없는 신선한 인상을 풍겼다. 닉슨은 자료를 들이대며 자질구레한 논점에만 관심을 기울였지만, 케네디는 자유와 새로운 사회 건설을 언급하면서 미국인의 개척 정신에 호소했다. 그의 말은 구체적이지는 않았지만, 아름다운 미래에 대한 청중의 상상력을 자극했다.

텔레비전 토론이 열린 다음 날, 케네디에 대한 지지율은 놀라울 정도로 상승했다. 그가 가는 곳마다 젊은 여성들이 소리를 지르며 모여들었다. 게다가 케네디 옆에는 아름다운 부인 재클린이 서 있었다. 그는 마치 민주주의의 황태자 같았다. 마침내 그는 대통령으로 선출되었고, 텔레비전으로 전국에 중계된 그의 취임 연설은 매우 감동적이었다. 취임 연설을 하는 날은 아주 추운 겨울이었다. 그의 뒤에는 외투와 스카프로 몸을 감싼 아이젠하워가 앉아 있었다. 그는 영락없이 늙고 지친 패장의 모습이었다. 하지만 케네디는 외투도 입지 않고 모자도 쓰지 않은 채 전 국민을 상대로 연설을 했다. "우리 가운데 그 누구도 미국인으로 태어난 것을 자랑스럽게 여기지 않을 사람은 없을 것입니다. 믿음과 헌신을 바탕으로 우리 모두가 힘을 합친다면 이 나라의 장래는 더할 나위 없이 밝을 것이며, 그 빛이 온 세계를 두루 비추게 될 것입니다."

케네디는 취임 후에도 몇 달 동안 텔레비전 생방송을 통해 자주 모습을 드러냈다. 전임 대통령들은 감히 엄두도 내지 못했던 일이었다. 온갖 질문 공세에도 그는 조금도 당황하지 않고 침착하게 답변했으며, 때로는 질문자를 은근히 비꼬는 여유를 부리기도 했다. 잡지사들은 아내와 자녀들과 함께 있는 케네디의 모습, 백악관의 잔디에서 축구를 하는 모습, 헌신적인 가장으로서의 모습, 위대한 스타들과 어울리는 모습 등을 사진에 담아 게재함으로써 대중의 호기심을 자극했다. 케네디는 쿠바의 미사일 위기 때도 핵전쟁의 위험을 무릅쓰면서까지 소련에 과감히 대처했을 뿐만 아니라 우주 개발과 평화봉사단 창설을 주도하기도 했다.

정치가로서의 케네디의 생애는 할리우드 배우의 역할과 비슷했다. 그의 아버지 조지프가 한때 영화제작자였으며, 케네디 자신도 할리우드 배우들과 교제하며 그들이 스타로 성공하게 된 비결에 관심을 기울였다는 사실은 새삼스러운 얘기가 아니다. 케네디의 모든 행동은 할리우드의 방식을 따른 것이었다. 그는 적과 사소한 언쟁을 벌이는 대신, 극적인 대조를 연출해냈다. 그는 아내든 자식이든 그 누구를 대하든지 늘 매혹적인 태도를 유지하려고 애썼다. 그는 제임스 딘과 게리 쿠퍼 같은 배우들의 분위기와 얼굴 표정을 모방했다. 또한 정치적인 세부 사항에 신경 쓰기보다 위대한 신화처럼 온 국민의 단결을 이끌어낼 수 있는 주제에 초점을 맞췄다. 그는 이 모든 것을 위해 텔레비전을 이용했다. 그는 뉴프런티어 정책을 제시함으로써 개척자 정신을 고양시켰으며, 국민들에게 잃어버린 과거의 순수함을 되찾을 수 있다는 환상을 불러일으켰다.

모든 유혹자 가운데 가장 강력한 유혹의 힘을 지닌 유형은 신화적 스타가 아닌가 싶다. 사람들은 인종, 성, 신분, 종교, 정치 등과 같은 문제로 분열하고 대립한다. 이런 상태에서 그들 모두를 하나로 묶을 수 있는 절대적 명분을 제시한다는 것은 거의 불가능하다. 하지만 인간은 공통된 면이 있게 마련이다. 인간은 누구나 두려움을 가지고 있으며, 결국 모두 죽을 수밖에 없다. 이런 인간을 하나로 묶을 수 있는 것이 바로 신화다. 신화는 무력함을 극복하려는 인간의 감정과 불멸에 대한 욕구에서 생겨난다.

신화적 스타가 되고자 한다면, 먼저 외모부터 연구해야 한다. 독특한 스타일과 초연한 태도를 비롯해 시각적으로 사람들의 관심을 사로잡는 방법을 개발해야 한다. 또한 겉으로 드러난 말과 행동만으로는 쉽게 판단할 수 없는 신비스러운 분위기가 감돌아야 한다. 구체적이고 현실적인 문제나 자질구레한 세부 사항에 집착하지 말고, 삶과 죽음, 사랑과 증오, 권위와 혼돈과 같은 문제를 다루는 것처럼 보여야 한다. 만일 맞서야 할 경쟁자가 있다면 그를 단순히 이데올로기적인 문제를 놓고 다투는 상대로만 바라보지 말고, 악당이나 악마로 규정하라. 사람들은 신화에 쉽게 영향을 받는다. 그렇기 때문에 자신을 위대한 드라마의 영웅으로 부각시킬 수 있어야 한다.

스타가 되는 길

유혹이란 의식을 우회해 무의식을 자극함으로써 상대를 자신이 원하는 대로 움직이는 것을 말한다. 한마디로 무의식을 자극해야 유혹에 성공할 수 있다. 이유는 간단하다. 우리 주변에는 직접적인 메시지로 관심을 끌려는 사람이 너무 많기 때문이다. 하지만 정치성을 드러내거나 노골적으로 상대를 이용하려는 사람은 결코 원하는 것을 얻어낼 수 없다. 그럴 경우에는 오히려 냉소적인 반응을 불러일으킬 뿐이다. 자신이 원하는 것을 솔직하게 내비치거나 자신의 속마음을 모두 보인 채 상대를 설득하려 해서는 아무것도 얻을 수 없다. 사람들은 그런 사람을 귀찮게 여긴다.

이런 결과를 초래하지 않으려면, 상대의 무의식에 접근해 들어갈 수 있는 기술을 연마해야 한다. 인간의 무의식은 꿈을 통해 가장 잘 드러난다. 꿈은 신화와 밀접한 관계가 있다. 잠에서 깨어난 뒤에도 꿈속에서 본 모호한 이미지가 계속 머릿속에서 떠나지 않는다. 꿈속에서는 현실과 비현실이 뒤섞여 나타난다. 꿈속에서도 현실에서 만나는 사람들을 만나고 현실과 비슷한 상황을 겪게 되지만, 대개 앞뒤가 안 맞고 뒤죽박죽이다. 꿈속에서 일어나는 일이 현실과 똑같다면, 아마도 우리는 꿈을 통해 기쁨이나 두려움을 느끼지 못할 것이다. 우리는 때로 현실 세계에서도 기괴한 현상을 체험하곤 한다. 예를 들어 케네디와 앤디 워홀 같은 사람들의 말과 몸짓에서는 현실과 비현실이 뒤섞여 나타난다. 그들은 마치 꿈속의 인물처럼 느껴진다. 이들은 분명히 진지함과 장난기와 관능적 매력을 지닌 현실 속의 인물이지만, 동시에 초연한 듯, 현실을 넘어선 듯한 분위기를 발산함으로써 영화 속에서나 볼 수 있는 초현실적인 인상을 심는다.

이런 유형의 스타는 사람들의 무의식을 자극함으로써 유혹의 힘을 발휘한다. 그들은 공적으로나 사적으로 항상 사람들을 유혹한다. 사람들은 그들의 몸과 마음을 소유하고 싶어 한다. 하지만 꿈이나 영화에서 본 사람을 현실에서 소유할 수는 없다. 영화 속의 스타든 정치 스타든 마찬가지다. 사람들은 소유할 수 없기 때문에 더욱더 그들에게 매료된다. 그들의 모습은 뇌리에 박힌 채 우리의 꿈과 환상 속에 등장한다. 사람들은 그들을 무의식적으로 모방한다. 심리학에서는 이를 가리켜 '내적 투사'라고 표현한다. '내적 투사'란 다른 사람의 속성을 자신의 것으로 받아들이는 심리적 행위를 말한다. 스타의 매력은 바로 여기에 있다.

스타에게 필요한 능력

현실과 비현실을 적절하게 혼합해 신비한 분위기를 만들어냄으로써 우리는 스타가 가진 유혹의 힘을 얻을 수 있다. 대다수의 사람들은 지겹도록 진부하다. 따라서 뭔가 비현실적인 모습을 보여주면 탁월한 유혹의 효과를 얻을 수 있다. 스타는 무의식의 세계에서 나온 듯한 말과 행동, 다소 초연한 듯한 태도, 이따금씩 '저 사람이 과연 어떤 사람일까?'라는 궁금증을 불러일으키는 특징을 지니고 있다.

사실 스타는 오늘날의 영화가 만들어낸 피조물이다. 영화는 배우들의 실제 크기를 확대함으로써 현실과 동떨어진 이미지를 창조해낸다. 스타는 이러한 점들을 잘 활용한다. 먼저 스크린에 비친 배우들의 확대된 모습처럼 유혹하고자 하는 상대방에게 실제보다 큰 느낌을 주어야 한다. 그러려면 외모나 스타일도 다른 사람들보다 더 눈에 띄어야 한다. 꿈속과 같은 모호한 분위기를 연출하되 지나치게 거리감을 두어서는 안 된다. 지나치게 거리감을 두면 사람들에게 또렷한 인상을 심을 수 없다. 시간이 지나도 상대방의 기억 속에 각인될 만큼 인상적이어야 한다.

둘째, 스타가 되려면 용모를 신비롭게 가꾸어야 한다. 즉 사람들의 상상력을 끝없이 자극하면서 성격은 물론 영혼까지도 뭐든 그들이 보고 싶어 하는 모습을 보여줄 수 있어야 한다. 스타는 과장된 연기를 하거나 자신의 본모습을 드러내서는 안 된다. 오히려 모호한 인상으로 사람들이 저마다 원하는 대로 생각하게 만들어야 한다.

스타는 단연 돋보여야 한다. 어떤 모임에 등장할 때 모든 이목이 자신에게 집중되도록 만들 줄 알아야 한다. 담배를 피우는 모습, 목소리, 걸음걸이 등 모든 태도가 마치 꿈이나 환상 같은 분위기를 불러일으킬 만큼 미묘해야 한다. 사람들은 종종 별것 아닌 일에 매료되는 법이다. 사람들은 스타의 일거수일투족을 모방하려고 한다. 사람들은 생김새나 색깔이 이상한 물건에 호기심을 갖는다. 마찬가지로 자신도 모르게 스타의 매혹적인 외모에 끌리게 되어 있다. 또한 스타가 되려면 때로 사생활이나 성격의 일부를 살짝 내비침으로써 사람들의 호기심을 자극하는 방법을 배워야 한다.

스타가 지닌 또 다른 유혹의 힘은 사람들에게 대리 만족을 가져다준다는 데 있다. 사람들은 전형적인 미국의 중산층을 대표했던 지미 스튜어트나 귀족적인 분위기로 상류층을 대표했던 캐리 그랜트처럼, 자기들이 속해 있는 사회계층을 대변해줄 수 있는 스타에게 끌리게 마련이다. 요즘 사람들은 과거 어느 세대보다 불안심리가 강하다. 사람들은 정체성을 잃고 이리저리 표류한다. 그들은 자기들의 정체성을 대변해줄 수 있는 스타를 갈구한다. 그리고 그런 스타를 발견하면 즉시 그를 모방하기 시작한다. 스타는 사람들의 이런 심리를 이용한다.

모든 사람은 일종의 연기자다. 사람들은 타인의 생각을 모른다. 겉으로 드러난 모습으로 서로를 판단할 수밖에 없다. 그런 점에서 우리는 연기자가 되어야 한다. 연기자는 자신을 객관화할 수 있어야 한다. 객관적인 눈으로 자신의 모습을 들여다보며 원하는 외모를 만들어내는 것이 주요하다. 스타는 자신을 상대로 이야기도 하고 놀기도 하면서 이미지를 조정해나가는 한편, 시대에 맞는 적응력을 키워나간다. 10년 전에 유행했던 이미지를 그대로 유지한다는 것은 우스꽝스러운 일이다. 스타는 끊임없이 자신의 이미지를 개발함으로써 사람들의 기억에서 잊혀지지 않도록 해야 한다.

스타의 몰락

사람들은 어떤 스타에게 싫증이 나면 다른 스타에게 눈을 돌린다. 그렇게 되면 더 이상 유혹의 힘을 발휘하기 어렵다. 한번 몰락하면 예전의 인기를 누리기란 거의 불가능하다.

악명이나 오명을 남길까 봐 두려워해서는 안 된다. 사람들은 스타를 쉽게 용서하는 경향이 있다. 케네디가 암살된 후 그의 외교 정책이 지나치게 모험을 즐겼다드니, 여성 편력이 심했다느니 하는 온갖 비방과 추문이 나돌았다. 하지만 사람들은 그를 여전히 미국의 가장 위대한 대통령 가운데 한 사람으로 여기고 있다. 일단 사람들이 스타로 인정하기만 하면 도덕과는 상관없이 그에게 푹 빠지게 되어 있다. 물론 너무 지나쳐서는 곤란하다.

스타는 신비하고 초연한 아름다움을 지녀야 한다. 인간적인 약점을 너무 많이 노출할 경우에는 사람들의 환상을 자극할 수 없다. 사람들을 너무 멀리한다든지, 너무 오랫동안 사람들의 시야에서 사라지는 것보다는 악평을 받으면서도 늘 사람들 앞에 모습을 보이는 편이 낫다. 사람들에게 모습을 보이지 않으면 그들의 상상력을 자극할 수 없다. 하지만 그렇다고 대중을 너무 가까이해서도 안 된다. 신비감이 사라져 싫증을 낼 수 있다. 그렇게 되면 스타로서의 운명은 끝이다.

스타가 직면할 수 있는 가장 큰 위험은 끝없이 사람들의 주목을 받아야 한다는 점이다. 대중의 관심과 호기심 아래 자신을 노출시키다 보면, 어떤 때는 스타로서의 생활을 때려치우고 싶은 마음이 들기도 한다. 마릴린 먼로가 그랬듯이, 스타는 때로 스스로를 파괴하고 싶은 욕구에 사로잡히게 된다. 이럴 때는 자신을 객관화하는 한편 사람들과 적당히 거리를 유지하는 것이 해결책이다. 마치 유희를 즐기듯 자신의 이미지를 창출하고, 사람들의 관심과 주목을 받더라도 거기에 휩쓸리지 않는 마음가짐을 갖는 것이 중요하다.

돌을 쪼아 형상을 만들고 금은보석으로 장식하면 신이 된다. 숭배자들의 눈에 비친 그 형상은 생명이 깃든 살아 있는 물체가 된다. 사람들은 그것이 실제적인 힘을 가지고 있다고 상상한다. 사람들은 그 형상을 보며 자신들이 보고자 하는 것, 곧 신을 발견한다. 하지만 그것은 결국 한낱 돌덩이에 지나지 않는다. 신은 오직 그들의 상상 속에서만 존재할 뿐이다.

FILE 1

관계를 주도할 수 없는
사람들

관계를 주도하는 유혹자는 관심의 초점을 상대방에게 둔다. 하지만 타고난 기질이나 성격으로 인해 관계를 주도할 수 없는 사람들도 있다. 편의상 이런 사람들을 '반反유혹자'라 부르기로 한다.

반유혹자는 유혹자와는 정반대의 특성을 가지고 있다. 이들은 자기 자신에게 매몰되어 있으며, 자신을 객관적으로 보지 못하고, 상대방의 심리도 이해하지 못한다. 또한 반유혹자는 상대를 귀찮게 하고, 자기주장이 강하며, 말이 많으면서도 그 점을 전혀 의식하지 못한다. 이러한 반유혹자의 특성을 자신에게서 제거하는 한편, 그런 특성을 가진 사람들을 분별할 수 있어야 한다.

반유혹자의 유형

반유혹자들의 공통점은 불안감이다. 바로 이 불안감에서 유혹을 거부하려는 특성이 생겨난다. 그들은 자신의 내면에 존재하는 불안,

자의식, 욕구에만 몰입해 폐쇄적인 삶을 살아간다. 그들은 다른 사람에게서 약간이라도 모호한 구석을 발견하면 곧 자신에게 그런 모호함이 없는지 살피며, 다른 사람이 자신에게 조금만 무관심한 것처럼 보이면 이를 마치 배신인 양 크게 확대해 불평하는 경향이 있다.

반유혹자는 자기 이외의 다른 모든 것에 반발한다. 그러므로 그런 사람들은 피하는 게 상책이다. 하지만 불행히도 처음 봐서는 그 사람이 반유혹자인지 아닌지 판단하기가 어렵다. 따라서 그들의 심리 상태를 드러내는 여러 가지 증세를 유심히 살펴야 한다. 예를 들어 인색하거나 지나치게 논쟁을 좋아하고, 매사에 비판을 일삼는 모습을 보이면 반유혹자일 가능성이 높다. 또한 반유혹자는 상대에게 세심한 주의를 기울이지 않는다.

우리 모두는 한두 가지씩 반유혹자의 특성을 가지고 있다. 그런 부정적인 특성을 찾아 제거한다면, 우리는 더 많은 유혹의 힘을 발휘할 수 있다. 다음은 반유혹자의 주된 유형들이다.

조급한 성격의 소유자

유혹이란 시간이 필요한 종교의식과도 같다. 기다리면 기다릴수록 기대감도 커진다. 따라서 조급함은 금물이다. 조급한 성격의 소유자는 자신의 욕구를 충족시키기에 급급할 뿐, 상대방을 전혀 배려하지 않는다. 인내심을 가진다는 것은 곧 상대를 배려하는 것이다. 인내심을 갖고 상대를 대하면 반드시 좋은 인상을 주게 되어 있다.

아첨꾼

누구나 칭찬을 들으면 기분이 우쭐해지게 마련이다. 하지만 한걸음 물러나 생각해보면 근거 없는 칭찬인 경우가 많다. 아첨꾼에게 속지 않으려면 자기 내면의 소리에 정직하게 귀 기울일 줄 알아야 한다. 학대를 당해도 웃으면서 노예처럼 구는 사람도 아첨꾼이다. 자신의 생각을 말하지 않고 무조건 상대의 비위를 맞추는 데 급급한 사람과는 관계를 유지할 필요가 없다.

도덕주의자

도덕주의자는 모든 것을 진지하게만 생각한다. 이들은 낡은 도덕관을 가지고 자신의 도덕 원칙에 상대를 복종시키려 하며, 상대를 끊임없이 비판하고 판단한다. 이들은 주위에 있는 모든 사람을 지배하려 할 뿐 다른 사람의 생각을 수용하지 않는다. 한마디로 포용력이 없다. 이런 사람과 마주치면 비판을 받기 쉬우므로 될 수 있는 대로 상대하지 않는 것이 좋다.

구두쇠

돈에 인색한 사람은 성격에도 문제가 있다. 그는 자신을 개방하지도 않을뿐더러 손해를 감수하려 들지도 않는다. 인색함은 반유혹자의 기질 가운데 가장 나쁜 기질이다. 구두쇠는 대부분 자신의 문제를 모른다. 그들은 다른 사람에게 조금만 나누어주어도 마치 엄청난 자선을 베푼 것처럼 생각한다. 돈이든 자기 자신이든 늘 베풀려고 노력하라. 물론 지나치게 많은 것을 베풀어도 곤란하다. 너무 많은 것을 주면 마치 상대방을 돈으로 사려는 듯한 부정적인 인상을 심어주기 쉽다.

소심한 사람

소심한 성격은 지나치게 강한 자의식에서 비롯된다. 소심한 사람은 자신만을 생각할 뿐이다. 그는 상대에게 자신의 모습이 어떻게 비칠지, 또는 상대를 유혹하려는 자신의 시도가 과연 효과가 있을지를 놓고 한참 고민한다. 유혹에서 가장 중요한 것은 대담성이다. 기회가 무르익었다고 생각되는 순간이 오면 상대가 멈추어 생각할 여유를 주어서는 안 된다. 소심한 사람은 타이밍에 대한 감각이 없다. 그들은 시간이 흘러도 소심한 성격을 버리지 못한다. 그런 사람은 자기를 벗어버리고 밖으로 나오기를 두려워하기 때문이다.

수다쟁이

은근한 눈길, 간접적인 행동, 매력적인 외모는 유혹을 불러일으키는 중요한 요소다. 물론 말도 한몫을 한다. 하지만 말이 너무 많으면 유혹의 힘을 발휘할 수 없다. 대개 말이 많은 사람은 자기 자신에 대한 말을 늘어놓기 일쑤다. 그들은 상대가 지루해한다는 사실을 결코 의식하지 못한다. 사실 수다쟁이의 심리 저변에는 이기심이 도사리고 있다. 이런 사람은 상대하지 않는 것이 좋다. 상대해줄수록 오히려 증세를 더욱 악화시킬 뿐이다. 유혹을 하려면 우선 말을 절제하는 방법을 배워야 한다.

과민한 사람

성격이 과민한 사람은 매사에 지나치게 예민하게 반응한다. 그들은 상대의 모든 말과 행동이 자신을 향한 것이라고 생각한다. 유혹의 과정에서 전략상 잠시 거리를 두게 되면, 이런 유형의 사람은 그 일을 마음에 품고 있다가 "내가 싫어진 것이냐"며 원망과 불평을 털어놓는다. 유혹에서 이런 습성은 큰 걸림돌이다. 상대가 과민한 사람인지 아닌지 알고 싶다면, 그를 주제 삼아 가벼운 농담이나 이야기를 해보라. 다른 사람은 모두 웃더라도 그는 결코 웃지 않을 것이다. 웃음은커녕 그의 눈빛에서 증오심을 발견하게 될 것이다. 이런 과민한 성격을 자신에게서 발견하거든 과감하게 제거하라. 과민한 성격의 소유자에게는 사람들이 모여들지 않는다.

속물

성격이 속된 사람은 옷차림이나 행동에 전혀 신경 쓰지 않는다. 그뿐 아니라 공개적인 자리에서 아무 말이나 마구 지껄여댄다. 한마디로 이런 사람은 타이밍이나 상대의 취향을 고려하지 않고 무분별한 언행을 일삼는다. 혹시라도 자신에게서 이런 성격을 발견하거든 신속하게 제거하라. 유혹자가 되기 위해서는 재치 있고, 멋도 알고, 상대를 세심하게 헤아리는 눈이 필요하다.

반유혹자의 특성을 활용하는 법

반유혹자와는 거리를 두는 것이 상책이다. 감정적으로 반응할수록 더욱더 말려들기 쉽다. 결코 화를 내며 맞상대해서는 안 된다. 그럴 경우에는 반유혹자의 행동을 더욱 부채질할 뿐이다. 그저 적당히 거리를 두고 무관심한 척하는 것이 좋다. 그렇게 하면 반유혹자는 자신이 상대에게 별로 중요하지 않다는 사실을 알고 제풀에 물러가게 된다. 하지만 반유혹자의 특성도 때로는 자기를 보호하기 위한 수단으로 활용할 수 있다.

만일 상대에게 반유혹자로 비치고 싶다면, 앞에서 열거한 특성들을 사용하면 된다. 징징거리기, 말 많이 하기(특히 자신에 관한 말), 상대의 취향에 맞지 않는 차림새, 과민 반응, 무관심 등과 같은 특성들을 활용하면 상대는 멀리 도망갈 것이다. 빅토리아 여왕처럼 겉으로는 동의하는 것처럼 하면서 대화를 짧게 끝내는 방법도 유용하다. 물론 이런 반유혹자의 특성들은 자신을 방어할 필요성이 있을 때에만 이용해야 한다. 상대를 유혹하는 데는 절대 사용해서는 안 된다.

관계의 희생자가
되기 쉬운 사람들

유혹을 하려면 먼저 상대가 어떤 유형인지부터 알아야 한다. 사람들은 저마다 삶에서 무엇인가를 놓치며 살고 있다고 생각한다. 각자가 놓쳤다고 생각하는 부분은 모험이 될 수도 있고, 관심이 될 수도 있고, 로맨스가 될 수도 있고, 외설스러운 경험이 될 수도 있고, 정신적이거나 육체적인 자극이 될 수도 있다. 그 부분이 무엇이냐에 따라 희생자들은 여러 유형으로 나뉜다. 유혹하고자 하는 대상을 관찰하면서 겉으로 드러난 외모 뒤에 숨어 있는 진짜 모습을 파악하라. 소심한 사람이 알고 보면 스타가 되고 싶은 욕망을 숨기고 있기도 하고, 내숭쟁이가 탈선의 스릴을 갈망할 수도 있다. 하지만 어떤 경우가 됐든 자기와 비슷한 유형은 유혹하지 않는 것이 좋다.

희생자의 18가지 유형

우리는 누구나 만족스러운 삶을 원한다. 만족을 주는 것이 현실이든 환상이든 사람들은 개의치 않는다. 설사 환상이라고 하더라도 만족을 얻을 수만 있다면 사람들은 기꺼이 환영한다. 사람들은 유혹의 희생자가 되기를 원한다. 사람들의 이런 심리를 적절히 이용할 수만 있다면 탁월한 유혹자가 될 수 있다.

이 장에서 소개하는 유형의 사람들은 유혹의 희생자가 될 수밖에 없는 나름의 이유를 가지고 있다. 희생자의 유형을 식별하기 위해서는 외모나 태도에 속아서는 안 된다. 외모나 겉으로 드러난 태도는 그 이면에 숨어 있는 근원적인 갈망을 위장하기 위한 수단일 뿐이다. 또한 다른 사람들도 자기 자신과 똑같은 것을 갈망한다고 단정 짓는 어리석음을 범해서도 안 된다. 따라서 유혹을 할 때는 자기와 다른 유형의 사람을 선택하는 것이 좋다.

1. 변형된 레이크 혹은 세이렌

이 유형의 사람은 한때는 잘나가던 유혹자였지만, 나중에 어쩔 수 없는 외부 요인 때문에 유혹자로서의 삶을 더는 영위해나갈 수 없게 된 사람이다. 이유야 어떻든 이런 유형의 사람은 상실감에 빠져 있으며, 마음속에 치솟는 알 수 없는 분노를 느끼며 살아간다. 사람들은 과거에 즐거웠던 일을 다시 한번 경험해보고 싶어 하는 심리가 있다. 특히 변형된 레이크나 세이렌은 그와 같은 심리가 한층 강렬하다. 이들은 누군가 자신을 유혹해주기를 기다린다. 이런 사람들을 유혹하기란 매우 쉽다. 그저 다가가서 그들의 본성을 자극하기만 하면 된다.

하지만 이런 사람을 유혹할 때는 그들이 유혹의 희생자가 아니라 유혹의 주체라고 느끼게 하는 것이 중요하다. 변형된 레이크를 유혹하려면 간접적인 방법으로 그의 관심에 불을 붙여 욕망의 불길이 활활 타오르게 만들어야 한다. 변형된 세이렌을 유혹할 경우에도 마찬가지다. 그녀가 여전히 거부할 수 없는 유혹의 힘을 가지고 있다는 인상을 심어주어야 한다. 레이크나 세이렌은 결코 한 관계에 충실하지 못하는 본성을 가지고 있다. 따라서 그들을 유혹한다고 해도 그들과 충실한 관계를 지속하겠다는 생각은 하지 않는 것이 좋다.

2. 좌절한 몽상가

이 유형의 사람은 어렸을 때 혼자서 많은 시간을 보냈을 확률이 높다. 이런 사람은 혼자서 책도 읽고 영화도 보는 등 다양한 대중문화를 즐기며 이상적인 생활을 꿈꾼다. 하지만 나이가 들면서 현실과 이상의 괴리 때문에 점차 실망할 수밖에 없다. 그들의 내면에는 항상 불만이 가득 차 있으며, 무언가 멋지고 낭만적인 일이 일어났으면 하는 바람이 도사리고 있다.

이들은 스릴 넘치는 삶을 산 사람들의 이야기에 귀를 쫑긋 세운다. 이런 유형의 사람은 대개 현재의 결혼 관계나 연애를 탐탁지 않게 여긴다. 이런 사람은 매우 만족스러운 유혹의 대상이 될 수 있다. 이들은 대개 내면에 강한 정열을 품고 있기 때문이다. 이들은 적합한 상대를 만났다 싶으면 모든 정열을 아낌없이 퍼붓는다. 이들에게는 현실보다 환상이 중요하며, 상상력이 뛰어나기 때문에 신비롭고 낭만적인 것처럼 보이는 것을 제공하면 선뜻 반응한다. 그러므로 이런 유형의 사람을 유혹할 때는 환상을 심어주고 그것이 깨지지 않도록 주의해야 한다. 일단 환상이 깨지면 이들은 예전보다 더욱 실망하여 떠나버린다.

3. 응석받이

응석받이는 다른 사람들이 자신의 즐거움을 위해 존재한다고 생각하며 게으르고 나태하다. 따라서 이런 유형은 늘 심심해하고 마음을 잠시도 한곳에 두지 못한다. 이들은 친구도 자주 바꾸고 직장도 자주 옮겨 다니며 끊임없이 새로운 것을 찾아 헤맨다.

이런 유형의 사람을 유혹하려면 늘 새로운 즐거움을 줘야 한다. 새로운 장소에 데려가고 멋진 경험을 하게 해줘야 한다. 늘 새로운 모습을 보여주는 한편, 아직도 보여줄 부분이 남아 있는 것처럼 보이는 게 관건이다. 응석받이는 일단 유혹에 걸려들면 상대에게 급속히 의존하기 때문에 즐거움만 안긴다면 다루기가 매우 쉽다. 하지만 응석받이를 유혹하기 위해서는 직지 않은 노력을 기울여야 한다. 왜냐하면 늘 공주나 왕자처럼 받들어 모셔야 하기 때문이다.

4. 내숭쟁이

내숭쟁이는 사회의 눈총을 두려워하기 때문에 항상 올바른 삶을 살아가는 것처럼 보이려고 애쓴다. 내숭쟁이는 공평한 기준, 공동의 선, 멋진 취향, 도덕 따위에 지나친 관심을 보인다. 하지만 속으로는 탈선의 즐거움을 갈망한다는 점이 가장 뚜렷한 특징이다. 이들은 단조로운 색깔의 옷을 즐겨 입으며, 유행을 좇지 않는 경향을 보인다. 이들은 늘 우월감을 가지고 남을 판단하고 비판하기를 좋아한다. 또한 내적인 욕망을 억누르기 위해 단조로운 일상을 반복하며 살기를 원한다.

하지만 내숭쟁이는 위험하고 규범을 벗어난 행동을 일삼는 사람들을 보면 겉으로는 비판하면서도 속으로는 관심을 기울인다. 내숭쟁이를 유혹하려면 이와 같은 심리를 잘 이용할 수 있어야 한다. 일단 우월감을 갖게 하는 것이 중요하다. 그들의 비판에 맞장구치고 옳다고 치켜세우는 것이 좋다. 내숭쟁이는 상대방이 자신의 말을 들어주는 듯한 모습만 보여도 마음의 빗장을 푼다.

5. 좌절한 스타

좌절한 스타는 한때 아름답고 매혹적이며 활기찬 용모로 관심의 대상이었지만, 지금은 그렇지 못한 사람을 말한다. 좌절된 스타를 식별하기란 어렵지 않다. 그들에게는 대개 화려한 과거를 지니고 있다는 공통점이 있다. 좋았던 옛 시절을 회상하는 그들의 눈에서는 광채와 생기가 감도는 것을 엿볼 수 있으며, 아쉬운 듯 한숨을 내쉬는 몸짓에서는 야릇한 활력마저 느낄 수 있다.

이런 유형의 사람을 유혹하려면 무조건 관심을 기울여주면 된다. 상대가 마치 스타인 것처럼 느끼게 만들어주어라. 그리고 그들에게 자신에 관한 이야기를 하게 만들어라. 욕망의 좌절로 인한 고통을 어루만져줄 경우 그들은 열정적으로 자신의 모든 것을 활짝 열어 보이게 된다. 하지만 스타나 댄디의 기질이 있는 사람은 이런 유형을 유혹하려고 해서는 안 된다. 그러한 성향은 머지않아 드러날 수밖에 없고, 그렇게 되면 서로 경쟁 관계에 돌입하게 되기 때문이다.

6. 풋내기

풋내기란 세상물정에 어두운 사람을 말한다. 이들은 신문, 영화, 책에서 본 내용을 앵무새처럼 재잘거린다. 하지만 이들은 자신의 순진한 모습에 싫증을 느끼고, 세상의 쓴맛, 단맛을 직접 체험해보고 싶어 한다. 모든 사람이 그들을 순진하고 착하다고 여기지만 정작 그들 자신은 사람들의 그런 시각을 부담스럽게 여긴다.

풋내기를 유혹하기란 어렵지 않다. 하지만 좋은 결과를 얻으려면 몇 가지 유혹의 기술이 필요하다. 풋내기는 인생 경험이 풍부한 사람에게 관심을 가진다. 새로운 생각이나 새로운 세계를 경험할 수 있는 기회를 제공하는 것이 중요하다. 인생의 악하고 어두운 측면을 이따금씩 맛보게 하는 것도 필요하다. 세심한 배려나 달콤한 말로 그들의 경탄을 불러일으켜라. 그들은 경험이 부족해 눈앞의 일들을 올바로 판단할 수 있는 능력이 없기 때문에 자기도 모르는 사이에 이러한 유혹에 깊숙이 빠져들게 된다.

7. 정복자

이 유형의 사람은 대개 억제할 수 없는 엄청난 정력을 소유하고 있다. 그는 장애물이 있어도 개의치 않고 항상 정복할 대상을 찾는다. 정복자를 식별해내려면, 말이나 태도보다는 일과 인간관계에서 어떤 식으로 행동하는지를 주의 깊게 살펴봐야 한다. 정복자는 힘을 숭배한다. 그는 수단과 방법을 가리지 않고 사람들을 정복하고 싶어 한다. 약점을 드러내면 이들은 금방 그 점을 이용해 욕심을 채운 뒤 미련 없이 새로운 정복 대상에게 눈을 돌린다.

정복자에게는 약간의 저항이나 장애물을 제공하는 것이 좋다. 그들의 뜻대로 움직여서는 안 된다. 때로는 변덕도 부리고 거절도 하고 적당히 술수도 부려가면서 상대하면 된다. 정복자를 굴복시키려면 황소를 다룰 때처럼 이리저리 제멋대로 돌진하게 하다가 제풀에 지치게 만드는 방법을 구사해야 한다. 정복자를 제풀에 지치게 만들면 그는 결국 의존적으로 변하게 된다.

8. 색다른 즐거움을 추구하는 사람

이들은 삶의 모든 측면에서 뭔가 색다른 것을 원한다. 이들의 내면 세계는 매우 공허하며 스스로를 혐오하는 경향이 있다. 이들은 자신이 속한 계층이나 문화를 싫어하고 대개는 여행을 좋아한다. 이들의 집에 가보면 해외에서 가져온 물건들을 많이 볼 수 있다. 또한 이국적인 문화와 예술을 숭배한다. 이들은 대개 반항적인 기질을 가지고 있다.

그들의 취향을 맞추기 위해서는 옷차림, 대화 주제, 만나는 장소 따위가 이색적인 냄새를 물씬 풍겨야 한다. 약간만 과장하면 나머지는 그들이 알아서 상상하게 되어 있다. 왜냐하면 이런 유형은 스스로 현혹되는 성향을 가지고 있기 때문이다. 하지만 유혹의 대상으로는 별로 달갑지 않다. 색다른 것을 보여주면 잠시 즐거워하다가 이내 식상해져서 또 다른 색다른 것을 찾기 때문이다. 이들은 심리적으로 매우 불안정하기 때문에 끊임없이 관심을 사로잡을 수 있는 것들을 추구한다. 그들의 비위를 맞추는 데에는 한계가 있다.

9. 비극의 주인공

삶을 마치 한 편의 비극적인 드라마처럼 엮어가고 싶은 욕망을 가진 사람들이 있다. 이들은 권태로움에서 벗어나기 위해 비극을 원한다. 이른바 비극의 주인공을 유혹하려면 이와 같은 욕망을 한껏 발산하도록 도와주면 된다. 이들은 늘 불만족하는 가운데 고통을 즐긴다. 고통은 이들에게 쾌락을 주는 원천이다. 이들은 일종의 정신적 학대를 원한다. 이런 유형에게 자상하고 친절한 태도는 금물이다. 이런 유형의 사람과 오랜 관계를 지속하려면 계속해서 드라마 같은 상황을 만들어나가야 한다.

10. 교수

이 유형은 자기와 마주치는 모든 것을 분석하고 비평하려는 경향이 있다. 이들은 매우 지성적이며, 주변 일에 지나치게 자극을 많이 받는다. 스스로 육체적인 열등감에 사로잡혀 있으며 그러한 심리를 정신적인 것으로 보상하고자 한다. 그들이 무슨 말을 하든 잘 관찰해

보면 대화 상대를 얕보는 태도가 역력하다. 하지만 이들은 자신의 정신적인 감옥에서 탈출해 아무런 분석 없이 순수하게 육체적인 즐거움에 빠져봤으면 하는 심리를 갖고 있다. 이들은 마음 깊은 곳에서는 레이크나 세이렌과 같은 유혹자를 원한다.

교수 유형은 겉으로는 지성적이지만 그 내면에는 불안심리가 가득하기 때문에 유혹에 빠지기 쉽다. 자신이 마치 돈 후안이나 세이렌과 비슷하다는 착각을 심어주면 그들은 쉽게 유혹의 노예가 된다. 이들은 대개 마조히즘적인 성향을 띤다. 하지만 지성적인 사람은 교수 유형을 유혹하지 않는 편이 낫다. 지성적인 사람이 교수 유형을 유혹하려고 할 때는 괜한 경쟁심리만 부추기는 꼴이 되고 만다. 교수 유형은 항상 자신이 지적으로 우월하다고 생각해야 만족을 느낀다. 따라서 짐짓 그들보다 열등한 사람처럼 행동하면서 육체적인 자극과 즐거움을 제공할 수 있어야 한다.

11. 미인

미인은 일찍부터 사람들의 주목을 받으며 자란다. 미인은 그저 보는 것만으로도 사람들의 욕망을 자극한다. 하지만 미인은 자신의 아름다운 매력이 사라질까 봐 늘 불안해한다. 게다가 미인은 사람들이 자신의 미모에만 관심을 기울이는 것을 못마땅하게 생각한다.

미인은 여러 가지 약점을 안고 있기 때문에 비교적 유혹하기 쉽다. 미인은 대개 얼굴이 예쁘다는 말을 수없이 듣는다. 따라서 다른 사람들이 칭찬해주지 않는 면, 곧 그녀의 지성, 재능, 성품 따위를 칭찬해주는 것이 매우 중요하다. 물론 그녀가 무기로 내세우는 외모를 칭찬하는 것도 잊어서는 안 된다. 한마디로 그녀의 외모와 지성과 성품을 모두 치켜세워 줘야 한다.

미인은 늘 사람들의 주목을 받는 데 익숙해 있기 때문에 수동적인 성향을 띠기 쉽다. 하지만 그와 같은 수동적인 삶을 내심 불만스럽게 여긴다. 그녀는 좀 더 적극적인 사람이 되고 싶어 한다. 따라서 미인을 대할 때는 약간의 변덕이 필요하다. 한껏 칭찬해주다가도 갑자기 약간 차가운 태도를 취함으로써 그녀 스스로 안달이 나게 만들어야 한다. 그와 동시에 시기적절한 칭찬과 관심을 아끼지 않음으로써 그녀가 자기 확신에 빠져 행동할 수 있게 만들어야 한다.

12. 철부지

성장을 거부하는 사람들이 있다. 아마도 죽음이나 늙는 것에 대한 두려움, 혹은 어렸을 때의 즐거운 추억에서 벗어나지 못하는 심리 때문인 것 같다. 이들은 책임지는 삶을 싫어하고 모든 일을 놀이나 유희 정도로 생각하려고 든다. 이런 사람은 20대에는 매력이 넘치는 사람으로, 30대에는 재미있는 사람으로 여겨지지만, 40대에 이르면 차츰 모든 매력을 상실하기 시작한다.

이런 유형의 사람을 유혹하기 위해서는 뭐든 다 들어줄 것 같은 믿음직한 모습으로 접근해야 한다. 그들의 행동을 비판하거나 판단하지 않고 애정을 쏟아주면 그들은 즐거워하며 매달린다. 철부지 유형을 유혹할 경우 한동안은 즐겁기 그지없다. 하지만 이들은 어린아이처럼 철저히 자기중심적이기 때문에 관계를 지속하기가 매우 어렵다.

13. 구원자

인간이라면 누구나 연약한 사람에게 연민의 정을 보이게 마련이다. 그런데 이런 마음을 특별히 강하게 느끼는 사람이 있다. 이들은 마치 구원자라도 된 듯 문제가 있는 사람들에게 헌신적이다. 하지만 이런 유형은 대개 복합적인 동기를 가지고 있다. 즉, 남을 돕고자 하는 순수한 마음도 있지만 동시에 남을 지배하려는 우월감도 가지고 있다. 이들은 남의 문제를 마치 자기 일인 양 팔을 걷어붙이고 나선다. 이들은 주로 문제가 있는 사람들이나 의존적인 사람들과 관계를 맺는 경향을 보인다.

구원자는 기사도나 모성애를 발휘하고 싶어 하기 때문에 그러한 점을 이용하면 쉽게 유혹할 수 있다. 따라서 자신의 약점을 과장해서 보여주는 것이 필요하다. 사랑을 받지 못하는 가련한 존재이자 인생의 실패자라는 점을 은근히 드러내 그들의 동정심을 간접적으로 유도해야 한다. 이들에게는 나쁜 사람이라는 인상을 심어주는 것도 효과를 거둘 수 있다. 그동안 나쁜 짓만 해왔다며 자책하는 모습을 보이면 이들은 도덕적인 우월감에 빠져 대속代贖의 기분을 만끽하며 구원자로 나선다.

14. 방탕아

대개 풍요롭게 살아온 사람들에게서 이런 유형이 발견된다. 이들은 세상에 대해 냉소적이며, 마치 모든 것에 싫증 난 듯한 태도를 지닌다. 하지만 남부럽지 않은 삶을 누려온 그들의 마음속에는 예민한 감수성이 도사리고 있다. 방탕아 유형은 사실은 탁월한 유혹자다. 하지만 이들도 역시 유혹의 희생자가 될 수 있다. 특히 이들은 어리고 순진해 보이는 사람에게 약하다. 이들은 나이를 먹으면서 잃어버린 젊음과 순진함을 되찾고 싶은 욕구에 사로잡힌다.

따라서 이런 유형을 유혹하려면 순진한 모습을 보여줘야 한다. 이런 사람들 앞에서는 마치 어린아이처럼 생각하고 행동하는 것이 중요하다. 심지어 그들을 싫어하고 혐오스럽게 생각하는 듯이 행동할 수도 있다. 그런 행동은 그들의 욕망을 더욱 부채질한다. 거부하는 듯한 몸짓만으로도 그들을 쉽게 조종할 수 있다. 이런 유형의 사람에게는 늘 경계심을 가지고 관계의 속도를 조절해나갈 수 있어야 한다. 그렇지 않으면 위험하다.

15. 우상숭배자

사람은 누구나 내면의 결핍을 느낀다. 특히 우상숭배자는 다른 사람들보다 더 큰 공허감에 시달린다. 그들은 스스로에게 만족하지 못한다. 따라서 자신들의 내적 공허감을 채워줄 수 있는, 다시 말해 숭배할 대상을 찾는다. 그들은 자기보다 위대하다고 생각하는 것에 관심을 기울임으로써 내면의 공허감을 달래려 한다.

이런 유형을 유혹하는 방법은 그들이 섬길 수 있는 우상이 되는 것이다. 즉, 그들이 헌신하는 종교나 대의명분을 대신할 수 있는 존재로 자신을 부각시켜야 한다. 이런 유형을 유혹하려면 결점이나 약점을 내보이면 안 된다. 마치 성인인 것 같은 인상을 풍겨야 한다. 잠시라도 속된 모습을 보이면 이들은 멀리 도망가 버린다. 마치 뭔가 있는 듯한 모습을 보이면서 종교와 낭만을 혼합하는 전술을 구사해야 한다.

이들에게는 칭찬을 해주면 오히려 부작용이 생기기 쉽다. 그들을 섬기는 것이 아니라 그들의 섬김을 받도록 처신해야 한다는 점을 잊어서는 안 된다. 우상숭배자들과의 관계는 대개 짧다. 그들은 끊임없이 새로운 것을 찾아 숭배하려는 성향이 있기 때문에 관계를 오래 지속하기 어렵다.

16. 감각주의자

감각주의자란 쾌락을 사랑하는 사람이 아니라 매사에 아주 예민하게 반응하는 사람을 말한다. 이들은 유행, 색깔, 스타일에 관심이 많다. 이들은 환경에 매우 민감하며, 햇빛이 들지 않는 어두운 방을 싫어하고, 분위기나 색깔의 변화에 금세 시무룩해지다가도 냄새나 향기 하나에 금세 흥분하는 경향이 있다.

이런 유형의 사람을 유혹하려면 그들의 감각적 욕구를 충족시켜주면 된다. 멋진 광경을 보여주거나 옷차림, 액세서리 등과 같이 육체적인 매력을 드러낼 수 있는 여러 가지 방법을 사용하는 것도 좋다. 감각주의자들은 마치 동물처럼 색깔과 냄새에 쉽게 끌려든다. 가능한 한 모든 감각에 호소하라. 종류별로 다양한 감각에 호소함으로써 관심을 유도하면 이들은 결코 유혹을 거부하지 못한다. 이런 유형의 사람들은 원하는 것만 제공되면 비교적 온순하게 따라오는 경향을 띠기 때문에 유혹의 대상으로는 그만이다.

17. 고독한 지도자

권력자의 주변에는 대개 아첨꾼이나 고분고분한 사람들이 많다. 사람들은 권력자의 비위를 맞추려고 굽실거린다. 그래서인지 권력자들은 대개 의심이 많고 남을 잘 믿지 않으며 겉으로 보기에 약간 무섭기까지 하다. 하지만 그들은 근본적으로 고독하다. 권력자는 자신을 유혹해줄 누군가가 나타나 외로움을 달래주기를 바란다. 대부분의 사람들은 권력자를 두려워해 감히 다가갈 용기를 내지 못한다. 단순히 아첨이나 육체적인 매력을 내세워 접근할 경우에는 금방 속셈을 들키게 될 뿐만 아니라 경멸당하기 쉽다.

이런 유형을 유혹하려면 그들과 대등한 위치, 아니 그들보다 우월한 위치에 있는 것처럼 행동해야 한다. 그 앞에서 굽실대는 사람들과 뚜렷한 차이를 두고 다가가야 한다. 무뚝뚝하게 대하는 것도 한 방법이다. 그러면 그는 상대가 아무 사심이 없다고 믿게 될 것이다. 정직하고 공평한 태도로 당당하게 대하는 것이 좋다. 권력자에게는 약간의 고통을 느끼게 한 뒤 다시 부드럽게 대해주는 전술을 구사하는 것이 바람직하다. 권력자는 고독하기 때문에 의지할 사람을 필요로 한다. 따라서 유혹이 성공을 거둘 경우, 그의 외로움을 달래주는 대가로 상당한 권력을 손에 넣게 될 것이다.

18. 양성애자

양성애자란 성의 구분이 잘 안 되는 사람을 말한다. 이들은 본질적으로 동성애자가 아니라 이성애자다. 다만 남성과 여성의 특성을 번갈아가며 나타내려는 속성을 가질 뿐이다. 이들은 자신에게 있는 양성을 모두 완벽하게 표현하고 싶어 한다. 이런 유형은 생각보다 많다. 여성이면서도 남성처럼 행동하고 싶어 하는 사람들, 남성이면서 여성과 같은 심미적 측면을 가지고 있는 사람들이 여기에 속한다.

양성애자가 원하는 대상은 또 다른 양성애자다. 그런 상대를 만나면 이들은 그동안 억눌러온 성의 특성을 자연스럽게 표출한다. 만일 자신이 양성애자가 아니라고 생각한다면, 이런 유형은 상대하지 않는 것이 좋다. 이런 유형의 사람에게 생각 없이 접근했다가는 오히려 억눌러온 그들의 특성을 더욱 억누르게 해 불편을 가중시킬 뿐이다.

PART 2
관계를 주도하는
24가지 전략

상대를 즐겁게 해주는 행동이 유혹의 힘을 발휘할 수 있다는 것은 두말할 필요도 없다. 하지만 인간은 대개 자기 안에 갇혀 있기 때문에 상대를 즐겁게 해주기 어렵다.

　인간은 다른 사람이 원하는 것보다 자신이 원하는 것에 관심을 둔다. 모두 24장으로 구성되어 있는 2부에서는 관심의 초점을 자신이 아닌 상대에게 돌리는 유혹의 기술을 다루고자 한다. 이러한 기술을 익히는 순간, 우리는 상대의 마음을 악기처럼 다루는 방법을 터득하게 될 것이다. 2부에는 인간의 근본적인 심리에 기초해 목표 대상에 접근하는 순간부터 결정적인 마지막 순간에 이르는 유혹의 모든 과정이 묘사되어 있다. 사람들의 생각은 일상을 중심으로 다람쥐 쳇바퀴 돌 듯 돌아간다. 아울러 사람들은 근본적으로 불안한 심리를 가지고 있다. 따라서 누군가를 유혹하려면 그들의 불안한 심리를 달래주어야 할뿐더러, 분주한 일상으로 분산된 마음을 장악할 수 있어야 한다. 앞부분에서는 이러한 문제를 집중적으로 다룰 것이다. 아울러 사람들은 서로 친숙한 관계가 되면 식상해지기 쉽고, 그러다 보면 권태가 찾아든다. 신비감을 불러일으킨 뒤 그것을 계속 유지해나가는 것이 유혹의 생명이다. 이를 위해서는 때로 상대의 감정을 격렬히 자극할 수 있는 충격요법을 이용해 상대를 굴복시킬 수 있는 방법을 다룰 것이다. 유혹자는 한 가지 전

인간 관계의 법칙

술 뒤에 또 다른 전술을 계속 이어감으로써 더욱더 과감하고 공격적인 태도로 상대를 완전히 정복할 수 있어야 한다. 이런 점에서 유혹자는 소심하거나 자비로운 마음을 가지면 안 된다.

2부를 구성하는 24개의 장은 다시 네 단계로 나뉜다. 각 단계마다 특별한 목적이 존재한다. 첫 번째 단계에서는 상대의 마음을 사로잡는 방법, 두 번째 단계에서는 즐거움과 혼돈을 교차시킴으로써 상대의 감정에 접근하는 방법, 세 번째 단계에서는 상대의 무의식을 자극하고 억눌린 욕망을 분출하게 함으로써 더욱 깊은 유혹으로 끌어들이는 방법, 네 번째 단계에서는 육체적인 굴복을 얻어내는 방법을 다룰 예정이다. 이 네 가지 단계에 정통할 경우, 우리는 상대의 마음을 정복함으로써 유혹의 최면을 거는 방법을 터득할 수 있다. 유혹이란 먼저 상대가 가지고 있는 과거의 습관을 제거하고 새로운 경험을 할 수 있도록 만드는 것이다.

어떤 경우에도 즉흥적인 유혹은 시도하지 말기 바란다. 성급하게 끝장을 보려는 태도는 결코 바람직하지 않다. 그런 경우는 유혹이라기보다는 이기적인 욕구의 발산에 지나지 않는다. 시간을 두고 차분하게 유혹의 과정을 밟아나간다면 상대의 경계심을 무너뜨리고 사랑에 빠지게 만들 수 있다.

CHAPTER 1

상대의 숨은 욕망을
겨냥하라

목표 선정

자신에게 없는 것을
가진 사람을 선택한다

—

무엇보다도 어떤 사람을 유혹의 대상으로 선정하느냐가 관건이다.
상대를 철저히 연구하고, 자신의 매력에 끌려올 사람인지 판단할 수
있어야 한다. 바꿔 말하면, 먼저 자신이 상대의 공허감을 채워주고
색다른 즐거움을 느끼게 해줄 수 있는지 생각한 뒤 접근해야 한다.
외로움을 느끼는 상대 혹은 불행한 일이 있는 듯한 상대를 고르는
것이 좋다. 만족스러운 상태에 있는 사람은 유혹하기 어렵다. 삶에
불만을 느끼는 사람은 훌륭한 유혹의 대상이 된다. 이런 상태에 있
는 사람에게 접근해야만 유혹의 행위가 훨씬 더 자연스러운 힘을
발휘할 수 있다.

어떻게 유혹의 대상을 선택할 것인가

인생을 살다 보면 때로 다른 사람을 설득해야 할 일이 생긴다. 다시 말해 유혹할 일이 생긴다는 뜻이다. 은근한 유혹에 빠져드는 사람들도 많지만, 마치 난공불락의 요새처럼 전혀 꿈짝하지 않는 사람도 있다. 그런 사람들과 부딪치면 우리는 지레 자신의 능력을 벗어난 일이라고 판단하고 물러서는 경향이 있다. 하지만 이는 잘못된 생각이다. 정치적인 유혹자든 성적인 유혹자든, 진정한 유혹자는 오히려 성공할 확률이 낮은 어려운 일을 즐긴다. 우리는 쉽게 유혹할 수 있는 대상에게만 접근하고 그렇지 않은 사람들은 피하려고 한다. 어떤 면에서는 이런 태도가 현명하다. 왜냐하면 어느 누구도 모든 사람을 다 유혹할 수는 없는 법이기 때문이다. 하지만 때로는 어려워 보이는 대상에게도 접근을 시도해보는 것이 좋다. 그러면 유혹의 과정에서 더 큰 흥분과 만족감을 얻을 수 있다.

어떻게 유혹의 대상을 선택할 것인가? 먼저 상대방의 반응과 태도를 면밀하게 관찰해야 한다. 상대방이 의식적으로 취하는 반응이나 태도에 지나친 관심을 쏟지 말고, 오히려 무의식적으로 드러나는 반응이나 태도, 즉 얼굴을 붉히며 괜히 수줍어한다든지, 아니면 버럭 화를 낸다든지 하는 모습에 관심을 기울여야 한다. 그런 반응이나 태도는 상대가 알게 모르게 영향을 받고 있다는 증거다.

유혹의 대상을 정할 때에는 자신에게 없는 것을 가지고 있는 대상을 선정하는 것이 좋다. 그것은 어린아이와 같은 순진함일 수도 있

인간 관계의 법칙

고, 그동안 개인적으로 금기시해오던 조건이나 특성일 수도 있으며, 자신이 되고 싶어 하던 모습일 수도 있다. 아무튼 자신의 마음을 끌 만한 조건이나 특성을 가지고 있는 상대를 골라야만 강렬한 열정을 가지고 유혹을 시도할 수 있다. 그런 경우에는 비록 상대가 다소 저항한다고 해도 그것을 극복하려는 용기와 창의성을 발휘할 수 있다.

누차 말하지만 유혹은 일종의 게임이다. 흥미를 느낄 때 더욱 재미있는 게임을 즐길 수 있다. 열정이 강렬할수록 상대에게 더 큰 감동을 줄 수 있으며, 뭔가 압도하는 듯한 느낌을 전달할 수 있다. 일단 상대의 감정을 움직이면 그때부터는 마음대로 좌지우지할 수 있다. 약간의 저항이 있더라도 자신의 마음을 끄는 대상을 선정할 수 있어야만 훌륭한 유혹자가 될 수 있다. 물론 훌륭한 유혹자는 자신을 언제, 어떻게 통제해야 할지를 잘 알고 있다.

자기를 좋아한다고 해서 무작정 그 사람을 유혹의 대상으로 결정하는 것은 바보 같은 짓이다. 그럴 경우에는 시간이 흐를수록 두 사람의 관계가 식상해지기 쉽다. 자기가 생각해보지 못한 유형의 사람들에게 관심을 기울일 때 더 큰 모험을 즐길 수 있다. 노련한 사냥꾼은 쉽게 잡을 수 있는 사냥감을 선택하지 않는다. 그는 추적하는 스릴을 느끼고 싶어 하며 생사의 투쟁을 즐긴다. 게다가 사냥감이 사나울수록 더욱 희열을 느낀다.

자기에게 맞는 유혹의 대상을 찾아라

사람마다 제각기 자기에게 맞는 유혹의 대상이 있다. 그중에서도 좀 더 큰 만족을 느끼게 하는 대상이 있다. 카사노바는 행복해 보이지 않거나 최근에 불행한 일을 겪은 젊은 여성들을 좋아했다. 그런 여성들에게 그는 구세주처럼 나타나곤 했다. 하지만 그가 그런 여성들을 선택한 것은 어쩌면 그렇게 할 수밖에 없었기 때문일지도 모른다. 왜냐하면 행복한 사람들은 유혹하기가 훨씬 더 어렵기 때문이다. 현재 상태에 만족하는 사람에게는 접근하기가 곤란하다. 슬픔은 그 자체로 유혹적인 분위기를 자아낸다. 행복한 사람을 유혹하는 것도 어렵지만, 상상력이 전혀 없는 사람을 유혹하기도 쉽지 않다.

여인들에게는 호기로운 남성이 유혹의 대상으로 가장 적합하다. 대표적인 사례가 안토니우스다. 그는 쾌락을 좋아하고 매우 감정적이었기 때문에 여인들이 접근하면 이성적인 판단을 내리지 못했다. 그는 클레오파트라에게 쉽게 넘어갔다. 클레오파트라는 일단 그의 마음을 장악하자, 그를 마음대로 요리할 수 있었다.

지나치게 공격적인 남성은 여성의 유혹에 빠지기가 매우 쉽다. 특히 코케트에게 매우 약하다. 따라서 코케트의 전술을 구사하면 얼마든지 그를 노예로 만들 수 있다. 사실상 공격적인 남성은 여성을 쫓는 재미를 즐긴다.

사람은 겉보기와 다르다. 화산처럼 폭발적인 에너지를 가지고 있는 사람은 대개 불안한 심리를 가지고 있다. 이런 사람은 자기 자신에게 매몰되어 있기 쉽다. 19세기에 무용가이자 배우로 활동했던 롤라 몬테즈Lola Montez는 수많은 애인과 추종자들을 거느렸다. 그녀는 겉으로는 매우 드라마틱하고 재미있는 사람처럼 보였지만 그녀의 내면은 복잡하고 불안했다. 그녀에게 빠진 남자들은 나중에야 그 사실을 알았지만, 그때는 이미 그녀에게 몇 달 동안 정신적, 육체적으로 모진 시련을 당하고 난 뒤였다. 외향적인 성격의 소유자보다 겉으로 내향적으로 보이거나 수줍은 듯이 보이는 사람을 유혹의 대상으로 선정하는 것이 더 낫다. 그런 사람들은 알고 보면 누가 접근해주었으면 하는 마음이 도사리고 있다.

대개 게으른 사람일수록 유혹에 빠져들기 쉽다. 그들은 누군가가 나타나 자신의 정신적인 공백을 메워주기를 고대한다. 16세기 이탈리아의 코르티잔courtisane(부유한 남자들이나 귀족들과 관계를 가진 고급 창부)이었던 툴리아 다라고나는 젊은 남자를 유혹하기를 좋아했다. 젊은 남자를 선호한 데에는 육체적인 이유도 있었지만, 직업을 가진 남성들보다 일하기 싫어하는 게으른 젊은이들이 유혹에 훨씬 더 약하기 때문이었다. 사업이나 일에 몰두해 있는 사람은 유혹하기 어렵다. 유혹이 성립되려면 주의력을 끌 수 있어야 하는데, 바쁜 사람들에게는 그런 게 통하지 않기 때문이다.

프로이트에 따르면 유혹은 일찍부터, 즉 부모와의 관계에서부터 시작된다. 자식은 자신과 육체적으로 접촉하며, 배고픔과 같은 욕구를 해소시켜주는 부모에게서 유혹을 느낀다. 반대로 부모는 사랑스러운 어린 자녀의 모습에서 유혹을 느낀다. 이처럼 인간은 본질적으로 일생 동안 유혹을 받으며 살게 되어 있다. 우리는 누구나 유혹받기를 원한다. 우리는 우리 자신과 진부한 일상사에서 벗어나고 싶어하며, 우리가 갖지 못한 것을 가지고 있는 사람에게 끌린다. 사람은 자신이 갖지 못한 것을 채워줄 수 있는 사람을 사모한다. 따라서 자신과 반대되는 기질을 가진 사람을 유혹하는 것이 좋다. 서로 달라야만 흥미 있는 긴장감이 조성된다.

장칭江靑이 마오쩌둥을 처음 만난 것은 1937년 중국 서부에 있는 어느 산에서였다. 그녀는 그가 인생에서 뭔가 재미있고 색다른 것을 찾고 있다는 사실을 감지했다. 당시 그의 군대에 속해 있던 여성들은 남자들과 똑같은 복장을 했고, 여성다운 아름다움과는 거리가 멀었다. 상하이의 연극배우 출신이었던 장칭은 금욕적인 생활에 별로 익숙하지 않았다. 그녀는 마오쩌둥이 바라는 것을 안겨주었다. 그는 그녀에게 공산주의 이론을 가르칠 수 있다는 것에 은근히 재미와 자부심을 느꼈다. 이것이 그의 피그말리온 콤플렉스, 즉 다른 사람을 지배하고 교정하려는 욕구를 충족시켜주었다. 하지만 정작 마오쩌둥을 지배했던 사람은 바로 장칭이었다.

유혹은 흥분과 스릴을 느낄 수 있게 만들어야 성공한다. 중국 배우 시페이푸時佩璞는 여자 흉내를 잘 내기로 유명했다. 1964년 그는 당시 중국 주재 프랑스 대사관에서 근무하던 베르나르 부리스쿠Bernard Boursicout 라는 젊은 외교관을 만났다. 부리스쿠는 새로운 문화권에서 모험을 즐기기 위해 중국에 왔지만, 중국 사람들을 만나보고 나서 실망을 금치 못했다. 시페이푸는 어렸을 때부터 여자 흉내 내는 것을 좋아했다. 딸부자였던 그의 부모는 아들이 사내답게 성장해주기를 바랐지만, 시페이푸는 부모의 뜻을 저버리고 여자처럼 꾸미고 다녔다. 시페이푸는 권태와 불만에 빠진 부리스쿠가 원하는 것을 제공했다. 그는 자신이 지금까지 속고 살아온 것처럼 이야기를 꾸며 부리스쿠에게 접근한 뒤 그와 동성애를 시작했다. 그들의 관계는 수년 동안 지속되었다(부리스쿠는 동성애 경험이 있었지만, 자신을 이성애자라고 여겼다). 결국 부리스쿠는 중국을 위해 스파이 노릇까지 했다. 그는 시페이푸와 동성애를 즐기면서도 줄곧 그가 여자라고 생각했다. 부리스쿠는 자신의 동성애적인 욕구를 억누르고 있었기 때문에 그의 유혹에 쉽게 넘어갈 수 있었다.

쾌락의 욕구를 억누르고 있는 사람은 유혹에 넘어가기 쉽다. 8세기경 중국의 황제 현종은 궁궐에서 사치와 향락을 금지하고, 스스로 고결하고 금욕적인 생활의 모범을 보였다. 하지만 온천에서 목욕을 하는 양귀비의 모습을 보는 순간 모든 것이 변했다. 당시 궁궐에서 가장 매력적인 여인으로 손꼽히던 양귀비는 사실 현종의 아들인 수왕壽王의 비였다. 현종은 황제의 권력을 앞세워 아들의 아내를 빼앗았으며, 그녀의 노예가 되고 말았다.

이미 말했듯이 올바른 대상을 선정하는 것이 유혹의 관건이다. 나폴레옹이나 존 F. 케네디와 같이 대중을 상대로 한 유혹자는 대중이 원하는 것을 제공할 수 있어야 한다. 나폴레옹이 권력을 잡을 당시 프랑스 국민은 프랑스 혁명이 가져온 피비린내 나는 결과에 자존심이 상할 대로 상해 있었다. 나폴레옹은 대규모 정복 사업을 벌여 프랑스 국민의 자존심과 제국의 영광을 회복해주었다. 케네디는 아이젠하워 대통령의 태평치세에 싫증이 난 미국인들에게 모험과 개척 정신을 일깨워주었다. 그는 모험을 갈망하는 젊은 세대에 주로 호소했다. 성공적인 정치가들은 자신이 모든 사람을 만족시킬 수 없다는 사실을 잘 알고 있다. 그들은 자신의 이미지가 먹혀 들어갈 수 있는 대상을 공략함으로써 지지 세력을 확보하고 그 여세를 몰아 대세를 장악한다.

반전

반전의 가능성은 전혀 없다. 상대가 지닌 매력에 대해 마음을 굳게 닫고 있는 사람이나 추적의 기쁨을 제공해줄 수 없는 사람을 유혹할 경우, 공연히 시간만 낭비할 뿐이다.

∞

사자는 위험한 동물이다. 사자를 사냥하려면 생명을 잃을 수도 있는 모험이 뒤따른다는 점을 알아야 한다. 표범은 영리하고 빠르다. 그렇기 때문에 표범은 추적하기가 매우 어렵다. 하지만 추적하는 스릴을 얻을 수 있다. 이런 맹수들을 사냥할 때는 성급한 태도는 금물이다. 유혹할 때도 마찬가지다. 자질구레한 유혹에 시간을 낭비하지 마라. 토끼나 밍크처럼 순순히 덫에 걸려드는 사냥감은 별로 재미가 없다. 큰 사냥감은 사냥하기는 까다롭지만, 도전하는 즐거움을 제공한다.

전진을 위한 일보 후퇴

—

처음부터 너무 직접적으로 나올 경우, 수그러들 줄 모르는 저항에 직면할 수도 있다. 처음에는 유혹자의 분위기를 풍기면 안 된다. 유혹은 우회적으로 시작되어야 한다. 다시 말해 목표물이 서서히 자신의 존재를 의식하게 만들어야 한다. 목표물의 주변에 자주 모습을 드러내라. 제3자를 통해 자연스럽게 접근하거나 사심이 없는 것처럼 행동하면서 접근하라. 마치 두 사람은 서로 맺어질 수밖에 없는 운명인 것처럼, 우연히 마주치는 '기회'를 만들어라. 운명의 예감만큼 유혹적인 것은 없다. 일단 상대를 안심하게 만들어야 한다. 공격의 고삐는 그다음에 조여도 늦지 않다.

우회적으로 접근한 뒤 물러서서 기다린다

유혹자가 갖춰야 할 다음 요건은 사람들을 자신이 원하는 방향으로 이끌어가는 능력이다. 하지만 게임에는 늘 위험이 따른다. 다른 사람의 각본에 따라 행동하고 있는 것이 아닌가 하는 의심이 되는 순간, 상대방은 분노를 표출할 것이다. 타인의 의지에 놀아나고 있다는 것을 아무렇지도 않게 받아들일 사람은 아무도 없다. 그런 사실을 눈치채고 나면 상대는 머지않아 등을 돌리고 말 것이다.

하지만 상대방이 눈치채지 않도록 자신이 원하는 대로 상대방을 유도할 수 있다면? 그러면서도 기선을 잡고 있는 쪽은 바로 그들이라고 생각하게 만든다면? 이것이 바로 우회의 힘이며, 어떤 유혹자도 이런 힘 없이는 마술을 부리지 못한다. 방법은 간단하다. 일단 적당한 상대를 고르고 나면, 그 사람이 먼저 다가오게 만들어야 한다. 상대에게 먼저 접근한 쪽이 자기 자신이라고 믿게끔 한다면, 이미 게임의 승자가 된 것이다.

상대방이 먼저 다가오게 하려면, 그럴 수 있는 여지를 만들어줘야 한다. 여기에는 여러 가지 방법이 있다. 우선 상대의 주변을 맴돌며 자신의 존재를 알리는 방법이 있다. 이런 식으로 서서히 관심을 끌되 절대 먼저 다가가서는 안 된다. 늘 적당한 거리를 유지하면서 서서히 가까워져야 한다. 이밖에 처음에는 관심을 보이는 척하다가 뒤로 물러서는 방법도 있다. 말하자면 적극적으로 상대방을 유혹해서 자신이 친 거미줄에 걸려들게 만드는 것이다.

인간 관계의 법칙

하지만 어떤 행동을 취하든, 어떤 유혹 방법을 택하든, 상대에게 강요해서는 안 된다. 상대방의 흥미를 유발하려면 무조건 밀어붙여야 한다고 생각하기 쉽지만 이는 오산이다. 처음부터 너무 많은 관심을 보이면, 불안감을 조성할 뿐만 아니라 당신의 동기에 대해서도 의심을 불러일으키게 된다. 하지만 뭐니 뭐니 해도 상대방에게 상상의 여지를 주지 못한다는 것이 가장 큰 문제다. 자신의 생각대로 상대방을 움직이려면 한 걸음 뒤로 물러서야 한다. 자신에게 강한 영향력을 행사하는 상대를 다룰 경우에는 이 점을 더욱 명심해야 한다.

상대가 먼저 다가오도록 덫을 놓는다

이성을 완전히 이해한다는 것은 불가능한 일이다. 이성은 우리에게 늘 신비한 존재다. 이성을 유혹할 때의 긴장은 기쁨을 주기도 하지만, 불안의 근원이 되기도 한다. 프로이트는 여자들이 진정 원하는 것이 무엇인지를 알기 위해 고민했던 것으로 유명하다. 이 위대한 심리학자에게도 이성은 미지의 땅이었다. 여자든 남자든 이성 앞에 서면 뿌리 깊은 두려움과 불안의 감정을 느끼게 된다.

따라서 유혹의 초기 단계에는 상대방이 가질지도 모르는 불신의 감정을 완화해줄 방법을 찾아야 한다. (나중에는 두려움이나 불안의 감정이 도움이 될 수도 있지만, 처음부터 이런 감정들을 휘저어놓으면 상대가 겁부터 먹고 도망갈 확률이 높다.) 거듭 말하지만, 처음에는 어느 정도 거리를 유지해야 한다. 그래야 운신의 폭도 넓어진다.

카사노바는 옷과 극장, 가사 일에 관심을 보이는 등 여성스러운 면도 어느 정도 가지고 있었는데, 젊은 여성들은 그런 모습에서 편안함을 느꼈다. 르네상스 시대의 코르티잔 툴리아 다라고나는 당대의 위대한 사상가 및 시인들과도 친분을 쌓았다. 그녀는 그들과 대화를 나눌 때면 문학과 철학을 화제로 삼았을 뿐, 규방과 돈에 대해서는 일절 언급하지 않았다(그렇다고 그녀가 규방과 돈에 관심이 없었던 것은 아니다). 키르케고르의 『유혹자의 일기』의 화자 요하네스는 목표물로 점찍은 코델리아를 멀리서 지켜보기만 한다. 어쩌다 서로 마주쳐도 그는 정중하다 못해 수줍어하기까지 한다. 그런 모습에 코델리아의 두려움은 점차 사라지고, 그가 좀 더 적극적으로 나왔으면 하고 바라게 된다.

위대한 재즈 연주가이자 탁월한 유혹자였던 듀크 엘링턴Duke Ellington은 잘생긴 외모와 맵시 있는 옷차림, 카리스마로 뭇 여성들을 설레게 했다. 하지만 여자와 단둘이 있으면, 그는 지나치다 싶을 만큼 정중한 태도를 취하며 시시한 잡담만을 늘어놓았다. 하지만 진부한 대화는 상대에게 최면을 건다는 점에서 뛰어난 전술이 될 수도 있다. 일부러 꾸민 어눌한 태도가 더없이 미묘한 의미를 전달하고, 무관심해 보이는 표정이 큰 힘을 발휘한다. 사랑이란 말을 하지 않고도 의미심장한 분위기를 풍겨야 한다. 그럴 경우 상대방은 그가 자신의 감정을 솔직하게 표현하지 않는 이유를 의아하게 여기고, 그가 속으로 무슨 생각을 하고 있는지 상상하면서 한 걸음 더 다가오게

인간 관계의 법칙

된다. 궁금한 마음에 사랑이나 연애를 화제로 삼게 되는 쪽도 그들이다.

일부러 답답하게 굴어서 소기의 목적을 달성하는 경우는 비단 유혹의 분야에만 국한되지 않는다. 헨리 키신저는 국제적인 협상 테이블에서 처음에는 지루한 세부 사항들만 늘어놓으며 상대방을 안심시켰다가 나중에 생각지도 못했던 과감한 요구들을 내놓아 외교관들의 허를 찌르곤 했다. 이처럼 유혹의 초기 단계에서는 직접적인 표현보다 모호한 표현이 효과적일 때가 많다. 처음에는 그런 식의 무덤덤한 태도에 별다른 반응을 보이지 않지만, 차츰 온갖 상상의 날개를 펼치면서 결국은 그가 쳐놓은 덫에 걸려들게 되어 있다.

다른 사람들을 통해 간접적으로 상대에게 접근하는 방법은 아주 큰 효과를 발휘한다. 상대의 주변을 맴돌면서 낯을 익혀두도록 하라. 17세기의 유혹자 그라몽 백작은 행동에 들어가기 전에 목표물로 정한 상대의 하녀나 시종, 친구, 심지어 연인과 안면을 익혔다. 그는 이렇게 해서 얻은 정보를 바탕으로 자연스럽게 상대에게 접근할 수 있었다. 나아가 그는 제3자를 통해 상대 여성이 호기심을 가질 만한 이야기들을 계속 흘림으로써 알게 모르게 자신의 이미지를 각인시켰다.

17세기 살롱의 여왕으로 불렸던 유혹의 천재 니농 드 랑클로Ninon de l'Enclos는 유혹에서 자신의 의도를 숨기는 것은 반드시 필요할 뿐만 아니라 게임의 재미를 더해준다고 믿었다. 그녀는 어떤 일이 있어도 자신의 감정을 드러내서는 안 된다고 생각했다. 특히 처음부터 감정을 드러내는 것은 금물이다. 그럴 경우 오히려 상대에게 불신감을 심어주게 된다. 니농에 따르면, 여자는 상대가 아무리 사랑한다고 고백해도 스스로 사랑한다는 확신이 들지 않는 한 마음을 열지 않는다.

사람들은 상대를 기쁘게 해주려는 욕심에 서둘러 자신의 감정을 드러내려 한다. 하지만 섣불리 감정을 표현했다가는 오히려 역효과를 가져올 수 있다. 어린아이와 고양이, 코케트는 그다지 힘들이지 않고도, 심지어 무관심해 보이는 태도를 취함으로써 사람들의 관심을 끈다. 자신의 감정을 숨기고 상대에게 상황을 판단하게 만들어야 한다. 어떤 분야가 됐든 한쪽으로 치우쳐 있다는 인상을 주어서는 안 된다. 그럴 경우 완강한 저항에 직면할 수 있다. 사람들에게 접근할 때는 우회적인 방식을 취해야 한다. 자신의 색깔을 드러내기보다는 상대방 의견에 적당히 맞장구치면서 전혀 위협적이지 않다는 인상을 심어야 한다. 그래야 나중에 운신의 폭이 넓어진다.

정치에도 같은 원리가 적용된다. 지나친 야망은 대중에게 경계심을 불러일으킬 수 있다. 레닌은 언뜻 보면 그저 평범한 러시아인에 불과했다. 그는 노동자가 입는 옷을 입었으며 농민의 언어를 구사했다. 어느 모로 보나 위대한 사람이라는 느낌이 전혀 들지 않았다. 대중들은 그런 모습을 보면서 편안함을 느꼈고, 그도 자신들과 다를게 없는 보통 사람이라고 생각했다. 하지만 겉으로 보이는 부드러운 모습 뒤에는 항상 대중을 조종했던 영악한 남자가 숨어 있었다. 사람들이 그 사실을 깨달을 즈음에는 때가 너무 늦어 있었다.

반전

전쟁에서는 군대를 배치하고 작전을 펼칠 공간이 필요하다. 공간을 많이 확보할수록 그만큼 치밀한 전략을 세울 수 있다. 하지만 대응할 시간을 주지 않고 적을 정신없이 몰아붙이는 것이 더 나을 때도 있다.

카사노바는 상대 여성의 취향에 따라 다양한 전략을 구사했지만, 처음 만나는 순간 강한 인상을 남김으로써 상대의 마음을 흔들어놓는 방법도 자주 사용했다. 추측하건대 용맹한 기사처럼 위험에 처한 여자를 구해주었거나, 군중 속에서도 상대가 한눈에 알아볼 수 있도록 근사하게 차려입었을 확률이 높다. 어떤 경우든 일단 상대 여성의 관심을 끌고 나면, 그는 전광석화처럼 민첩하게 움직였다. 클레오파트라 같은 세이렌은 희생자가 뒤로 물러설 틈을 주지 않고 그 자리에서 육탄 공세를 펼친다. 한마디로 기습 효과를 노리는 것이다.

하지만 이런 식의 유혹은 수명이 짧다. 세이렌과 카사노바와 같은 유혹자들은 오로지 희생자들의 숫자를 늘리는 데 관심이 있을 뿐, 어느 한 사람한테 정착하지 못하고 금방 싫증을 낸다. 카사노바는 제풀에 지쳐 나가떨어졌고, 세이렌은 만족할 줄을 모른다. 이에 비해 우회적이고 신중하게 계획된 유혹의 경우 전리품의 숫자는 얼마 되지 않지만 질質을 통해 그 이상을 보상해준다.

⚭

거미는 거미집을 지을 안전한 장소를 물색한다. 거미집을 짓는 데에는 상당한 노력과 시간이 소요되지만, 일단 완성된 거미집은 여간해서는 눈에 띄지 않는다. 거미줄 자체가 워낙 섬세하고 가냘프기 때문이다. 거미는 먹이를 찾아 나설 필요도, 움직일 필요도 없다. 그저 구석에 가만히 웅크리고 앉아 희생자가 제 발로 거미집 안으로 걸어 들어오기를 기다리기만 하면 된다.

태도 연출

상반된 태도로
진의를 숨긴다

—

일단 상대에게 자신의 존재를 알리고 희미하게나마 호감을 사는 데 성공했다면, 그가 다른 사람에게 눈길을 주기 전에 관심을 온통 자신에게 집중하도록 만들어야 한다. 처음에는 인상적이고 충격적인 방법이 상대의 관심을 끄는 데 효과가 있을지 몰라도, 그렇게 해서 얻은 관심은 쉽게 사그라지기 쉽다. 장기적으로 보면 모호한 태도가 훨씬 더 설득력을 발휘한다. 즉, 상대가 헷갈리도록 애매한 태도를 취해야 한다. 신호를 보내되, 도대체 진의를 알 수 없도록 상대방을 교란시켜야 한다. 다시 말해 거친 듯하면서도 부드럽게, 정신적인 가치를 추구하는 듯하면서도 세속적으로, 순진한 듯하면서도 교활하게 대처해야 한다. 이런 식으로 상반된 태도를 보이면, 상대는 혼란스러워하면서도 가늠할 수 없는 그 사람의 깊이에 점점 매료된다. 좀처럼 파악하기 힘든 수수께끼 같은 분위기를 풍길수록 사람들의 궁금증은 더욱 커진다. 사람들은 대부분 내면에 어딘가 상반되는 모습을 가진 듯한 사람에게 묘한 매력을 느낀다.

첫인상이 핵심이다

유혹이 진행되려면 상대를 매혹시켜 계속 우리에게 관심을 집중하도록 만들어야 한다. 단순히 육체적인 존재가 아니라 상대의 마음을 온통 사로잡는 정신적인 존재가 되어야 한다. 사실 첫인상을 강하게 심어주는 것은 매우 쉽다. 예를 들어 화려한 옷차림이나 은근한 눈길만으로도 저 사람은 어딘가 특별하다는 느낌을 줄 수 있다. 하지만 그다음엔? 우리는 각종 매체뿐만 아니라 혼란스러운 일상을 통해 전달되는 이미지의 홍수 속에서 살아간다. 그중에는 우리의 시선을 사로잡는 이미지들이 태반을 넘는다. 사람들은 저마다 자기한테 관심을 가져달라고 비명을 지른다. 계속해서 사람들의 관심을 끌려면, 부재중일 때도 자신의 존재를 의식하게 만드는 일종의 주문을 걸어두어야 한다. 다시 말해 끊임없이 그들의 상상력을 자극하면서 저 사람에게는 겉으로 보이는 모습 이상의 무엇인가가 있다고 생각하게 만들어야 한다. 그렇게 해서 사람들이 일단 환상을 품기 시작하면, 미끼에 걸려든 것이다.

하지만 이런 과정은 목표로 정한 상대가 우리에 대해 너무 많은 것을 알기 전에 이루어져야 한다. 즉, 상대의 눈길이 머무는 순간 자신의 이미지를 확실하게 심어놓아야 한다. 상대와 처음 마주쳤을 때, 상반된 신호를 보내 약간 긴장된 분위기를 조성하라. 다시 말해 순진무구하다고 생각하는 순간 포악한 모습을, 뻔뻔하다고 생각하는 순간 수줍어하는 모습을, 지적이라고 생각하는 순간 제멋대로인

　　　　　　　　　　　　　　인간 관계의 법칙

모습을, 장난기가 넘친다고 생각하는 순간 슬퍼 보이는 모습을 보여주어라. 이때 태도의 변화는 상대가 겨우 알아챌 정도로 미묘해야 한다. 태도 변화가 너무 심하면 조울증 환자처럼 보일 수도 있기 때문이다. 그렇더라도 뻔뻔하고 재기 넘치는 모습 이면에 왜 저런 슬픈 표정이 숨어 있는지 궁금하게 만들어야 한다. 이도 저도 아닌 모호한 분위기를 풍겨 사람들이 자기가 보고 싶은 대로 보도록 내버려둬라. 타인의 어두운 영혼을 훔쳐보면서 마음껏 상상하게 만드는 것도 기술이다.

외모와 반대되는 성격을 연출하라

그리스 철학자 소크라테스는 역사상 가장 위대한 유혹자 가운데 한 명이었다. 그를 추종하던 아테네 청년들은 그의 사상에 끌린 것이 아니라, 그와 사랑에 빠져 제자가 되었다. 그중에는 기원전 5세기 말엽 정치가로 이름을 날린 알키비아데스도 있었다. 플라톤의 『향연』에서 알키비아데스는 소크라테스가 지닌 유혹의 힘을 당시 복제된 실레노스 조각상에 비유했다. 그리스 신화에서 실레노스는 모습은 추했지만 현명한 예언자였다.

알키비아데스가 언급한 실레노스 조각상은 속이 텅 비어 있었는데, 조각상을 분리하면 그 안에서 조그만 신의 형상들이 나왔다. 이는 추한 외모 속에 감추어진 내면의 진리와 아름다움을 의미했다.

알키비아데스가 보기에 소크라스테도 그런 사람이었다. 소크라테스는 혐오감을 불러일으킬 만큼 못생겼지만, 그의 얼굴에서는 내면의 아름다움과 만족감이 배어 나왔다.

1930년대에 활약했던 배우 에롤 플린 Errol Flynn은 소년처럼 천진한 얼굴에 약간 슬픈 듯한 표정을 짓곤 했다. 하지만 여성들은 그의 이런 외모 이면에 도사리고 있는 잔인함과 범죄자 기질, 위험한 성격을 감지했다. 그의 상반된 모습은 대중을 사로잡았다. 비슷한 예로, 여성 중에는 마릴린 먼로를 꼽을 수 있다. 그녀는 소녀 같은 얼굴과 목소리를 가지고 있었지만, 그녀의 내부에서는 관능적이고 야한 분위기가 강하게 뿜어져 나왔다.

사람들의 관심을 끌려면 이처럼 외모와 반대되는 성격을 보여줘야 한다. 그래야 알 수 없는 깊이와 신비감을 조성할 수 있다. 귀여운 얼굴에 천진난만한 외모를 지니고 있다면, 어딘가 어두운 분위기, 정체가 모호하긴 하지만 때로 잔인해 보이기까지 하는 분위기를 연출하라. 이때 주의할 점은 말로 떠드는 것이 아니라, 태도에서 자연스럽게 묻어나야 한다는 것이다.

상대를 사로잡으면서 계속 상대의 관심을 끌려면 무엇보다도 신비감을 조성해야 한다. 하지만 원래부터 신비로운 사람은 없다. 설령 그런 사람이 있다 하더라도 그 신비감이 오래 지속되지는 않는다. 신비로운 분위기를 연출하려면 그만큼 노력해야 한다. 단, 이 방법은 유혹의 초기 단계에 사용해야 한다. 일단 모든 사람이 알 수 있도록 자신의 성격 중 일부를 드러내 보여주도록 하라. 하지만 그와 동시에 상대를 헷갈리게 하는 상반된 신호를 보내야 한다. 즉, 겉으로 보이는 모습이 진짜 모습이 아니라는 분위기를 풍겨야 한다. 이처럼 역설의 효과를 최대한 활용하는 것이 좋다. 이를 두고 비열하고 비도덕적인 처사라고 생각하는 사람도 있을 것이다. 하지만 사람들은 수수께끼 같은 존재에 끌리게 되어 있다. 순수한 미덕만으로는 유혹에 성공하지 못한다는 점을 명심하기 바란다.

냉정과 열정 사이

유혹의 역사를 볼 때, 반대 성의 성격을 차용해온 것은 어제오늘의 일이 아니다. 돈 후안과 같은 남성 유혹자들은 때로 예쁘장한 용모와 여성스러운 성격을 무기로 이용했으며, 매력 넘치는 유명한 창부들은 슬쩍 남성적인 분위기를 풍겨서 자신의 가치를 높였다. 하지만 이런 전략은 간접적으로 구사될 때만 효력을 발휘할 수 있다. 지나칠 정도로 너무 다른 모습을 보이면, 괴팍하거나 심지어 위협적으로 비칠 수도 있다. 어쨌든 각자의 성격에 따라 육체적인 열정과 감정적인 냉정함을 적절히 조화시키는 것이 중요하다. 앤디 워홀 같은 댄디들은 일단은 눈에 띄는 용모로 사람들의 관심을 끈 다음, 모든 것에 초연한 듯한 태도를 보였다.

사람들은 매력적이지만 여간해서는 손에 잡히지 않는 이들을 좇느라 평생을 소비한다. 손에 잡히지 않을 것처럼 보이는 사람들은 상당한 유혹의 힘을 발휘한다. 우리 안에는 그런 사람들을 붙잡아 파괴하고 싶다는 욕망이 도사리고 있기 때문이다. 그들은 모호하고 신비한 분위기로 스스로를 감싼 채 말도 거의 하지 않는다. 설령 입을 연다 하더라도 마음속에 말 못할 사연을 감추고 있는 사람처럼 표면적인 문제들만 건드릴 뿐이다. 관심을 끌고 싶어 안달하는 모습을 보이면 불안하게 비치기 쉽고, 반대로 지나치게 차갑고 무관심한 태도로 일관하면 어느 누구도 가까이 다가오려 하지 않는다. 속임수가 통하려면 두 가지 태도를 동시에 취할 수 있어야 한다.

사람에 따라서는 남들과 확연히 구분되는 특이한 성격을 가지고 있을 수도 있다. 만약 그렇다면 그러한 성격 뒤에 다른 성격이 내재해 있는 것 같은 분위기를 풍김으로써 사람들의 관심을 끄는 것이 좋다. 바이런은 누구보다도 어둡고 방탕하기로 소문나 있었다. 하지만 여자들을 미치게 만든 것은 다소 차갑고 거만해 보이는 외모 뒤에 숨겨져 있는 바로 이런 성격이었다. 여자들은 실은 그가 아주 낭만적이고 심지어 정신적으로 고결한 사람이라고 생각했다. 바이런은 우울한 표정과 가끔씩 보이는 친절한 행동으로 여자들의 그런 믿음을 더욱 부추겼다. 수많은 여성들이 그런 모습에 속아 오직 자신만이 그를 새 사람으로 바꿔놓을 수 있다는 착각에 빠졌다. 일단 그런 생각이 들기 시작하면, 어떤 여성이든 그의 손아귀에서 헤어나오지 못했다. 이와 같은 유혹의 효과를 내는 것은 어렵지 않다. 가령 이성적인 성격의 소유자로 알려져 있다면, 비이성적인 측면도 가지고 있는 것처럼 분위기를 조성하라.

이와 같은 원칙들은 이성을 유혹할 때 외에도 여러 분야에 적용될 수 있다. 대중의 관심을 끌 때도 서로 다른 모습을 보여주어야 한다. 어느 한 가지 성격만 집중해서 내보이면, 비록 전문 지식이나 능력처럼 긍정적인 측면이 강한 경우라 하더라도, 사람들은 인간성이 결여되어 있다고 생각한다. 어느 한쪽 면만 보여줄 경우, 그것이 좋은 면이라 하더라도 사람들의 신경을 건드리게 된다.

생전에 성인으로 추앙받았던 마하트마 간디는 대중 앞에서 분노와 복수의 감정을 고백한 적이 있다. 현대 미국 정치인들 가운데 가장 뛰어난 유혹자로 손꼽히는 존 F. 케네디는 한마디로 걸어 다니는 모순덩어리였다. 그는 동부의 귀족 출신이면서 평민과 사랑에 빠졌고, 전쟁 영웅으로서 남자다운 면모를 과시했지만 그 이면에는 상처 입기 쉬운 성격이 숨어 있었다. 그리고 지식인이면서 대중문화를 사랑했다. 사람들은 그런 케네디에게 속수무책으로 끌려들었다. 밝은 외관은 장식적인 효과를 낼지 몰라도, 정작 사람들의 눈길을 그림 속으로 잡아끄는 것은 들판의 깊이와 설명할 수 없는 모호함, 그리고 초현실적인 복잡함이다.

반전

복잡한 신호가 효과를 발휘하려면 상대방이 미스터리를 즐길 줄 아는 사람이어야 한다. 단순한 것을 좋아하는 사람들은 자신을 혼란스럽게 하는 사람을 끝까지 쫓아다닐 만큼 인내심이 강하지 않다. 그들은 밀고 당기는 것보다 한눈에 반해 정신없이 빠져드는 것을 더 좋아한다. 어떤 전술을 구사할지는 상대에 따라 달라진다. 복잡미묘한 변화에 둔감하거나 그런 데 오히려 불안을 느끼는 사람에게는 깊이 있는 멋을 연출하려고 애쓸 필요가 전혀 없다. 삶에서 단순한 즐거움을 선호하거나 암시가 담긴 듯한 이야기를 참을성 있게 듣지 못하는 사람들이 그와 같은 유형에 속한다. 그런 사람들에게는 단순한 전술을 구사하는 것이 좋다.

◯◯◯

무대 위에 드리워진 묵직한 진홍색 커튼은 그 화려한 외양으로 마치 최면을 걸듯 관객들의 시선을 사로잡는다. 하지만 관객들이 거기에 빨려드는 것은 무대 뒤에서 무슨 일이 일어나고 있는지를 상상하기 때문이다. 커튼 틈새로 새어 나오는 조명은 무엇인가 비밀스러운 일이 진행되고 있는 것 같은 분위기를 암시한다. 관객들은 이제 곧 시작될 공연에 앞서 중요한 장면을 훔쳐보는 듯한 스릴을 느낀다.

경쟁 유발

경쟁심을 자극하여
대비 효과를 극대화한다

—

사람들은 이미 주목받고 있는 사람 주위로 모여드는 경향이 있다. 남들이 원하는 것을 덩달아 원하는 심리가 있다. 사람들의 관심과 소유욕을 자극하려면, 그만큼 귀하고 가치 있는 존재라는 인식을 심어주어야 한다. 아울러 사람들의 허영심을 부추기는 것도 중요하다. 다시 말해 주변의 수많은 경쟁자들 가운데 자기가 좀 더 유리한 위치에 있다는 착각을 하게 만들어야 한다. 그런 점에서 삼각관계는 잘만 활용하면 아주 큰 효과를 거둘 수 있다. 사람들의 경쟁 심리를 자극해 자신의 가치를 높일 수 있기 때문이다. 거듭 말하지만, 많은 사람들이 관심을 보이는 데에는 분명 그럴 만한 이유가 있다는 인식을 심는 것이 중요하다.

인간은 타인의 욕망을 탐한다

인간은 사회적 동물이다. 인간은 다른 사람들의 취향과 욕망에 영향을 받을 수밖에 없다. 대규모 사교 모임에서 누구 하나 말을 거는 사람도 없이 혼자 이리저리 배회하는 남자가 있다고 가정해보자. 그 남자에게 고립을 자초하는 요인이 있는 것은 아닐까? 그 남자는 왜 혼자일까? 어째서 다들 그 남자를 피하는 것일까? 거기에는 분명 이유가 있다. 누군가가 이 남자를 가엾게 여겨 말을 걸런 모를까, 그렇지 않은 이상 이 남자는 그런 상태로 계속 겉돌 수밖에 없다. 하지만 그 맞은편 구석에는 한 여자가 사람들에게 둘러싸인 채 앉아 있다. 사람들은 그 여자의 말에 웃음을 터뜨리고, 곧이어 다른 사람들도 유쾌한 분위기에 끌려 거기에 가세한다. 그녀가 자리를 옮길 때마다 사람들도 따라 움직인다. 그녀의 얼굴은 사람들의 관심으로 발갛게 달아올라 있다. 거기에도 분명 이유가 있다.

하지만 두 경우 모두 뚜렷한 이유는 없다. 이야기를 해보면 사람들이 외면하는 그 남자도 상당히 매력적일 수 있다. 하지만 문제는 말을 걸고 싶은 생각이 들지 않는다는 데 있다. 인기는 사람들이 만들어낸 허상에 불과하다. 인기는 그 사람의 말이나 행동이 아니라, 그 사람을 바라보는 다른 사람들의 평가에서 비롯된다. 즉, 사람들 모두가 갈망하는 대상이라는 인식이 중요하다. 따라서 사람들의 관심을 끌려면 모두들 탐낼 만큼 가치 있는 존재라는 인상을 줄 수 있어야 한다.

욕망은 모방적 측면(우리는 남들이 좋아하는 것을 좋아한다)과 경쟁적 측면(우리는 남이 가지고 있는 것을 빼앗고 싶어 한다)을 동시에 가지고 있다. 어렸을 때 형제자매 사이에서 부모의 관심을 독차지하고 싶어 안달했던 경험이 있을 것이다. 인간의 욕망 깊숙한 곳에는 이러한 경쟁 심리가 도사리고 있다. 누구든지 탐내는 대상이 앞에 있으면 서로 차지하려고 경쟁하게 되어 있다. 그 점을 이용하면 모든 사람이 원하는 훌륭한 유혹자가 될 수 있다.

우리가 어떤 사람에게 욕망을 느끼는 데에는 다른 사람들의 태도도 중요한 영향을 미친다. 우리는 다른 사람들에게도 매력을 발산하는 대상에게 끌린다. 우리는 만인이 원하는 대상을 보면 혼자서만 소유하고 싶어 한다. 그러면서 누구나 한 번씀은 그런 꿈을 꾼다고 치부해버린다. 하지만 그 이면에는 허영심과 탐욕도 상당 부분 반영되어 있다.

유혹자는 사람들의 이기심을 불평하기보다는 자신에게 유리하게 활용할 줄 알아야 한다. 다른 사람들도 손에 넣고 싶어 하는 대상이라는 이미지를 심을 경우, 아름다운 얼굴이나 완벽한 몸매보다 더 큰 매력을 발휘할 수 있다. 그런 이미지를 심는 데 가장 효과적인 방법은 삼각관계를 형성하는 것이다. 상대와의 사이에 제삼자를 끼워넣어 그 사람이 얼마나 자신을 원하고 있는지를 은근슬쩍 과시하라. 제삼자가 굳이 한 사람일 필요는 없다. 친구든 구애자든 추종자들은 많을수록 좋다.

나폴레옹의 누이 폴린 보나파르트는 어디서나 자신을 숭배하는 무리들로 주변을 채움으로써 자신의 가치를 높였다. 산책을 나갈 때도 그녀는 늘 두세 명의 남자들을 대동했다. 이들은 그저 친구거나 지지자에 불과했을 수도 있지만, 그런 광경은 보는 이들로 하여금 그녀처럼 인기가 많은 여인이라면 힘들게 싸워서 차지할 만큼 가치가 있다는 생각을 갖도록 만들기에 충분했다. 앤디 워홀도 아주 매력적이고 재미있는 사람들로 주변을 채웠다. 그의 측근이 된다는 것은 그 사람 역시 관심의 대상이 된다는 것을 의미했다. 그는 늘 사람들에게 둘러싸여 있으면서도 모든 것에 초연한 듯한 태도를 보여 어느 누구 할 것 없이 그의 관심을 끌려고 경쟁하게 만들었다. 그는 사람들과 어느 정도 거리를 둠으로써 그를 소유하고 싶다는 욕망을 더욱 부채질했다.

이와 같은 행동들은 단순히 경쟁 욕구뿐만 아니라 사람들의 최대 약점인 허영심과 자긍심에도 호소한다. 사람들은 누군가가 자기보다 재능이나 돈이 더 많다는 것은 참을 수 있지만, 경쟁자가 자기보다 더 매력적이라는 것은 용납하지 못한다. 18세기 초반의 위대한 레이크 가운데 한 사람이었던 리슐리외 공작은 남편이 자주 집을 비우는 젊은 유부녀를 유혹해 기어이 손에 넣었다. 그는 내친김에 그녀의 이웃에 사는 과부까지 농락했다. 그러다 번갈아가며 두 여인과 잠자리를 같이했다는 사실이 들통나고 말았다. 시시한 남자 같았으면 줄행랑을 쳤겠지만, 공작은 달랐다. 그는 허영과 욕망의 함수관계를 간파하고 있었다. 두 여인 모두 그의 사랑을 양보하고 싶지 않은 눈치였다. 이제 그들은 그의 눈에 들기 위해 혈안이 되어 있었다.

인간 관계의 법칙

덕분에 그는 그 후로도 한동안 삼각관계를 지속할 수 있었다.

이처럼 허영심을 자극하면 사람들을 자신이 원하는 방향으로 끌고 갈 수 있다. 일찍이 스탕달은 마음에 드는 여자가 있거든 그 여자의 언니나 동생에게 관심을 보이라고 했다. 이는 곧 삼각관계를 통해 욕망을 자극하라는 의미로 해석할 수 있다.

삼각관계 전략에 숨겨진 대비 효과

유혹자로서의 화려한 과거를 이용해 자신의 매력을 한껏 부풀리는 것도 효과적인 방법이다. 뭇 여성들이 애롤 플린의 발밑에 굴복했던 것은 그의 잘생긴 얼굴이나 연기 실력 때문이 아니라, 유혹자로서의 명성 때문이었다. 일단 유혹자라는 명성을 쌓고 나자, 그는 더 이상 여자들을 쫓아다닐 필요가 없었다. 여자들이 먼저 다가왔기 때문이다. 여자들이 바람둥이로 낙인찍힌 남자들을 피하거나 경계할 것이라고 일반적으로 생각하겠지만 실은 그렇지 않다. 오히려 그 반대로 여자들은 그런 남자들에게 더 큰 매력을 느낀다.

위대한 유혹자의 전리품 명단에 들어가느냐 못 들어가느냐 하는 것은 허영심과 자존심의 문제일 수 있다. 이러이러한 여자나 남자의 연인으로 자기 이름이 방송을 탈 때, 사람들은 행복을 느낀다. 유혹자로서 딱히 내세울 만한 경력이 없다 하더라도, 많은 사람들에게 매력적인 존재로 비치고 있는 것처럼 행동해야 한다. 알다시피 빈자리가 많은 식당에 선뜻 들어설 사람은 아무도 없다.

대비 효과를 이용하면 삼각관계 전략을 훨씬 다양하게 구사할 수 있다. 별 볼 일 없는 사람들과 자신을 비교하게 만들어 자신의 매력을 부각시키는 것도 하나의 방법이다. 예를 들어 사교 모임에 나갈 경우, 거기서 가장 재미없는 사람을 골라 마음에 둔 상대와 이야기하게 만들어라. 그런 다음 슬며시 다가가 구원의 손길을 내밀면, 상대는 마치 구세주라도 만난 듯 기뻐할 것이다. 대비 효과를 극대화하려면, 주변의 다른 사람들에게서는 찾아보기 힘든 매력(이를테면 유머, 쾌활함 등)을 선보이거나 자신의 자연스러운 매력을 더욱 돋보이게 해줄 집단을 골라야 한다.

상하이 출신의 여배우 장칭은 별로 힘들이지 않고도 마오쩌둥을 유혹할 수 있었다. 당시 옌안의 산간 막사에서 생활하던 여자들은 모두 남자 복장을 하고 있었기 때문에 여성다운 분위기가 전혀 느껴지지 않았다. 그런 상황에서 장칭의 모습은 마오쩌둥을 유혹하기에 충분했다. 마오쩌둥은 곧 아내를 버리고 그녀를 선택했다.

대비 효과는 양상만 좀 다를 뿐 정치인들 사이에서도 널리 이용된다. 대중을 유혹해야 한다는 점에서 정치인들도 자신의 매력을 부각시켜야 하기 때문이다. 무엇보다도 경쟁자에게 부족한 자질을 개발하는 것이 중요하다. 1980년 미국의 대통령 선거전에서 드러난 지미 카터의 우유부단한 모습은 자신감 넘치는 로널드 레이건의 모습을 더욱 부각시켜주는 역할을 했다. 말로 떠든다고 해서 얻어지는 것이 아니기 때문에 대비 효과가 갖는 유혹의 힘은 매우 강력하다.

인간 관계의 법칙

대중은 무의식적으로 그런 대비 효과를 읽어내며 자신이 보고자 하는 것을 본다.

결국 다른 사람들에게 얼마나 매력적인 존재로 비치느냐에 따라 가치가 올라가지만, 어떻게 행동하느냐도 중요한 변수가 될 수 있다. 상대에게 자신을 너무 자주 보여주지 않도록 하라. 일정한 거리를 두면서 다가갈 수 없는 존재라는 인식을 심어주어야 한다. 손에 넣기 힘든 대상일수록 사람들의 관심은 더욱 증폭되기 마련이다.

반전

반전은 없다. 무엇보다도 다른 사람들 눈에 매력적인 존재로 비치는 것이 중요하다.

∞

사람들이 트로피를 손에 넣고 싶어 하는 이유는 다른 경쟁자들의 시선 때문이다. 배려하는 마음에서 다들 노력했으니 상도 공평하게 나누어 갖자는 의견이 나올 수도 있지만, 그렇게 되면 트로피의 가치는 사라지고 만다. 트로피는 우리의 승리를 상징하기도 하지만, 다른 사람들의 패배를 상징하기도 한다.

내면의 공허와 불안을
자극하라

—

완벽하게 만족감을 느끼는 사람은 유혹이 불가능하다. 유혹이 성사되려면 사람들의 마음속에 긴장과 부조화가 자리 잡고 있어야 한다. 사람들의 내부에 도사리고 있는 불만의 감정을 고조시켜라. 대부분의 사람들은 모험과는 거리가 먼 삶을 살아간다. 살다 보면 어린 시절의 꿈은 저만치 멀어져 있고, 일상은 지루하기 짝이 없다. 주변을 돌아보아도, 자기 자신을 돌아보아도 못마땅하기만 하다. 상대에게 자신의 존재를 은근히 부각시키면서 저 사람이라면 문제를 해결해줄 수 있다는 확신을 심어주는 것이 중요하다. 그러려면 먼저 상대의 내면에 자리하고 있는 뭔가 부족하다는 느낌, 이건 아니라는 느낌을 파고들어야 한다. 고통과 불안은 쾌락을 더욱 달콤하게 만든다. 따라서 욕망을 자극한 다음, 부족한 부분을 채워줄 수 있는 방법을 배워야 한다.

상대의 허점을 공략하라

모든 사람은 살아가면서 가면을 쓴다. 남들 앞에서 우리는 실제보다 훨씬 더 자신만만한 척한다. 우리는 속으로 끊임없는 회의에 시달리면서도 다른 사람들에게는 그런 모습을 보이려 하지 않는다. 하지만 우리의 자아와 성격은 겉으로 드러난 것보다 훨씬 나약하다. 즉, 겉으로는 강해 보여도 그 이면에는 혼란스러운 감정과 공허감이 도사리고 있다. 따라서 유혹자는 겉모습만으로 상대를 판단해서는 안 된다. 이 세상에 100퍼센트 만족하면서 사는 사람은 없다. 그런 점에서 사람들은 항상 유혹에 넘어갈 준비가 되어 있다. 그들의 불안과 근심을 수면 위로 끌어낸다면 쉽게 유혹할 수 있다.

유혹을 하려면 먼저 상대가 살아가면서 놓치고 있는 부분이 무엇인지를 스스로 깨닫게 만들어야 한다. 뭔가 부족하다는 느낌이 들 때, 사람들은 자신의 빈 공간을 채워줄 수 있는 사람을 찾게 된다. 우리 대부분은 게으르다. 우리 스스로 지루함이나 상실감을 달래려면 엄청난 노력을 쏟아부어야 한다. 그보다는 다른 사람에게 그 일을 맡기는 것이 훨씬 쉽고 짜릿하다. 우리는 다른 사람이 나서서 우리의 공허감을 채워주기를 바란다. 유혹자는 바로 이 점을 파고든다. 상대가 미래에 대해 불안감을 느끼게 하라. 상대를 절망에 빠뜨려 자신의 정체성에 회의를 품게 만들어라. 상대가 삶을 갉아먹는 지루함에 덜미를 잡히는 순간, 유혹의 씨앗은 저절로 움트게 되어 있다.

사랑을 다룬 서양 최고最古의 고전인 플라톤의 『향연』은 욕망에 대한 우리의 생각에 결정적인 영향을 미친 교과서라고 할 수 있다. 그 책에 보면 디오티마라는 무녀가 소크라테스에게 사랑의 신 에로스의 혈통을 설명하는 장면이 나온다. 에로스의 아버지는 계략 혹은 교활이었고, 어머니는 빈곤 혹은 결핍이었다. 항상 부족함을 느끼면서 그런 자신의 욕구를 채우기 위해 뭔가 음모를 꾸민다는 점에서 에로스는 부모를 쏙 빼닮았다.

사랑의 신 에로스는 사랑이 성립되려면 상대도 똑같이 결핍을 느껴야 한다는 점을 잘 알고 있다. 그가 가지고 다니는 화살이 바로 그런 역할을 한다. 에로스가 쏜 화살에 맞은 사람은 그 순간부터 결핍과 고통, 굶주림을 느끼게 된다. 이것이 바로 유혹자가 해야 할 일이다. 에로스처럼 유혹자는 상대의 아픈 곳을 찔러 생채기를 내야 한다. 일단 상대가 덫에 걸려들었다고 판단되면, 은연중에 상대의 상처를 파고들어 더 큰 고통을 느끼게 만들어야 한다. 사람들은 불안을 느낄 때 다른 사람에게 기대려는 경향이 있다. 따라서 사람들을 사랑에 빠지게 하려면 우선 불안감에 휩싸이게 만들어야 한다.

다른 사람들과의 비교를 통해 그들의 삶이 스스로 상상했던 것처럼 그렇게 화려하지 않다는 점을 은근히 암시함으로써, 뭔가 부족하다는 생각을 간접적으로 일깨우는 쪽이 더 큰 효과를 거둘 때가 많다. 다시 말해 스스로 고민에 빠져 갈팡질팡하다가 불안감을 느끼게 만들어야 한다. 뭔가 결여되어 있다는 불안감이야말로 욕망의 전제조건이다. 상대가 일단 이런 감정에 사로잡히게 되면 유혹은 성사된 것이나 다름없다. 그 틈을 노려 자신의 존재를 은근히 부각시키면서

인간 관계의 법칙

모험의 기회를 제공한다면 상대는 저절로 끌려오게 되어 있다. 거듭 말하지만, 불안과 상실감이 없고서는 유혹은 존재할 수 없다.

사람들은 뭔가 색다른 것을 좋아한다. 유혹자로서 성공하려면 남다른 분위기, 마치 저 먼 세계에서 온 듯한 분위기를 연출해야 한다. 다시 말해 지루한 일상과 확연히 구분되는 파격적인 인상을 심어주어야 한다. 자신의 주변을 돌아본 순간, 삶이 지루하고 친구들도 생각했던 것보다 재미없다는 느낌이 들게 만들어야 한다. 사람들은 자신의 삶이 재미가 없는 것은 스스로가 안고 있는 문제 때문이 아니라 주변 환경 때문이라고 여긴다. 그러면서 자신이 태어난 마을과 무뚝뚝한 주위 사람들을 탓한다. 상대가 일단 이국적인 것에 매력을 느끼게 되면 유혹은 쉽게 진행된다.

잃어버린 꿈과 젊음을 자극하라

유혹자가 눈여겨봐야 할 또 다른 요소는 희생자의 과거다. 사람들은 자라면서 자의든 타의든 어린 시절의 꿈과 타협해야 한다. 어렸을 때와 달리 기분 내키는 대로 할 수 있는 기회는 줄어들게 마련이고, 그럴수록 삶은 점차 활기를 잃게 된다. 이 때문에 사람들은 겉으로 드러나지 않을 뿐 뭔가 아쉬움을 안고 살아간다. 유혹자는 사람들의 내면 깊숙한 곳에 자리하고 있는 이런 아쉬움을 수면 위로 끌어내 자신들이 과거의 꿈에서 얼마나 멀리 벗어나 있는지를 새삼 깨닫게

만들어야 한다. 나아가 상대가 잃어버린 꿈과 젊음을 되찾을 수 있
는 기회를 제공한다면, 상대는 자연히 끌려오게 되어 있다.

이와 같은 논리는 여러 분야에 적용될 수 있다. 기업가나 정치가
들은 자신들이 팔고자 하는 물건을 사람들이 사게 하거나 자신들이
원하는 일을 하도록 만들려면 먼저 대중의 욕구와 불만을 일깨워야
한다는 점을 잘 알고 있다. 상대가 자신의 정체성에 대해 의문을 품
게 한 다음, 도움의 손길을 내밀라. 이는 개인뿐만 아니라 집단이나
전 국민에게도 통용되는 이야기다. 개인이든 집단이든, 뭔가 결여되
어 있다는 느낌을 주지 못하면 유혹은 성립될 수 없다.

1960년 민주당 대통령 후보로 나온 존 F. 케네디의 선거 전략 가
운데 하나는 미국인들로 하여금 1950년대에 비해 불만을 느끼게 만
드는 것이었다. 미국은 1950년대에 들어 경제적인 안정을 누리며
초강국으로 부상했지만, 그는 이런 사실들에 대해서는 일절 언급하
지 않았다. 대신 그는 획일화와 모험정신의 결여, 개척자 정신의 상
실을 이 시기의 특징으로 꼽았다. 케네디에게 표를 던진다는 것은
곧 집단적인 모험에 나서는 것이자, 미국인들이 예전에 포기한 꿈을
되찾는 것이라는 의미로 받아들여졌다. 하지만 케네디의 십자군 원
정에 합류하려면, 먼저 자신들이 무엇을 얼마나 많이 잃어버렸는지,
어떤 것을 놓치고 있는지부터 인식해야 했다.

개인과 마찬가지로 집단도 원래의 목표를 잃고 일상에 매몰될 수
있다. 따라서 집단적인 불안 심리를 자극할 경우, 다시 말해 모든 것
이 겉보기와는 다르다는 인식을 심어줄 경우, 국가 전체를 유혹할

인간 관계의 법칙

수 있다. 현재에 대한 불만을 고조시켜 영광스러웠던 과거를 떠올리게 만든다면 사람들은 자신들의 정체성에 회의를 품게 된다. 그런다음 그들의 정체성을 다시 규정하게 해준다면 엄청난 유혹의 효과를 발휘할 수 있다.

반전

상대의 자긍심을 지나치게 훼손할 경우, 너무 불안한 나머지 유혹의 미끼를 물지 않을 수도 있다. 따라서 너무 고압적으로 나가서는 안 된다. 상처를 준 다음에는 부드럽게 달래주어야 한다. 그렇지 않고 계속 밀어붙일 경우, 상대와의 사이가 멀어지게 된다.

유혹의 과정에서 매력은 미묘하고도 효과적인 힘을 발휘한다. 교묘하고 영리하게 분위기를 이끌어나가는 능력이 있다면, 확고한 우정을 쌓으면서 상대의 방어 본능을 잠재우는 것도 유혹의 한 방법이 될 수 있다. 그렇게 해서 상대가 주문에 걸려들면, 그때 가서 상대의 아픈 상처를 건드리면 된다. 어떤 방법을 쓸지는 상대에 따라 달라진다. 불안감이 큰 사람일수록 부드러운 변화를 필요로 할 수도 있다. 그럴 때는 성급하게 화살을 날리기 전에 상대가 편안함을 느끼게 해주어야 한다.

상대의 욕망을 자극하는 것은 부드러운 손길이나 유쾌한 기분이 아니다. 상대의 욕망을 자극하는 것은 다름 아닌 상처다. 화살에 찔린 상처는 우선 고통과 아픔을 가져오지만 뒤이어서 안전을 바라는 욕구를 불러일으킨다. 욕망이 생겨나려면 먼저 고통이 있어야 하는 법! 상대의 약점에 화살을 날려 상처를 내라. 그리고 상처가 아물기 전에 계속 후벼파라.

암시

미묘한 암시로
상대의 무의식을 파고들어라

—

상대의 불만을 고조시켜 누군가의 관심을 필요로 하게 만드는 것도 중요하지만, 너무 직접적으로 나올 경우 상대는 유혹자의 속셈을 간파하고 방어 자세를 취하게 된다. 하지만 암시의 기술을 익히면 그런 걱정은 할 필요가 없다. 암시는 애매한 말을 던지거나, 마치 상대방 자신의 의견인 것처럼 생각하게 만들어 사람들의 마음속에 어떤 생각을 심는 기술이다. 그런 점에서 암시는 사람들에게 영향을 미치는 최고의 수단이다. 암시를 할 때는 직접적인 언어를 사용해서는 안 된다. 다시 말해 대담한 고백에 이어 후퇴와 사과, 모호한 표현, 유혹적인 눈길을 곁들인 평범한 대화를 교묘하게 구사하면서 상대를 혼란스럽게 만들어야 한다. 상대의 무의식을 파고들어 자신의 진짜 의도를 전달하려면, 모든 것이 암시적이어야 한다.

암시는 상대의 무의식과 소통하는 언어다

살다 보면 어떤 식으로든 다른 사람을 설득해야 할 일이 생긴다. 정공법을 택해 자신이 원하는 것을 정확하고 솔직하게 이야기할 경우, 자기 자신이 자랑스럽게 느껴지긴 하겠지만 대신 얻는 것은 거의 없다. 사람들은 습관에 의해 돌처럼 굳어진 자기만의 사고방식을 지니고 있다. 그 때문에 우리가 하는 말은 이미 사람들의 마음속을 차지하고 있는 수천 개의 개념들과 경쟁해야 한다. 게다가 사람들은 누가 자신들을 설득하려고 하면 마치 스스로는 결정을 내릴 능력이 없는 사람으로 취급받는 것 같아 화를 내기 일쑤다. 암시의 기술이 필요한 것은 그 때문이다.

암시를 하는 방법은 의외로 간단하다. 평범한 말이나 우연한 만남을 가장해 뭔가 힌트를 주면 된다. 어떤 면에서 암시는 사람들의 감정에 호소하는 기술이라고 할 수 있다. 다시 말해 암시는 지루한 일상 속에서 뭔가 재미와 변화를 바라는 사람들의 심리를 이용하는 기술이다. 유혹자가 던진 힌트는 상대의 마음 한구석에 등록되고, 시간이 지날수록 상대는 미묘한 불안감에 시달리게 된다. 일단 그런 심리 상태가 되면 불안감의 출처는 쉽게 잊힌다. 불안감의 정도가 너무 미묘해서 당시에는 눈치채지 못하지만, 나중에 그 작은 씨앗이 뿌리를 내리고 자라게 되면 상대는 처음부터 줄곧 그런 생각을 하고 있었다는 착각에 빠진다.

이처럼 암시의 기술을 사용하면 사람들의 저항을 피해 갈 수 있

인간 관계의 법칙

다. 사람들은 스스로의 머릿속에서 나온 의견에만 귀를 기울이는 경향이 있기 때문이다. 암시는 그 자체로 상대의 무의식과 직접 대화를 나누는 하나의 언어다. 암시의 언어와 기술을 터득하지 않고서는 어떤 유혹자나 설득자도 성공을 기대할 수 없다.

사람들의 마음속에 유혹적인 생각을 심으려면 그들의 상상력과 환상, 깊은 동경을 자극해야 한다. 성공의 열쇠는 쾌락과 부, 건강, 모험과 같이 사람들이 열망하는 것들을 은근히 암시하는 능력이다. 거기에 넘어간 사람들은 결국 유혹자가 자신들에게 그런 것들을 제공해줄 수 있다는 착각에 빠지게 된다. 그들은 자신들이 조종당했다는 사실은 꿈에도 모른 채 유혹자의 주변으로 모여들게 되는 것이다.

1807년 나폴레옹 보나파르트는 상황을 유리하게 이끌어나가려면 러시아 황제 알렉산드르 1세를 자기편으로 끌어들여야 한다고 판단했다. 그는 황제로부터 두 가지, 즉 평화조약과 결혼 동맹을 얻어내고자 했다. 그의 계획이 성사된다면, 유럽과 중동을 사이좋게 나누는 한편 조제핀과 이혼하고 황제의 가족이 됨으로써 양국의 우의를 돈독하게 다질 수 있었다. 나폴레옹은 이 두 가지를 직접적으로 제안하는 대신 황제를 유혹하기로 결심했다. 나폴레옹은 우연을 가장한 사교 모임과 우호적인 대화를 통해 작업을 계속해나갔다. 그는 무심결에 조제핀이 아이를 낳을 수 없다고 말한 뒤 재빨리 화제를 바꾸는 방법을 사용했다. 프랑스와 러시아의 운명적 관계를 암시하는 듯한 발언도 심심찮게 흘러나왔다.

그러던 어느 날 저녁이었다. 황제와 헤어지기 직전, 나폴레옹은 슬프게 한숨을 내쉬며 자식이 없어 허전하다는 얘기를 늘어놓은 뒤 황제를 남겨둔 채 이만 자러 가야겠다며 자리를 떴다. 당연히 황제는 나폴레옹의 말을 곰곰이 생각하며 잠자리에 들었다. 나폴레옹은 황제와 함께 영광과 명예, 제국을 주제로 한 연극을 관람하기도 했다. 그날 이후 그는 연극 이야기를 하면서 자신의 의도가 드러나지 않게 위장할 수 있었다. 몇 주가 지나자, 황제는 마치 자신의 생각인 것처럼 신하들에게 프랑스와의 결혼 동맹과 평화조약에 관해 언급하기 시작했다.

무심결에 나온 말, 잠자리에 들기 전에 언뜻 내뱉는 듯한 말, 상대의 마음을 끄는 말은 엄청난 암시의 효과를 발휘한다. 이런 말들은 마치 독처럼 사람들의 피부 밑으로 스며들어 스스로 생명력을 발휘한다. 이런 식의 암시는 상대가 긴장을 풀고 있거나 주의가 분산되어 있을 때 시도하는 것이 좋다. 다시 말해 암시가 제대로 먹히려면 상대가 무슨 일이 일어나고 있는지 인식하지 못하는 상태가 가장 바람직하다. 정중한 농담을 던져 기선을 제압하는 것도 좋은 방법이 될 수 있다. 대개 대화를 하다 보면 사람들은 다음번에 할 말을 생각하거나 자기만의 생각에 빠지게 된다. 그 틈을 노려 뭔가 암시적인 말을 던지면 상대는 전혀 눈치채지 못한다.

어떤 달변보다 강한 침묵의 힘

선거전 초반에 존 F. 케네디는 재향군인들을 모아놓고 연설을 했다. 그들 모두 2차 세계대전 당시 케네디가 보여준 용감한 행동을 잘 알고 있었다. 그 덕분에 케네디는 일약 전쟁 영웅이 되었지만, 그는 PT형 어뢰정에 타고 있던 다른 사람들 얘기만 했다. 하지만 그는 자신의 용감한 행동이 모든 이들의 마음속에 각인되어 있다는 것을 잘 알고 있었다. 즉, 그는 자기 얘기는 쏙 빼고 동료들만 언급하면서 사람들이 스스로 그 일을 상기하게 했다. 그 결과 케네디는 영웅에 걸맞게 겸손함까지 겸비한 인물로 비쳤다. 바로 그런 효과를 노린 것이었다.

유혹을 할 때 상대에게 직접 사랑을 고백하는 것은 금물이다. 다시 말해 행동이나 태도를 통해 상대가 느낄 수 있게 만들어야 한다. 케네디의 경우처럼 직접 말을 하는 것보다 침묵을 지키는 것이 오히려 더 큰 유혹의 힘을 발휘한다.

한순간이지만 의미심장한 표정이나 따뜻한 목소리도 마찬가지 효과를 준다. 지나가는 듯한 말로 상대에 대한 관심을 넌지시 비추되, 결코 직접적이어서는 안 된다. 다시 말해 상대로 하여금 저 사람이 정말 자기한테 관심이 있는지 없는지 반신반의하게 만들어야 한다. 이런 식으로 일단 씨를 뿌려놓으면 몇 주 후 결과가 나타나게 된다.

말뿐만 아니라 행동이나 표정으로도 얼마든지 암시의 효과를 얻을 수 있다. 바이런은 '내리까는 듯한 시선'으로 유명했다. 재미없는 대화 주제가 나오면 그는 겉으로는 고개를 숙인 듯했지만, 실은 미리 점찍어둔 젊은 여성과 눈을 맞추곤 했다. 고개를 비스듬하게 기울인 채 내리까는 듯하면서도 위로 치켜뜬 그의 시선은 위험스럽고 도전적으로 보였지만, 그와 동시에 모호해 보이기도 했다. 수많은 여성들이 그에게 빠져들었던 것은 이 때문이었다.

얼굴은 스스로 말을 한다. 우리는 대화를 하면서 다른 사람들의 표정을 읽기 위해 애를 쓴다. 통제가 쉬운 말보다 얼굴 표정을 통해 상대의 감정 상태를 파악하는 것이 더 나을 때가 많기 때문이다. 따라서 자신이 암시하고자 하는 내용을 표정에 담아 전달한다면 소기의 성과를 거둘 수 있다.

마지막으로 암시가 효과적인 이유는 단지 사람들의 저항 본능을 피해 가게 해주기 때문만은 아니다. 암시는 쾌락의 언어이기도 하다. 이 세상에 미스터리는 거의 존재하지 않는다. 사람들은 자신들이 느끼는 것이나 원하는 것을 너무도 정확하게 표현한다. 그럴수록 우리는 뭔가 수수께끼 같은 것, 우리의 환상을 채워줄 수 있는 그 무엇을 동경한다. 틀에 박힌 일상 속에서 알 듯 모를 듯 애매한 암시의 기술을 사용한다면, 상대에게 뭔가 꿈을 이루어줄 것 같은 사람이라는 인상을 심어줄 수 있다. 암시가 유혹적인 분위기를 만들어낼 수 있는 것은 사람들에게 일상의 지루함에서 벗어나 새로운 세계로 들어온 듯한 착각을 불러일으키기 때문이다.

인간 관계의 법칙

반전

암시는 상대에게 잘못 읽힐 수도 있다는 위험이 있다. 유혹의 마무리 단계에서는 상대에게 자신의 생각을 직접 표현하는 것이 가장 효과적일 수 있다. 분위기로 보아 상대가 직접적인 고백을 환영할 것 같은 경우가 특히 그렇다.

카사노바는 종종 그런 방법을 사용했다. 상대 여성이 자신을 원하고 있다는 확신이 들면, 그는 직접적이고 거침없는 말로 그녀의 머릿속을 파고들어 자신의 마력에 빨려들게 만들었다. 레이크였던 작가 단눈치오는 탐나는 여성을 만나면 망설이는 법이 없었다. 처음부터 그는 유창한 화술과 유려한 문체로 상대를 공략했다. 그의 이런 '성실함'은 먹혀들 때가 많았다(성실함은 얼마든지 가장할 수 있으며, 다른 특성들과 마찬가지로 하나의 전략이다).

하지만 이런 방법은 상대가 완전히 넘어왔다는 확신이 들 때만 사용해야 한다. 그렇지 않을 경우, 오히려 상대의 방어 본능과 의심을 자극하게 된다. 그렇게 되면 당연히 유혹은 실패할 수밖에 없다. 따라서 의심이 들 때는 우회적으로 나가는 것이 더 낫다.

⊙⊙

정성스럽게 밭을 갈고 몇 달 전부터 미리 준비해둔 씨앗을 뿌린다. 일단 씨앗이 땅에 뿌려지고 나면, 누가 거기다 뿌렸는지 아무도 알 수 없다. 씨앗은 땅의 일부가 된다. 스스로 뿌리를 내리는 씨앗을 뿌려 자신의 의도를 위장하라.

상대의 부서진 꿈을
비추는 거울이 되어라

—

대부분의 사람들은 자기만의 세계에 갇혀 있기 때문에 설득하기가 어렵다. 사람들로 하여금 딱딱한 껍데기를 깨고 나오도록 하려면, 그들의 마음속으로 들어가야 한다. 그들의 규칙에 따라 경기를 하고, 그들이 즐기는 것을 함께 즐기면서, 그들의 기분에 적응해야 한다. 그렇게 하면서 그들의 뿌리 깊은 나르시시즘을 어루만지는 한편, 그들의 방어 본능을 서서히 허물어뜨려야 한다. 마치 스스로의 모습을 보는 듯한 거울의 이미지로 최면을 걸어 상대가 마음을 활짝 열어젖히게 해야 한다. 그러고 나면 상대는 알게 모르게 유혹자에게 끌려오게 되어 있다. 일단 상대의 마음속으로 들어가는 데 성공하고 나면, 상대 역시 유혹자의 마음속으로 들어가고 싶다는 열망을 품게 된다. 이른바 역학의 축이 바뀌는 순간이라고 할 수 있다. 그때가 되면 돌아가고 싶어도 너무 늦다. 마치 입 안의 혀처럼 상대의 기분과 변덕을 맞춰주면서 저항할 거리를 제공하지 않는 것이 중요하다.

인간은 타인에 비친 자신을 사랑한다

삶에 지친 우리를 절망하게 만드는 요인 가운데 하나는 사람들의 완고함이다. 그런 사람들에게 다가가 우리와 같은 눈으로 사물을 바라보게 만드는 것은 여간 어려운 일이 아니다. 그들이 우리의 말을 경청하고 우리의 의견에 동의하는 것처럼 보이더라도 겉으로만 그럴뿐이라는 인상을 받을 때가 종종 있다. 우리는 삶의 대부분을 마치돌벽에 부딪치듯 사람들과 부딪치면서 보낸다. 하지만 사람들의 오해와 무시를 불평하기보다는 뭔가 다른 노력을 기울이는 것이 훨씬바람직하지 않을까? 사람들이 악의적이거나 무관심하다고 생각하는 대신, 그들은 왜 그렇게 행동할 수밖에 없는지에 대해 고민하는 대신, 유혹자의 눈으로 그들을 바라보는 것은 어떨까? 사람들을 자기 중심적인 생각에서 벗어나게 하려면 먼저 그들의 마음속으로 들어가야 한다.

우리는 모두 나르시시스트다. 유아기 때는 이런 나르시시즘이 육체적인 측면을 지닌다. 어린아이들은 마치 다른 대상을 바라보듯 자신의 이미지와 몸에 관심을 보인다. 그러다 성장하면서 우리의 나르시시즘은 심리적인 측면을 지니게 된다. 우리는 이제 자신의 기호, 의견, 경험에 몰두하게 된다. 그 결과 우리 주변에는 두꺼운 껍질이 형성된다. 역설적으로 들리겠지만, 사람들을 두꺼운 껍질에서 나오게 하려면 그들처럼 되어야 한다. 다시 말해, 마치 거울을 통해 자신을 보고 있는 것 같은 착각마저 들게 해야 한다.

그렇다고 사람들의 마음을 연구하느라 며칠씩 소비할 필요는 없다. 그저 그들의 기분을 맞춰주고, 그들의 취향에 적응하고, 그들이 뭐라고 하건 같이 놀아주기만 하면 된다. 그렇게 하면 사람들은 서서히 경계심을 풀게 되어 있다. 이 단계에 이르면 그들은 자기와 다른 부분이나 습관을 접하더라도 위협을 느끼지 않게 된다.

사람들은 자신을 사랑하지만, 다른 사람에게 투영된 자신의 생각과 취향을 보면서 더할 나위 없는 자긍심을 느낀다. 왜냐하면 이를 통해 자신의 생각과 취향이 옳다는 것을 확인하기 때문이다. 그 순간 평소 그들을 괴롭히던 불안은 씻은 듯이 사라진다. 거울의 이미지에 최면이 걸린 사람들은 이제 긴장을 풀게 된다. 내부의 벽이 허물어진 순간 주도권은 유혹자의 손에 넘어가게 된다. 상대가 일단 마음을 열고 나면, 나머지는 수월하게 진행된다. 상대의 마음속으로 들어가는 것은 일종의 최면술과도 같다. 상대를 설득하는 데 이보다 더 은밀하고 효과적인 방법은 없다.

18세기에 쓰인 중국 소설 『홍루몽紅樓夢』에서는 쟁쟁한 가문인 가씨賈氏가의 젊은 규수들이 약속이나 한 듯 모두 보옥寶玉이라는 레이크와 사랑에 빠진다. 그는 누구나 인정하는 미남이었지만, 그의 매력은 젊은 여성들의 마음을 파고드는 신비한 능력이었다. 보옥은 어렸을 때부터 여자들 틈바구니에서 지냈다. 그래서인지 그에게서는 다른 남자들처럼 위협적이거나 공격적인 면을 찾아볼 수 없었다. 그는 수시로 여자들의 방을 들락거렸고, 그럴 때마다 여자들은 그에게 빠져들었다. 그렇다고 해서 보옥이 마냥 여성스러웠던 것만은 아니

　　　　　　　　　　　　　　인간 관계의 법칙

다. 그는 분명 남자였다. 상황이 요구하면 그는 남성적인 면모를 보이기도 했다. 유소년기부터 여자들과 친하게 지낸 경험은 그에게 여자의 마음을 꿰뚫어볼 수 있는 능력을 주었다.

이런 능력은 굉장한 장점이다. 여성과 남성이 서로 다르기 때문에 사랑과 유혹이 가능하지만, 이성 간의 차이점은 서로에게 두려움과 불신의 이유가 되기도 한다. 여성들은 남성의 공격성과 폭력성을 두려워할 수도 있고, 남성들은 대개 여성의 마음을 잘 헤아리지 못하기 때문에 낯설고 위협적인 존재로 여겨질 수밖에 없다. 카사노바에서 존 F. 케네디에 이르기까지 역사상의 위대한 유혹자들은 여성들에게 둘러싸여 성장하면서 약간은 여성적인 측면을 지니게 되었다. 철학자 키르케고르는 『유혹자의 일기』에서 이성과 좀 더 많은 시간을 보내면서 '적'의 약점을 파악할 것을 권유하고 있다. 그래야 그런 지식을 장점으로 활용할 수 있기 때문이다.

일상과 이상을 모두 비춰준다

유혹의 전술 가운데 상대의 마음을 파고드는 기술이 어쩌면 가장 잔인할 수도 있다. 상대로 하여금 유혹을 하는 쪽은 바로 자신이라는 착각을 하게 만든다는 점에서 그렇다. 그러려면 상대의 기분을 맞춰주고, 상대의 일거수일투족을 모방하면서 상대의 마음속을 파고들어야 한다. 경계해야 할 위험 인물이 아니라 유순하고 친절한 사람이라는 인상을 심어줘야 한다. 사람들은 자기한테 관심을 쏟는 사람에게 끌리게 마련이다. 유혹자는 마치 거울처럼 사람들을 비추는 존재가 되어야 한다. 다시 말해 자신을 통해 사람들이 보고 듣는 모든 것에 그들의 에고와 취향이 반영되도록 해야 한다.

유혹자는 상대가 없으면 자신의 인생도 없다는 인상을 심어줄 수 있어야 한다. 귀찮을 정도로 관심을 쏟아부어 상대의 허영심을 자극할수록 유혹자가 건 주문의 효과는 커지게 마련이다. 일단 경계심이 풀리면 사람들은 자기도 모르는 사이에 유혹자의 영향을 받게 된다. 바야흐로 주도권이 유혹자에게 넘어가는 순간이다. 이제 사람들은 그런 변화를 눈치채지도 못한 채 유혹자의 마음속을 파고들려는 자신을 발견하게 된다. 이로써 게임은 끝이 난다.

우리 대부분은 현재 모습과 되고자 하는 모습 사이에서 갈등을 겪는다. 우리는 젊은 시절의 꿈과 타협하며 살고 있다는 것에 절망을 느낀다. 그럴수록 우리는 그렇게 되고픈 마음은 간절했지만 주변 여건 때문에 어쩔 수 없이 포기했던 인물이 되어보는 상상을 한다. 상대를 비출 때에는 그들의 현재 모습에서 멈추지 말고 그들이 되고 싶었던 이상적인 사람의 영혼까지 비춰주어라.

사람들에게 자기 자신을 실제보다 더 크게 느끼도록 해준다는 점에서, 다른 사람의 마음속을 파고드는 이런 기술이야말로 어쩌면 가장 효과적인 유혹의 방법일 수도 있다. 잃어버린 꿈까지 비춰주는 유혹자가 있는 한 사람들은 자신이 꿈꾸었던 삶을 살아갈 수 있다. 사람들의 부서진 꿈을 찾아내 비춰주어라. 상대는 유혹자에게 투영된 과거의 꿈을 통해 마치 그 꿈이 되살아나는 듯한 느낌을 받게 될 것이다. 그런 유혹에 넘어가지 않을 사람은 거의 없다.

반전

시인 라이너 마리아 릴케는 1897년 베를린에서 러시아 태생의 작가 루 살로메를 만났다. 그녀는 이미 니체의 가슴을 갈갈이 찢어놓은 것으로 악명이 드높았다. 베를린의 지식인치고 그녀를 흠모하지 않는 사람은 없었다. 당시 릴케는 스물두 살이었고 그녀는 서른여섯 살이었지만, 그는 첫눈에 그녀에게 반하고 말았다. 그는 그녀에게 보내는 연서 세례를 통해 그녀의 책은 모조리 읽었으며 그녀의 취향도 잘 알고 있다고 말했다. 두 사람은 친구가 되었다. 곧이어 그녀는 그의 시를 봐주기 시작했고, 그는 그녀의 말을 한 마디도 놓치지 않았다.

살로메는 자신의 영혼을 거울처럼 비추는 릴케에게 마음이 흔들렸다. 그가 보여주는 열렬한 관심과 이제 막 생겨나기 시작한 두 사람 사이의 정신적인 유대감은 그녀를 매혹시키기에 충분했다. 살로메는 그의 연인이 되었다. 하지만 그녀는 그의 미래가 걱정스러웠다. 시를 쓰는 것만으로는 생계를 꾸려나가기가 어려웠기 때문에 릴케에게 러시아어를 배워 번역가로 나서라고 권유했다. 그는 군말 없이 그녀의 충고를 받아들였다. 어찌나 열심히 했는지 그는 몇 달 만에 러시아어를 구사할 수 있게 되었다.

그들은 함께 러시아를 방문했고, 릴케는 러시아의 농부와 풍습, 예술, 건축에 압도당했다. 그는 베를린으로 돌아온 뒤 러시아 농민복을 입기 시작했으며, 자기 집을 러시아를 경배하는 일종의 사당으로 개조했다. 그뿐만이 아니었다. 그는 대화를 할 때도 러시아식 표현을 자주 썼다. 하지만 그렇게 되자 거울로서의 그의 매력은 이내 사라져버렸다. 처음에 살로메는 자신과 비슷한 그의 취향에 마음이 움직였지만, 지금은 얘기가 달랐다. 그는 자기정체성이 없는 사람처럼 보였다. 그는 갈수록 그녀에게 의존했다. 자긍심을 잃어버린 사람은 노예와 다를 바 없었다. 1899년 결국 그녀는 릴케에게 절교를 선언했다.

이 이야기가 주는 교훈은 간단하다. 즉, 다른 사람의 영혼을 비추는 목적은 상대를 유혹하는 데 있다는 점을 잊지 말라는 것이다. 상대의 기분을 그대로 빨아들이는 스펀지가 되어서는 안 된다. 릴케처럼 상대의 영혼을 너무 오랫동안 비추다 보면 결국은 그만의 매력을 잃고 버림받는 신세가 되고 만다. 그렇게 되지 않으려면 단순해 보이는 모습 이면에 강한 자의식이 숨어 있다는 것을 보여주어야 한다. 어느 정도 시간이 지나면 상대를 자신의 영혼 안으로 끌어들이고픈 욕구가 생길 것이다. 다른 사람의 영혼만 비추면서 살 수는 없기 때문이다.

상대의 영혼을 비추되 너무 멀리 비춰서는 안 된다. 어느 시기가 되면 힘의 관계가 뒤바뀌기 때문에 거울 효과는 유혹의 초기 단계에서만 유용하다.

꩜

종달새는 어여쁜 새지만 잡기는 어렵다. 새를 잡으러 들로 나간 사냥꾼은 탁자 같은 데다 거울을 올려놓는다. 어디서 내려왔는지 종달새는 거울 앞에 자리를 잡고는 종종거리며 주변을 왔다 갔다 한다. 그러다 자기가 움직이는 모습을 또 한 마리의 종달새가 구애의 춤을 추는 줄 착각하고는 무아지경에 이른다. 이렇게 해서 최면에 걸린 종달새는 판단력을 모두 잃어버린 채 사냥꾼의 그물이 거울을 덮쳐올 때까지 그 상태로 있게 된다.

집중

억눌린 욕망을 찾아내
미끼를 던져라

—

거부할 수 없는 쾌락을 제공함으로써 상대가 깊이 빠져들게 하라. 뱀이 금지된 지식에 대한 약속을 미끼로 이브를 유혹했듯이 상대의 깊은 욕망을 일깨워야 한다. 사람에게는 누구나 이루지 못한 꿈이 있다. 그 꿈이 뭔지 알아내 실현해줄 수 있을 것 같은 분위기를 풍기면 상대는 끌려오게 되어 있다. 상대가 이루지 못한 꿈은 부ᄤ가 될 수도, 신나는 모험이 될 수도, 금지된 쾌락이 될 수도 있다. 이때도 역시 모호한 태도가 관건이다. 금방이라도 줄 것처럼 선물 꾸러미를 흔들어 보이면서 상대가 그 안에 든 것이 무엇인지 상상하게 만들어야 한다. 상대가 앞으로 일어날 일에 대해 잔뜩 호기심을 갖게 하라. 호기심은 불안을 동반한다. 일단 상대가 불안을 느끼게 되면 조종하기가 훨씬 쉬워진다.

사람들은 유혹에 빠지고 싶어 한다

대부분의 사람들은 안정과 균형감각을 유지하기 위해 안간힘을 쓰며 살아간다. 만약 새로운 상대나 환상을 좇아 자신을 송두리째 던지는 생활을 하는 사람이라면 다시 지루한 일상으로 돌아왔을 때 단 한 순간도 견디지 못할 것이다. 사람들은 대개 이런 싸움에서 승리를 거두지만 거기에는 상당한 노력이 따른다.

세상은 온통 유혹으로 가득 차 있다. 우리가 매일 접하는 신문마다 우리보다 더 많이 가진 사람들, 다른 사람들이 즐기고 있는 모험, 부와 행복을 동시에 거머쥔 사람들의 이야기가 실려 있다. 사람들은 안정을 추구하기 위해 노력할 뿐만 아니라 자신들의 삶이 안정되어 있다고 생각하지만, 사실 이것은 착각일 뿐이다. 그 이면에는 끊임없는 긴장이 도사리고 있다.

유혹자는 사람들의 겉모습과 실제 모습을 혼동해서는 안 된다. 사람들은 질서정연한 삶을 유지하기 위해 매 순간 싸움을 벌인다. 하지만 강한 욕망을 억누르면서 도덕군자처럼 생활하기란 쉬운 일이 아니다. 그 점을 염두에 둔다면 유혹은 훨씬 쉬워진다. 사람들이 원하는 것은 유혹이 아니다. 유혹은 매일 일어난다. 사람들이 원하는 것은 유혹에 빠지는 것이다. 그것만이 그들의 삶을 지배하는 긴장을 해소할 수 있는 유일한 방법이다. 유혹에 저항하느니 차라리 항복하는 편이 훨씬 편하다.

유혹자는 일상의 변화보다 강한 유혹을 만들어내야 한다. 사람들의 일거수일투족을 관찰하면서 그들의 약점을 찾아내야 한다. 누구에게나 어린 시절의 경험에서 비롯된 약점이 있다는 점을 명심하라. 그들의 삶에서 결여된 부분을 찾아내 그들을 유혹하는 미끼로 사용하라. 그들의 약점은 탐욕이 될 수도, 허영심이 될 수도, 지루함이 될 수도, 깊이 억눌린 욕망이 될 수도, 금지된 과일에 대한 허기가 될 수도 있다. 사람들은 사소한 단서들을 통해 은연중에 자신의 약점을 드러낸다. 옷 입는 취향이나 무심코 내뱉는 말들에 주목하라. 그들의 과거, 특히 과거에 있었던 연애사건은 중요한 단서를 제공해 줄 수 있다. 그들의 약점을 파고들어 거기에 맞는 강력한 미끼를 던진다면 상대는 걸려들 수밖에 없다.

어린아이는 저항할 힘이 거의 없다. 어린아이는 그저 원하기만 할 뿐, 결과에 대해서는 거의 생각하지 않는다. 모든 사람에게는 어린아이의 모습이 숨겨져 있다. 단지 억누르고 있을 뿐이다. 그 점을 노려 적당한 장난감(예를 들어 모험이나 돈, 쾌락)으로 그들을 유혹한다면, 그들이 평소에 보여주던 어른의 이성은 온데간데없이 사라지고 말 것이다.

미끼를 던질 때는 잃을 것은 없고 얻을 것만 있다는 점을 상대에게 분명히 인식시켜야 한다. 하지만 미래의 청사진은 항상 모호해야 한다는 점을 명심하라. 너무 구체적으로 제시할 경우 상대에게 실망을 안겨줄 수도 있다. 약속이 이루어지는 시점을 너무 가까이 잡게 되면, 자기가 원하는 것을 얻을 때까지 만족을 유보하기가 어려워진다.

유혹을 하려면 마치 동전의 양면처럼 동시에 두 가지 측면을 지녀야 한다. 먼저 요염하면서도 교태가 넘치는 모습을 보여주어라. 일상에서 벗어난 쾌락을 약속하면서 상대의 욕망을 자극하라. 그와 동시에 적어도 손쉬운 방법으로는 손에 넣을 수 없는 존재라는 인식을 심어줘야 한다. 다시 말해 상대가 쉽게 넘을 수 없는 일종의 장벽을 만들어 긴장을 조성해야 한다.

타인의 가장 깊은 욕망에 집중하라

과거에는 계층, 인종, 종교, 기혼자의 신분과 같은 사회적 장애물들을 이용해 그런 장벽을 쉽게 만들 수 있었다. 하지만 요즘 사람들이 만드는 장벽들은 심리적인 측면이 훨씬 강하다. 예를 들어, 나는 이미 다른 사람에게 마음을 빼앗겼다. 나는 정말 당신에게 관심이 없다. 비밀을 알면 당신은 태도를 바꾸고 말 것이다. 시기가 좋지 않다, 어느 모로 보나 지금 만나는 사람이 당신보다 낫다 등등……. 이런 장벽들은 신분이나 종교 차이가 만들어내는 예전의 장벽들에 비하면 덜 위협적이지만, 그래도 사람들의 심리에 미치는 영향은 동일하다.

사람들은 가질 수 없는 것일수록 더욱 열렬하게 원하는 경향이 있다. 따라서 상대의 흥미와 관심을 자극하되 가질 수 없다는 인식을 심어주면, 상대는 물을 바로 앞에 두고도 마시지 못했던 탄탈로스처럼 갈증에 허덕이게 될 것이다.

크리스테타와 돈 후안은 스페인 작가 자신토 옥타비오 피콘Jacinto

Octavio Picon의 소설 『달콤 쌉싸름하게 Dulce Sabrosa』에 나오는 등장인물이다. 피콘은 주로 남성 유혹자와 그들의 여성 희생자를 다룬 작품들을 많이 썼다. 돈 후안에게 버림받은 크리스테타는 그의 성격을 세밀하게 연구한 후 한꺼번에 두 마리의 토끼를 잡기로 결심했다. 즉, 복수도 하고 그를 다시 돌아오게 만들 수 있다면 그야말로 일석이조인 셈이었다. 그는 한 번 맛본 과일은 두 번 다시 쳐다보지 않는 남자였다. 쉽게 품에 안을 수 있다는 인상을 준다면 그를 유혹할 수 없었다. 그가 다시 자기를 원하게 만들려면, 정신없이 자기를 쫓아다니게 만들려면, 자기는 이미 다른 사람의 것이라는, 다시 말해 금지된 과일이라는 인식을 심어주어야 했다. 그것이 그의 약점이었다. 그가 처녀와 유부녀, 즉 손에 넣기 힘든 여자들을 쫓아다닌 것도 그 때문이었다.

그녀는 일정한 거리를 두면서도 손만 뻗으면 닿을 수 있다는 듯 그를 감질나게 했다. 거기에 넘어간 그는 격한 감정에 사로잡혀 스스로를 주체할 수 없는 지경이 되고 말았다. 그는 과거의 경험을 통해 그녀만큼 매력적인 여성도 드물다는 사실을 잘 알고 있었다. 그런 그녀를 다시 손에 넣을 수 있다는 생각과 그가 다시 맛보게 될 쾌락은 그의 마음을 벅차오르게 하기에 충분했다. 결국 그는 그녀가 내미는 미끼를 덥석 물고 말았다.

종류를 불문하고 금기는 긴장을 유발한다. 상대의 억눌린 욕망을 찾아내 자극하라. 그러면 상대는 불안한 기색을 보이며 잔뜩 움츠러들겠지만 그럴수록 유혹의 힘은 더욱 강해진다. 상대의 과거를 탐색

인간 관계의 법칙

하면서 상대가 두려워하거나 피하는 것이 무엇인지 파악하라. 그 속에 실마리를 푸는 열쇠가 숨어 있을 수도 있기 때문이다. 그 열쇠는 어머니에 대한 아버지의 동경이 될 수도 있고, 아니면 동성에 대한 욕망이 될 수도 있다. 상대의 어두운 욕망을 채워주기 위해서는 때로 여자 같은 남자나 남자 같은 여자, 혹은 어린 소녀나 아버지의 역할을 해야 하는 경우도 있을 것이다.

다시 말해 유혹자는 그들의 성격에 드리운 어두운 그늘을 찾아내 그 속에 숨어 있는 인물을 투사할 수 있어야 한다. 하지만 어떤 경우가 됐든, 유혹자는 모호한 분위기를 풍겨야 한다. 즉, 선뜻 잡히지 않는 존재, 마치 그들의 마음속에서 걸어 나온 듯한 존재로 비쳐야 한다.

반전

만족이나 안정을 느끼는 사람에게는 미끼가 통하지 않는다. 일상의 안락함으로부터 상대를 꾀어낼 수 없다면, 유혹은 불가능하다. 상대가 욕망을 채우는 순간, 유혹은 끝이 난다. 여기서 반전은 없다. 몇몇 단계들을 생략한다 하더라도, 미끼가 없다면 유혹은 더 이상 진행될 수 없다. 따라서 상대의 약점을 항상 염두에 두면서 거기에 맞는 미끼를 던질 수 있도록 사전에 철저한 계획을 세워야 한다.

∞

에덴동산의 사과는 매우 먹음직스러워 보이지만 따먹을 수는 없다. 하지만 바로 그 때문에 사람들은 밤낮으로 사과에 대한 생각만 하게 된다. 에덴동산의 사과는 쳐다볼 수는 있지만 가질 수는 없다. 유혹에 항복하고 금단의 열매를 맛보는 것만이 유혹에서 벗어나는 유일한 길이다.

CHAPTER 2

혼란과 고립 속으로
몰아넣어라

STRATEGY 9
태도

예측 불가의 행동으로
호기심을 끌어낸다

—

사람들에게 자신을 읽히는 순간, 그들에게 걸어둔 주문은 깨지고 만다. 그 순간부터 주도권은 그들의 손으로 넘어가게 된다. 유혹자의 입장에서 계속 우위를 점하려면 깜짝쇼를 통해 끊임없이 상대의 호기심을 유발하는 수밖에 없다. 사람들은 미스터리를 좋아한다. 따라서 이 점을 활용한다면 상대를 깊이 유혹할 수 있다. 상대로 하여금 저 사람이 대체 무슨 일을 꾸미려고 저러나, 하는 궁금증을 갖도록 만들어야 한다. 예상 밖의 행동을 함으로써 보는 이로 하여금 예기치 않은 즐거움을 맛볼 수 있게 해야 한다. 상대를 마음대로 다룰 수 있기 위해서는 항상 한 걸음 앞서 나가야 한다. 그리고 갑자기 방향을 바꿔 상대가 스릴을 느끼게 만들어라.

누구나 서프라이즈를 좋아한다

어린아이는 제멋대로인 데다 고집이 세서 어른들이 뭘 시키면 무조건 반대로 하려고 한다. 하지만 뭔가 깜짝 놀랄 만한 일을 준비해놓고 살살 구슬리면 기꺼이 고집을 꺾는다. 예를 들어 상자 안에 감춰둔 선물이라든가, 결과를 예측할 수 없는 게임이라든가, 낯선 곳으로의 여행이라든가, 손에 땀을 쥐게 하는 이야기를 미끼로 내걸면 어린아이는 기대감에 부푼 나머지 떼쓰는 것도 잊고 마치 양처럼 온순해진다. 계속해서 호기심을 자극할 만한 거리를 제공할 수 있다면 그들을 다루는 것은 식은 죽 먹기다.

어른이 되어서도 우리의 내면 깊숙한 곳에는 이런 어린아이 같은 습관이 자리하고 있다. 우리가 누군가의 손에 이끌려 낯선 세계를 여행할 때 무한한 기쁨을 느끼는 것은 그 때문이다(우리가 느끼는 이와 같은 기쁨은 어쩌면 부모의 손에 이끌려 낯선 세계를 경험하면서 한없이 즐거워했던 어린 시절의 추억과 관련이 있는지도 모르겠다).

우리는 영화를 보거나 괴기소설을 읽으면서 똑같은 스릴을 경험한다. 적어도 그 순간만큼은 우리를 안내하는 감독이나 작가의 손에 우리 자신을 맡긴다. 우리는 관객석에 앉아, 혹은 책장을 넘기면서 기꺼이 호기심의 노예가 된다. 여성들은 자신만만한 남성 무용수가 자신들을 이끌 때 긴장을 한껏 늦추고 순수한 쾌락에 빠져든다. 사랑에 빠진 사람은 뭔가 설렘으로 가득 차 있다. 모든 것이 낯설기만 한 새로운 세계가 우리를 기다리고 있기 때문이다. 유혹에 빠진 사람은 마치 어린아이처럼 누군가가 자신을 이끌어주기를 바란다.

상대를 놀라게 할 수 있는 깜짝쇼의 종류는 수없이 많다. 예기치 않았던 편지를 보낸다거나, 갑자기 불쑥 나타난다거나, 상대가 한 번도 가보지 않은 장소에 데려간다거나…… 방법은 많다. 하지만 뭔가 새로운 면모를 보여줄 때 상대는 가장 많이 놀란다. 그러려면 미리부터 치밀한 계획을 짜야 한다. 처음 몇 주가 지나는 동안 상대는 유혹자의 외모를 바탕으로 뭔가 판단을 내리려고 한다. 가령 상대가 저 사람은 약간 수줍음을 타고 실용적이며 청교도적인 성향이 있다는 판단을 내렸다고 가정해보자. 물론 남들 앞에서만 그렇게 행동할 뿐 자신의 실제 모습은 그렇지 않다. 하지만 상대가 그렇게 생각하도록 내버려둬라. 그런 다음 기회를 봐서 평상시와 약간 다른 모습을 보여주도록 하라. 그런 식으로 일단 여지를 만든 다음, 어느 날 갑자기 과감하거나 시적이거나 짓궂은 행동을 보여주게 되면 상대는 깜짝 놀랄 것이다.

그렇게 해서 상대가 자신에 대한 생각을 바꾸면 다시 또 놀라게 만들어라. 상대의 궁금증을 자극하면서 저 사람에 대해 더 많은 것을 알고 싶다는 생각을 갖게 만들어야 한다. 일단 호기심에 불이 붙으면 상대는 저절로 끌려오게 되어 있다.

사람들을 놀라게 할 준비를 하라

뭔가에 깜짝 놀라게 되면 우리는 경계심을 풀고 새로운 감정에 자신을 송두리째 맡기게 된다. 뜻밖의 놀라움이 즐겁게 느껴질수록, 유혹의 독은 우리도 모르는 사이에 정맥을 파고든다. 우리가 미처 방어를 하기 전에 우리의 감정을 직접 공격하기 때문이다.

갑작스러움은 유혹의 효과를 배가시킬 뿐만 아니라 유혹자의 의도를 가려주기도 한다. 뜻하지 않은 장소에 나타나거나 갑자기 어떤 말로 행동을 하게 되면, 사람들은 그 안에 계산된 의도가 숨어 있다는 것을 미처 파악하지 못한다. 갑자기 생각났다는 듯 상대를 낯선 장소로 데려가거나 예기치 않은 순간에 비밀을 털어놓는 것도 한 방법이 될 수 있다. 감정적으로 충격을 받을 경우 사람들은 당황한 나머지 경계심을 풀게 된다. 하지만 어떤 경우에도 의도적으로 보여서는 안 된다. 예상치 못한 상황이지만 자연스럽게 느껴질 때 사람들은 매력을 느끼게 된다.

만약 대중을 상대하는 직업을 가지고 있다면 사람들을 깜짝 놀라게 만드는 법을 배워야 한다. 사람들은 자신들의 삶에 지루해하고, 그런 자신들의 지루함을 달래주기 위해 고군분투하는 사람들에게 지루해한다. 사람들에게 다음번 행동을 읽히는 순간 유혹자로서의 생명은 끝나고 만다. 앤디 워홀은 화가에서 영화감독으로, 다시 사교계 인물로 변신에 변신을 거듭했다. 아무도 그의 다음번 행보를 예측하지 못했다. 이처럼 항상 사람들을 놀라게 할 준비가 되어 있어야 한다.

대중의 시선을 붙잡아두려면 계속해서 그들의 궁금증을 유발할 수 있어야 한다. 핵심이 없다느니, 정체성이 없다느니 하는 도덕주의자들의 비난은 신경 쓰지 마라. 그들이 입에 거품을 무는 것은 실은 자기들한테는 없는 자유분방함과 쾌활함을 시기하기 때문이다.

반전

계속해서 똑같은 패턴을 반복하게 되면 깜짝쇼도 효과가 없다. 장칭은 갑작스러운 태도 변화로 남편 마오쩌둥을 놀라게 했다. 차갑게 굴다가 다시 친절하게 대하는 그녀의 전략은 얼마 동안 효과가 있었다. 마오쩌둥은 앞으로 어떻게 될지 예측할 수 없을 때의 그 느낌을 좋아했다. 하지만 몇 년 동안 똑같은 상태가 계속되자 마오쩌둥은 끝도 없이 이어지는 부인의 변덕에 화를 내기 시작했다.

늘 새롭게 상대를 놀라게 하려면 다양한 방법을 구사해야 한다. 방향을 바꿀 때는 상대가 전혀 예측할 수 없는 방향을 선택하라.

∞

롤러코스터는 꼭대기까지 천천히 올라가다가 갑자기 요동을 치면서 공중회전을 한다. 한쪽 구석으로 쏠리다 급기야 거꾸로 매달린 승객들은 웃음과 함께 비명을 내지른다. 차가 어느 방향으로 갈지는 아무도 예측할 수 없다. 그들이 스릴을 느끼는 것은 잠시나마 누군가 다른 사람에게 자신의 운명을 내맡기기 때문이다. 사람들은 타고 있는 놀이기구가 다음번에는 어디로 방향을 틀지 점치면서 새로운 스릴을 만끽한다.

환상을 자극하는
최면술사의 언어를 사용하라

—

사람들은 자신의 생각과 욕망에 사로잡혀 있기 때문에 다른 사람의 말을 잘 들으려 하지 않는다. 따라서 그들이 귀를 기울이게 만들려면 그들이 원하는 것, 곧 그들을 즐겁게 만들 수 있는 이야기를 해주어야 한다. 유혹의 언어란 바로 이런 것이다. 사람들의 감정을 자극할 수 있는 말, 그들의 비위에 맞춰 그들의 불안감을 달래줄 수 있고 그들의 환상을 불러일으킬 수 있는 말, 달콤한 말, 약속의 말 따위를 해주면 사람들의 귀를 사로잡을 수 있고, 궁극적으로는 유혹에 빠지게 할 수 있다. 유혹의 말은 가급적 모호해야 한다. 즉, 사람들이 듣고 저마다 자기가 원하는 대로 해석하고 생각할 수 있게 만드는 말이 필요하다. 유혹자는 자기 자신을 이상화해 사람들의 상상력을 불러일으킬 수 있는 언어를 구사할 수 있어야 한다.

유혹의 언어는 대담해야 한다

말을 하기 전에는 반드시 먼저 생각을 해야 한다. 하지만 대개는 그렇지 못하다. 우리는 머리에 처음 떠오르는 생각을 주저하지 않고 내뱉는 습성이 있다. 그리고 말의 내용은 대개 우리 자신에 관한 것이다. 우리는 말을 통해 우리 자신의 감정, 생각, 견해를 표현한다. 이는 우리 모두가 일반적으로 자기 자신에 관한 생각에만 매몰되어 있기 때문이다. 사람은 누구나 자기 자신에게 가장 큰 관심을 갖게 마련이다. 어떤 점에서 이는 어쩔 수 없는 현상이며 살아가는 데 아무런 지장을 초래하지 않는다. 하지만 다른 사람을 유혹할 때 이처럼 자기중심적인 태도와 사고는 별 도움이 되지 못한다.

유혹의 힘을 발휘하려면 자신의 껍데기를 깨고 나와 상대의 내면으로 들어가야 한다. 그리하여 그들의 심리를 꿰뚫어 보아야 한다. 말을 번지르르하게 한다고 해서 혹은 유혹적인 언어나 표현을 사용한다고 해서 유혹이 이루어지는 것은 아니다. 유혹을 하기 위해서는 관점과 습관을 완전히 개조하는 작업이 필요하다. 그러기 위해서는 마음에 떠오르는 생각이라고 해서 무작정 입으로 뱉어내서는 안 된다. 자신의 견해를 토로하고 싶은 충동을 억제할 수 있어야 한다. 속마음을 그대로 드러내는 말을 해서는 안 된다. 유혹에서 말이란 때로는 상대를 혼란에 빠뜨리기도 하고 즐겁게 해주기도 하면서 상대의 마음을 사로잡는 도구다.

일상적인 언어와 유혹적인 언어의 차이는 소음과 음악의 차이에 비유할 수 있다. 소음은 현대 생활의 특성이라고 할 만큼 주변에서 늘 듣게 된다. 우리는 할 수만 있으면 그와 같은 소음을 피하고자 한다. 일상적인 언어는 그런 소음이나 매한가지다. 만일 우리가 우리 자신에 관한 말만 늘어놓는다면 사람들은 그다지 귀를 기울이지 않게 된다. 겉으로 보기에는 우리의 말을 듣고 있는 것 같지만, 생각은 수천 리나 멀리 달아나 있다. 그러다가 자신에 관한 말을 하는 것 같으면 귀를 쫑긋 세워 정신을 차리고 듣는다. 하지만 우리가 다시 우리 자신에 관한 이야기를 꺼내면 그들은 다시 딴생각에 빠진다. 어렸을 때부터, 특히 부모의 훈계나 잔소리를 듣고 자란 탓에 우리에게는 누구나 일상적인 언어를 소음으로 여기는 습성이 있다.

하지만 음악은 유혹적이다. 음악은 우리의 내면을 뚫고 들어온다. 이유는 간단하다. 음악은 우리에게 즐거움을 가져다주기 때문이다. 음악을 듣고 나서 며칠 동안은 그때의 멜로디나 리듬이 생각나 저절로 콧노래가 나온다. 음악을 들으면 기분이 전환되고 감정적인 자극을 받게 된다. 이처럼 소음이 아닌 음악을 만들어내려면 상대를 즐겁게 해주고 그 혹은 그녀의 상상력을 자극해줄 수 있는 말, 곧 상대의 삶과 관련된 말을 해주어야 한다. 상대가 많은 문제를 안고 있을 경우에는 재치 있고 유쾌한 말을 함으로써 상대로 하여금 자신의 문제를 잊어버리게 하는 한편, 희망으로 가득 찬 밝은 미래를 볼 수 있도록 해주어야 한다. 굳은 약속이나 칭찬의 말은 상대에게 음악처럼 들리게 마련이다. 그런 말을 해주면 상대는 감동하고 마음의 빗장을 연다.

아첨이나 칭찬은 유혹의 사전 작업과 같다. 아첨이나 칭찬의 목적은 진실이나 실제 감정을 표현하기보다는 상대의 감정을 자극하는 데 있다. 유혹을 하기 위해서는 상대의 가려운 곳을 적절하게 긁어줄 수 있는 말을 해야 한다. 하지만 누구나 다 할 수 있는 진부한 표현을 사용해 칭찬이나 아첨을 하지 않도록 주의해야 한다. 아첨이나 칭찬을 할 때는 지금까지 다른 사람들이 보지 못했던 상대의 재능이나 자질을 파악해줄 수 있어야 한다.

논쟁은 가장 반유혹적인 언어 형태다. 논쟁을 일삼다 보면 눈에 보이지 않는 적들을 많이 만들게 된다. 하지만 굳이 논쟁을 해야 할 상황이라면 가벼운 유머를 사용해 부드럽게 접근하는 것이 좋다. 가벼운 농담이나 약간의 풍자를 사용하면 사람들을 설득하기가 훨씬 쉬워진다. 웃음은 도미노 현상을 일으킨다. 일단 한번 웃기 시작하면 다시 웃을 가능성이 높아진다. 웃음을 통해 가벼운 분위기가 조성되면 사람들은 마음을 열고 상대의 말에 귀를 기울이게 된다. 논쟁을 하려면 이런 식으로 접근해가는 것이 좋다. 그래야만 사람들을 자기편으로 끌어들이는 한편 적들을 효과적으로 조롱할 수 있다.

사람들을 설득하려면 머리보다는 감정에 호소하는 것이 상책이다. 그럴 경우에 사람들은 한마음이 되어 동일한 감정을 경험하게 된다. 감정을 자극할 때는 될 수 있는 대로 강한 감정에 호소해야 한다. 예를 들어, 우정 혹은 불화의 감정에 호소하기보다는 사랑이나 증오와 같은 감정에 호소하는 편이 더욱 큰 효과를 발휘한다. 또한 자신이 유도해내려고 하는 감정에 자신의 감정이 실려야 한다. 이는 매우 중요하다. 다른 사람들로부터 증오심을 이끌어내려면 먼저 자신부터 그런 감정을 느낄 수 있어야 한다. 그래야 더 큰 설득력을 지닐 수 있다.

상대에게 최면을 거는 것이 유혹의 언어가 지향하는 목적이다. 그렇게 하려면 사람들의 정신을 빼앗고 경계심을 늦추게 하는 한편, 여러 가지 암시적인 방법을 통해 그들의 감정을 자극할 수 있어야 한다. 최면술사는 반복과 확언이라는 기교를 통해 상대를 가수면 상태에 빠뜨린다. 반복은 동일한 말을 여러 번 사용하는 것을 말한다. 특히 감정을 자극하는 말을 선택해 반복적으로 사용하는 것이 중요하다. 같은 말을 계속 반복하다 보면 사람들의 무의식 속에 저절로 박히게 된다. 확언은 최면술사가 내리는 명령처럼 강하고 긍정적인 언어를 말한다.

유혹의 언어는 대담해야 한다. 강하고 단정적인 언어를 사용하게 되면, 청중은 그 말이 사실인지 아닌지를 판단한 겨를도 없이 감정적으로 자극을 받게 된다. 예를 들어 "나는 저 사람들이 현명하다고 생각하지 않습니다"라는 말보다는 "우리는 더 나은 대우를 받을 자격이 충분합니다" 또는 "저 사람들은 모든 일을 망쳐놓은 장본인들입니다"라는 식으로 말하는 것이 좋다. 확언의 언어는 명령어처럼 짧고 적극적인 언어여야 한다. "내가 생각하기에는", "아마"라는 따위의 말을 사용해서는 안 된다. 다시 말해 직접적으로 감정을 겨냥해 직격탄을 날릴 수 있는 언어를 사용할 수 있어야 한다.

유혹자는 상징적인 언어 대신 악마적인 언어를 사용해야 한다. 유혹자의 말은 구체적인 현실을 가리킬 필요가 없다. 현실을 가리키는 것보다는 감정을 자극하는 말, 상상력과 환상을 자극하는 말이 필요하다. 상대의 판단력을 흐리게 함으로써 진실과 거짓, 현실과 비현실을 구분하기 어렵게 만들어야 한다. 모호하고 애매한 표현을 통해 말하고자 하는 진의나 속셈이 무엇인지를 가늠할 수 없게 해야 한다. 상대가 환상에 사로잡힐수록 그만큼 유혹하기가 쉬워진다.

뜻밖의 고백이 담긴 편지

편지 역시 유혹의 수단으로 사용될 수 있다. 하지만 무작정 편지만 보낸다고 해서 효과가 나타나지는 않는다. 편지 왕래는 첫 만남 이후 어느 정도 시간이 흘러야만 가능하다. 먼저 상대를 만나 자신을 소개하라. 하지만 상대에게 특별한 관심이 있다는 내색을 비쳐서는 안 된다. 상대의 마음이 다소 끌려들고 있다고 생각될 때, 첫 번째 편지를 보내라. 편지로 상대에 대한 감정을 털어놓을 경우, 상대는 반드시 놀라게 될 것이다.

　뜻밖의 고백으로 허영심을 슬쩍 자극하고 나면 상대는 이제 뭔가 더 큰 것을 바라게 된다. 그런 다음에는 직접 만나는 시간보다 편지를 보내는 시간을 더 많이 할애하라. 편지는 상대에게 직접 만날 때와는 다른 인상을 심어줄 수 있다. 상대는 편지를 읽으며 편지를 보낸 사람을 이상화하고 그에 대한 환상에 젖어들게 되어 있다. 일단 상대가 유혹에 걸려들었다고 판단되면, 한 걸음 뒤로 물러나 편지를 좀 뜸하게 보내라. 그러면 상대는 마음이 다급해지고 더 많은 욕망에 사로잡히게 된다.

편지에는 상대를 한껏 띄워주는 내용이 담겨 있어야 한다. 온통 상대에 대한 생각으로 어쩔 줄 몰라 하는 마음을 적어 보내면 놀라운 효과를 거둘 수 있다. 편지를 상대를 비춰주는 거울처럼 생각하라. 즉, 상대가 편지를 보고 "이 사람이 이렇게 나를 좋아하다니 내가 그렇게 멋있는 사람인가" 하는 나르시시즘에 빠질 수 있게 만들어야 한다. 만일 상대가 별로 탐탁지 않게 여기는 것 같더라도 결코 자신을 옹호하거나 상대가 냉정하다고 비난하는 일은 없어야 한다. 오히려 자신을 좋아하지 않을 수도 있다는 점을 인정하고, 시적이고 창조적인 언어를 사용해 늘 상대를 칭찬해주어야 한다. 그렇게 해야만 상대를 유혹할 수 있다.

상대방을 훈계하는 내용이나 자신의 지식을 자랑하는 내용은 절대 금물이다. 지나치게 감상적인 표현도 삼가야 한다. "나는 당신을 이렇게 생각해요. 당신에 대한 나의 감정은 이래요" 등과 같이 자신의 감정을 직접적으로 토로하는 것보다는 "당신 때문에 요즘 나는 이렇게 변했어요. 당신을 본 뒤부터 이런 마음이 생겼어요"라는 식으로 상대로 인해 느끼게 된 감정이나 인상을 담아 보내는 것이 더 좋다.

거듭 말하지만, 처음부터 끝까지 모호한 표현을 사용해야 한다. 이는 상대가 편지를 읽을 때 상상이나 환상에 젖을 수 있도록 하기 위해서다. 자신을 표현하는 것이 아니라 상대의 감정을 자극해 혼란과 욕망을 불러일으키는 것이 편지의 목적이라는 점을 잊어서는 안 된다.

그런 편지를 계속 보내다 보면 상대는 결국 편지를 보내는 사람의 생각을 닮게 되고, 편지에 적힌 내용을 자신도 모르는 사이에 일상적인 대화나 편지에 사용하게 된다. 이쯤 되면 좀 더 에로틱하고 육체적인 단계로 넘어가야 할 단계다. 성적인 냄새가 물씬 풍기는 표현을 사용함과 동시에, 편지의 길이를 줄이고 전보다 훨씬 더 산만한 내용을 담아 좀 더 자주 보내는 것이 좋다. 기대하지 않은 짧은 편지는 에로틱한 정서를 한껏 자극한다. 이제는 상대의 행동을 기다리는 일만 남았다.

반전

화려한 언어와 유혹의 언어를 혼동해서는 안 된다. 화려한 언어는 상대의 신경을 건드릴 수 있을 뿐만 아니라, 거짓된 것처럼 보이게 한다. 지나치게 과장된 언어는 자연스럽지 못할 뿐만 아니라, 자칫 자신의 이기적인 속셈을 들킬 수도 있다. 말을 할 때는 가급적 말수를 줄이고 모호한 표현을 사용하는 것이 좋다. 그래야 상대가 상상의 나래를 펼칠 수 있는 여지를 남길 수 있다.

말을 할 때는 항상 상대를 염두에 두고, 상대가 듣고자 하는 말을 해줄 수 있어야 한다. 침묵이 금일 때가 있다. 즉, 어떤 경우에는 침묵을 지키는 것이 더 암시적이고 웅변적인 효과가 있다. 말을 하지 않고 가만히 있으면 뭔가 신비롭게 비치기 때문이다. 만일 수사력이 뛰어나지 않거나 유혹적인 언어를 구사할 수 있는 능력이 없다면, 혀에 재갈을 물리고 조용히 침묵을 지키는 편이 좋다.

마지막으로 유혹에는 속도와 리듬이 필요하다. 처음에는 우회 전략을 구사하면서 신중해야 한다. 자신의 의도를 감추려면 중립적인 언어를 사용하는 것이 좋다. 일단 아무런 사심도 없다는 사실을 상대에게 인식시켜 상대가 안심하고 대화를 나눌 수 있게 만드는 것이 첫 번째 단계다. 두 번째 단계에 이르면 좀 더 공격적인 전술을 구사해야 한다. 이때부터는 유혹의 언어를 사용해야 한다. 유혹의 말, 유혹의 편지를 동원해 상대에게 예기치 않았던 즐거움을 선사하라. 상대로 인해 시인이 되고, 상대에게 온통 마음을 빼앗기고 말았다는 느낌이 물씬 풍기는 편지를 보내거나 말을 하라. 그러면 상대는 무한한 기쁨을 느끼게 될 것이다.

⚭

안개 속에서는 사물의 정확한 형태를 식별하기 어렵다. 모든 것이 모호하게 보이고 상상력이 날개를 편다. 존재하지 않는 것들이 마치 존재하는 것처럼 보인다. 이처럼 유혹자의 언어는 상대를 안개 속으로 이끌어 들여 어디가 어딘지 분간할 수 없게 만든다.

사소한 표현들을 쌓아
감동적인 장관을 연출하라

—

지나치게 고상한 말과 근사한 행동은 뭔가 속셈이 있기 때문에 잘 보이려 한다는 의심을 불러일으킬 수 있다. 조촐하지만 유쾌한 의식으로 상대가 정신을 차리지 못하게 만들어야 한다. 상대의 취향에 맞는 선물을 준다거나, 상대가 좋아하는 스타일의 옷을 입는다거나, 상대에게 얼마나 많은 시간과 관심을 투자하고 있는지 입증하는 행동을 보여주는 것도 좋은 방법이다. 사람들은 사소한 부분까지 신경 쓰면서 자신에게 관심을 보이는 사람에게 끌리게 되어 있다. 상대의 눈을 현혹시키는 장면을 연출하라. 상대는 눈앞의 광경에 정신이 팔려 유혹자의 진짜 속셈을 눈치채지 못할 것이다. 섬세한 연출과 감정 전달을 통해 상대에게 관심이 있다는 것을 암시하라.

유혹에서는 모든 것이 신호가 된다

어린아이의 감각은 어른에 비해 훨씬 풍부하다. 어린아이는 새로 생긴 장난감의 색깔이나 서커스 같은 것에 정신없이 빠져든다. 그들은 냄새나 소리에도 아주 민감하다. 어린 시절, 주변의 소품을 이용해 어른들의 세계를 흉내 내면서 즐거워했던 기억이 있을 것이다. 그때는 모든 게 신기하고 새롭게 느껴졌을 것이다.

하지만 나이가 들면서 우리의 감각은 무뎌진다. 늘 서둘러 일을 처리해야 하고, 하나의 일이 끝나면 또 다른 일을 해야 하기 때문에 더 이상 주변에 신경 쓸 여유가 없다. 유혹이 성공을 거두려면, 우리 인생의 황금기라고 할 수 있는 어린 시절로 상대를 다시 데려갈 수 있어야 한다. 어린아이는 판단력이 미숙하기 때문에 쉽게 속는다. 어린아이는 감각이 주는 쾌락에도 쉽게 빠져든다.

따라서 상대와 함께 있을 때는 정신없고 무자비한 현실 세계에 있다는 생각을 잊어버릴 수 있게 해야 한다. 어렸을 때는 모든 게 천천히 진행됐기 때문에 삶이 지금보다 훨씬 단순했다. 그때처럼 시간이 천천히 흘러가는 듯한 느낌을 줄 수 있어야 한다. 자연이 발산하는 즉각적인 매력 앞에서 우리는 마치 어린아이처럼 기뻐한다. 색깔이나 선물, 조촐한 기념행사 같은 사소한 것들도 우리의 감각을 즐겁게 해준다. 감각이 즐거운 것들로 가득 채워져 있으면 이성이 비집고 들어갈 틈은 그만큼 좁아진다.

주변의 사소한 것에 관심을 갖게 되면, 행동이나 태도에 여유가 배어 나온다. 사람들은 그런 사람 앞에서는 자기도 모르게 경계심을 풀게 된다. 유유자적한 모습이 사려 깊고 온화해 보이는 인상을 주기 때문이다. 잊고 지냈던 어린 시절의 감각을 일깨워줌으로써, 현실 세계에서 벗어나 먼 곳에 와 있는 듯한 기분을 느낄 수 있게 해주어야 한다. 이는 유혹의 필수 요소다. 사람들을 사소한 것에 집중하게 할수록, 자신의 의도를 감추기가 쉬워진다는 점을 명심하라.

유혹에서는 모든 것이 신호가 된다. 그중에서도 옷이 갖는 효과는 이루 말할 수 없이 크다. 안토니우스를 유혹할 때 클레오파트라가 입었던 옷은 그다지 관능적이지 않았다. 그녀는 신화 속의 여인들에 대해 환상을 가지고 있던 그의 약점을 알고 마치 그리스 여신 같은 복장을 하고 나타났다. 루이 15세의 정부였던 마담 드 퐁파두르는 왕의 약점이 고질적인 권태라는 점을 잘 알고 있었다. 그녀는 색깔뿐만 아니라 스타일까지 바꿔가며 늘 다른 옷을 입음으로써 왕의 눈을 즐겁게 해주었다.

집이나 일터에서와는 완전히 다른 옷차림으로 나가 상대를 놀라게 하는 것도 좋은 방법이다. 마릴린 먼로가 그랬다. 그녀는 집에서는 청바지에 티셔츠 차림으로 있었지만, 상대와 함께 있을 때는 한껏 차려입어 마치 상대를 위해 일부러 신경을 쓴 듯한 인상을 주었다. 신데렐라와 같은 변신은 흥분을 자아낼 뿐만 아니라 함께 있는 사람을 위해 각별히 신경을 썼다는 느낌을 준다. 자기를 위해 특별히 신경을 썼다는 느낌이 들 때, 상대는 무한한 감동을 받게 된다.

선물이 갖는 유혹적 효과는 상당히 크지만, 그 안에 담긴 미묘한 생각이나 감정에 비하면 물건 자체는 그다지 중요하지 않다. 사람들이 선물을 받고 좋아하는 이유는 그것을 통해 추억을 떠올리거나 주는 사람의 정성을 느낄 수 있기 때문이 아닐까? 값비싼 선물에는 감정이 실려 있지 않다. 값나가는 물건은 일시적으로는 받는 사람을 흥분시킬지 모르지만, 마치 어린아이가 새 장난감을 금세 잊어버리듯이 쉽게 잊혀진다. 이에 비해 주는 사람의 세심한 배려가 담긴 선물의 경우에는 감상적인 효과가 길게 이어진다. 그 선물을 받은 사람이 볼 때마다 그것을 준 사람을 떠올리기 때문이다.

사소한 표현이 가장 자극적이다

사람들의 정신을 빼놓으려면, 소소한 의식과 다채로운 물건들로 그들의 눈과 귀를 가득 채워야 한다. 이런 작은 것들은 현실적인 느낌을 준다. 사려 깊은 선물은 유혹자의 속셈을 가려주는 효과가 있다. 소박하지만 매력적인 장면들로 꾸며진 의식은 보는 사람의 눈을 즐겁게 한다. 보석이나 예쁜 가구, 화려한 색깔의 옷은 사람들의 눈을 현혹시킨다. 사람들에게는 누구나 유치한 구석이 있다. 즉, 우리는 큰 것보다는 작고 예쁜 것들을 더 좋아하는 경향이 있다. 감각에 호소할수록 최면 효과는 더욱 커진다.

유혹에서 우리가 사용하는 소품들(선물이나 옷 등)은 그 자체가 하나의 언어로 강력한 효과를 발휘한다. 사소한 것을 무시하지 마라.

그럴 경우 기회를 놓치고 만다. 사소한 것들을 묶어 하나의 장관을 연출한다면, 상대는 자신도 의식하지 못하는 사이에 자연스럽게 끌려올 것이다.

마지막으로 말은 유혹에서 중요한 부분을 차지한다. 상대를 혼란스럽게 만들고, 정신을 흩뜨려놓고, 허영심을 부추기는 데 말은 굉장한 힘을 발휘한다. 하지만 장기적으로 가장 유혹적인 것은 직접적인 말이 아니라 간접적인 대화다. 말을 하는 것은 쉽다. 그래서 사람들은 말을 신뢰하지 않는다. 누구든 올바른 말을 할 수는 있다. 하지만 일단 우리 입에서 나간 말은 구속력이 없으며, 심지어 깡그리 잊히기도 한다.

이에 비해 상대를 배려하는 행동이나 사려 깊은 선물과 같은 사소한 것들은 훨씬 현실감 있게 다가온다. 유혹에서는 이런 것들이 사랑을 고백하는 달콤한 말보다도 훨씬 효과가 크다. 행동이나 선물 같은 사소한 것들은 그 자체로 말을 할 뿐만 아니라 상대로 하여금 실제보다 더 많은 것을 읽게 해주기 때문이다. 상대에게 자신의 감정을 절대 말하지 마라. 표정이나 태도를 통해 상대가 추측하게 만들어라. 그보다 더 확실한 언어는 없다.

반전

반전은 없다. 사소한 것을 무시하고서는 유혹이 성사될 수 없다.

인간 관계의 법칙

∞

연회는 누군가를 축하하기 위해 마련되는 자리다. 꽃, 장식물, 손님 명단, 무희 음악, 음식, 와인 등 모든 것이 정성스럽게 준비된다. 연회에 참석한 사람들은 자신들을 옥죄고 있던 규제에서 잠시 벗어나 축제 분위기에 젖어든다.

이상화

자신을 이상화시킬
시간적 여유를 둔다

—

중요한 일들은 상대가 혼자 있을 때 일어난다. 상대가 혼자 있으면서 불안을 느끼기 시작하면 유혹은 성사된 것이나 마찬가지다. 상대로부터 이런 반응을 이끌어내려면 우선 자주 모습을 드러내 친근감을 쌓아야 한다. 하지만 그런 다음에는 거리를 두면서 상대로 하여금 다시 보고 싶다는 생각을 하게 만들어야 한다. 관심을 보였다가 거리를 두고, 둘이서 즐거운 시간을 보냈다 싶으면 일부러 모습을 감춰 상대를 애타게 만들어야 한다. 일단 시적인 이미지와 물건들을 이용해 강한 인상을 남기라. 그럴 경우 상대는 유혹자를 생각하면서 이상화 과정에 들어가기 시작한다. 상대에게 환상을 심어주려면 무엇보다도 상대의 마음을 차지할 수 있어야 한다. 그런 다음에는 태도나 행동에 미묘한 변화를 주어 상대의 환상을 키워나가야 한다.

유혹의 가장 큰 걸림돌, 평범함

우리에게는 실제보다 자신을 부풀려 생각하는 경향이 있다. 우리는 자기 자신이 실제보다 더 관대하거나, 더 정직하거나, 더 친절하거나, 더 지적이거나, 더 근사하다고 생각한다. 자신의 한계를 솔직히 인정하는 사람은 정말 드물다. 우리 모두 스스로를 이상화하려는 욕구가 아주 강하기 때문이다. 작가 앤절라 카터Angela Carter 의 말처럼, 우리는 스스로를 우리의 조상인 고등 영장류보다 천사와 연계시키려고 한다.

스스로를 이상화하고 싶어 하는 이러한 욕구는 연애 관계에까지 영향을 미친다. 왜냐하면 우리는 우리가 사랑하는 사람에게서 자신의 모습을 보기 때문이다. 실제로 우리는 배우자나 애인을 통해 우리 자신에 관한 중요한 정보를 흘린다. 그것을 알기에 우리는 자기가 사랑하는 사람이 천박하거나 저속하다는 사실을 인정하기 싫어한다. 상대가 천박하고 저속하다면 우리 자신도 그렇다는 것이 되기 때문이다.

인간은 어떤 식으로든 자신과 닮은 사람에게 끌리는 경향이 있다. 상대가 부족하거나 평범하다면, 우리도 뭔가 부족하거나 평범하다는 것을 인정하는 셈이 되고 만다. 우리가 기를 쓰고 자기가 사랑하는 사람을 과대평가하고 이상화하려는 것은 그 때문이다. 게다가 실망만으로 가득한 가혹한 세상에서 누군가에 대해 환상을 품을 수 있다는 것은 커다란 즐거움이 아닐 수 없다.

유혹자는 바로 그 점을 노려야 한다. 사람들은 약간의 기회만 있어도 자신이 좋아하는 사람을 이상화하고 싶어 안달을 한다. 그런 상대에게 자신을 있는 그대로 보여주는 것은 스스로 절호의 기회를 걷어차는 것이나 다름없다. 물론 그렇다고 해서 천사나 덕의 화신이 될 필요는 없다. 그럴 경우 오히려 지루한 느낌을 줄 수 있다. 상대의 취향에 따라 때로는 위험하고 짓궂은, 심지어 악당 같은 분위기를 풍길 수도 있어야 한다. 하지만 평범하거나 틀에 박힌 듯한 인상을 주어서는 안 된다.

우리는 쉽게 얻은 물건에 대해서는 별로 애착을 느끼지 못한다. 그 대상이 물건이 아니라 사람일 때도 마찬가지다. 쉽게 다가오는 사람에 대해서는 환상을 품기가 어렵다. 먼저 관심을 보이되, 그다음에는 조금 거리를 두면서 손에 넣기 어려운 사람이라는 점을 분명히 인식시켜야 한다. 그럴 경우 상대는 슬슬 불안을 느끼면서 저 사람에게는 뭔가 특별하고 남다른 면이 있다고 생각하게 된다. 다시 말해 상대의 마음속에 자신의 이미지를 확고하게 심을 수 있어야 한다.

상대가 당신에 대해 너무 많이 알게 되면, 다시 말해 당신을 너무 인간적으로 보기 시작하면 환상이 들어설 여지가 사라진다. 어느 정도 거리를 유지함과 동시에 뭔가 신비하고 환상적인 분위기를 연출해서 상대의 마음속에 즐거운 환상을 심어주어야 한다. 기사도, 모험, 로맨스 등 시적 이미지가 사람들에게 주는 효과는 상당히 크다. 따라서 그런 이미지들을 이용해 뭔가 색다른 자기만의 분위기를 만들어간다면, 사람들의 마음을 환상과 꿈으로 가득 채울 수 있다. 어

떤 경우에도, 심지어 사악한 악당의 모습으로 비치는 한이 있더라도
평범하고 낯익은 인상을 주면 안 된다.

자신을 연상시키는 것들로 상대를 에워싸라

사람들은 보통 다른 사람들을 어린 시절의 이상형과 연결시키면서
커다란 기쁨을 느낀다. 존 F. 케네디는 자신을 귀족적이고 용감하고
매력적인 기사와 연관시켰다. 파블로 피카소는 단지 어린 여자를 밝
히던 위대한 화가가 아니라, 그리스의 전설에 나오는 미노타우로스
나 여자라면 사족을 못 쓰는 극악한 트릭스터trickster(도덕과 관습을
무시하고 사회 질서를 어지럽히는 신화 속 인물)였다. 하지만 이와 같은
연상이 너무 일찍 시작되어서는 안 된다. 이 방법은 상대가 유혹자
의 주문에 걸려들기 시작했을 때에만 유효하다.

　상대와 공유할 수 있는 시간을 마련하는 것도 대단히 중요하다.
연주회도 좋고, 연극도 좋고, 정신적인 교류도 좋다. 아무리 시간이
많이 걸리더라도 상대와 그런 순간을 공유할 수 있는 방법을 찾아
야 한다. 그럴 경우 상대는 우리를 뭔가 고상한 것과 연결시키게 된
다. 둘이서 즐겁게 보낸 시간들은 유혹적 효과가 상당히 크다. 물건
도 시적 울림과 낭만적인 연상 효과를 낸다. 상대는 우리에게서 받
은 선물과 사소한 물건들을 통해 점차 우리의 존재를 느끼게 된다.
만약 그런 물건들이 즐거운 추억과 연관되어 있다면, 상대는 그것을

볼 때마다 우리를 생각하게 된다.

상대를 애타게 하려면 뜸하게 만나는 것이 좋지만, 처음부터 이 방법을 사용하면 오히려 치명적인 타격을 입을 수도 있다. 처음에는 상대에게 관심을 쏟아부어야 한다. 그럴 경우 상대는 혼자 있는 시간에 당신을 떠올리면서 즐거운 상상을 하게 된다. 편지, 기념품, 선물, 뜻밖의 만남 등 가능한 한 모든 방법을 동원해 상대가 계속해서 당신에 대해 생각하게 만들어야 한다. 그러려면 상대의 주변을 온통 당신의 존재를 떠올리게 하는 것들로 에워싸야 한다. 그럴수록 그들은 당신이 제공하는 고양된 감정에 중독되어 점점 당신에게 의지하게 될 것이다.

반전

장점은 물론 단점까지 포함해 자신의 모든 것을 솔직히 드러내 보여주는 것도 하나의 전술이 될 수 있다. 바이런의 경우가 그랬다. 그는 음탕하고 추한 자신의 성격을 고백하면서 스릴을 느끼기까지 했는데, 말년에 가서는 이복 여동생과 성관계를 맺었다는 사실을 공공연하게 떠들고 다닐 정도였다.

자칫 위험한 결과를 초래할 수도 있는 이런 종류의 고백은 상당히 유혹적일 수 있다. 자신의 치부까지 솔직하게 고백하는 모습이 오히려 남다른 매력으로 다가올 수 있기 때문이다. 그럴 경우 상대는 실제보다 더 많은 것을 보기 시작한다. 다시 말해 이상화 과정이 진행될 수밖에 없다.

인간 관계의 법칙

유혹에서 가장 큰 걸림돌은 평범함이다. 평범함과 이상화는 절대 양립할 수 없다. 상대에게 환상을 심어주지 못하는 한 유혹은 성사될 수 없다.

∞

혼자 있을 때, 상대는 유혹자가 제공하게 될 쾌락을 상상하면서 서서히 그를 이상화하기 시작한다. 일단 이상화가 진행되면 상대는 마치 후광 같은 것이 유혹자를 둘러싸고 있는 듯한 착각에 빠진다. 이러한 후광은 다른 사람들 사이에서 유혹자를 단연 돋보이게 만든다. 하지만 평범하고 친숙한 모습으로 다가가는 순간, 그를 감싸고 있던 후광은 사라지고 만다.

무장해제

대중은 희생자의 편에
서게 되어 있다

—

너무 완벽한 모습만 보여줄 경우 의심을 불러일으킬 수도 있다. 자신의 본심을 감추는 가장 좋은 방법은 상대로 하여금 자기가 더 우월하고 강하다는 느낌을 갖게 만드는 것이다. 나약하고 쉽게 남한테 반하고, 스스로를 통제할 수 없을 것 같은 사람은 어떤 행동을 하더라도 자연스럽게 보인다. 눈물을 흘리거나 얼굴을 붉히거나 하얗게 질린 모습을 보여주면 그런 효과를 낼 수 있다. 그런 다음 서서히 신뢰를 쌓으면서 장점뿐만 아니라 약점까지 서슴없이 보여줌으로써 당신이 진실한 사람이라는 인상을 심어주도록 하라. 사람들은 그저 착한 사람보다는 진실한 사람에게 더 호감을 느낀다. 그렇다고 해서 고백의 내용이 굳이 사실일 필요는 없다. 이런 식으로 일단 상대의 동정심을 자극한 다음, 상대가 품고 있는 연민의 감정을 서서히 사랑으로 바꿔나가라.

약점을 드러내 연민을 끌어내라

이 세상에 약점이 없는 사람은 없다. 다만 화장을 하듯 감추고 있을 뿐이다. 우리는 약점을 가지고 있다는 사실 자체를 부끄럽게 여기거나 거기에 대해 지나치게 예민한 반응을 보인다. 그래서 약점을 보상하려 하거나 숨기려고 한다.

하지만 이는 잘못된 생각이다. 약점을 감추려는 사람은 신뢰가 가지 않거나 어딘지 부자연스러워 보이기 때문이다. 자연스러운 것이 유혹적이라는 점을 명심하기 바란다. 스스로의 힘으로는 도저히 통제가 안 되는 것처럼 보이는 약점이 오히려 그 사람의 매력으로 작용할 때가 많다. 반면 약점을 드러내지 않는 사람은 질투심이나 두려움, 분노를 유발하기 쉽다. 우리는 그런 사람을 보면 무조건 깎아내리고 싶어진다.

굳이 약점을 숨기거나 억누르려 하기보다는 유리한 쪽으로 활용하여 약점을 장점으로 변화시킬 수 있어야 한다. 하지만 너무 약한 모습만 보여주면 동정을 구걸하는 것처럼 비칠 수 있다. 약한 모습은 관계가 어느 정도 진전되고 나서 가끔씩 보여주는 것이 가장 좋다. 너무 완벽한 사람에게서는 인간미가 느껴지지 않는다. 보통 때는 강하고 절제된 모습을 보이다가도 때로 약점에 굴복하는 모습을 보여주도록 하라. 그래야 상대의 경계심을 누그러뜨리고 더욱 깊은 사랑을 끌어낼 수 있다.

어떤 면에서 유혹은 상대에게서 의심과 저항을 제거하는 게임이다. 게임에서 이기려면 상대로 하여금 자기가 주도권을 쥐고 있다는 느낌을 갖게 해야 한다. 의심은 대개 불안에서 비롯된다. 자신의 본심을 들키지 않으려면, 상대가 우월감을 느낄 수 있게 만들어야 한다. 자기감정 하나도 추스르지 못하는 나약한 모습을 보면서 음모를 꾸미고 있다고 생각할 사람은 거의 없다.

기회가 있을 때마다 자신의 감정을 드러내면서 상대에게서 얼마나 깊은 영향을 받고 있는지를 보여주도록 하라. 누군가에게 영향력을 행사하고 있다는 느낌을 싫어할 사람은 없다. 실제로 행한 일이든, 마음속으로만 행한 일이든, 상대에게 자신의 과오를 인정하는 모습을 보여주도록 하라. 정직은 미덕보다 중요하며, 한 번의 정직한 행동은 그동안의 파렴치한 행동들을 모두 덮어준다.

육체적, 정신적, 정서적으로 나약하다는 인상을 심어주도록 하라. 힘과 자신감은 상대에게 두려움을 불러일으킬 수 있다. 하지만 약한 모습을 보이면, 사람들은 경계심을 풀고 안심하게 된다. 상황에 끌려다니는 희생자인 척하면서 상대의 동정심을 자극하라. 이것이 자신의 속셈을 감출 수 있는 최상의 방법이다.

남녀가 이성에 대해 느끼는 두려움과 불안은 내용이 다르다. 자신의 약점을 전략적으로 사용하려면 이러한 차이를 염두에 두어야 한다. 예를 들어 여성은 남성의 힘과 자신감에 끌릴 수 있지만, 그 정도가 너무 심하면 두려움을 느끼기도 한다. 특히 위협적인 태도는 차갑고 잔인한 인상을 준다.

과거의 남성 유혹자들은 여성적인 측면을 지니고 있었다. 그들은 자신의 감정을 솔직하게 드러내는 한편, 여성들의 생활에 대해서도 관심을 보였다. 처음으로 이러한 전략을 구사했던 남성 유혹자는 중세의 음유시인이었다. 그들은 여성을 찬미하는 시를 지어 바쳤으며 끊임없이 자신의 감정을 표현했다. 나아가 그들은 몇 시간씩이고 귀부인들의 불평을 들어주는 척하면서 여성의 심리를 익혔다. 그 대가로 그들은 사랑할 권리를 얻었다.

현대의 위대한 유혹자들은 여자의 환심을 사려면 노예처럼 비굴하게 굴어야 한다는 점을 잘 알고 있었다. 이 경우 남성적인 면은 그대로 살리면서 부드러운 모습을 보여주는 것이 중요하다. 예를 들어 가끔 수줍어하는 모습을 보여주는 것도 한 방법이다. 철학자 키르케고르는 남성이 이런 전술을 채택할 경우, 상당히 유혹적인 효과를 발휘할 수 있다고 했다. 여성은 그런 남성을 보면서 안도감을 넘어 우월감까지 느낀다. 하지만 도가 너무 지나쳐서는 안 된다. 그런 기색을 살짝 내비치기만 하면 된다. 지나치게 수줍어하는 모습을 보일 경우, 상대 여성은 자기가 모든 일을 처리해야 할지도 모른다는 불안감 때문에 일찌감치 포기해버릴 수도 있다.

희생자 역할만큼 강력한 것은 없다

남성의 경우 두렵고 불안할수록 더 남자다워 보이려고 애쓴다. 대개 남성은 지나치게 영악해 보이는 여성에게 위협을 느낀다. 역사상 가장 위대한 여성 유혹자들은 자신의 의도를 감추기 위해 남성의 보호가 필요한 어린 소녀처럼 행동할 때가 많았다. 이들은 겉으로만 남성의 힘에 굴복하는 것처럼 보였을 뿐 사실은 지배자의 위치에 있었다. 유혹의 효과를 극대화하려면 남성의 보호 본능과 성욕을 자극함과 동시에 환상을 제공할 수 있어야 한다.

누가 우는 모습을 보면 사람들은 감정적으로 금방 자극을 받게 되어 있다. 다시 말해 중립을 유지할 수가 없게 된다. 안됐다는 생각이 들면서 눈물을 멈추게 하기 위해 무슨 짓이라도 하려고 든다. 우는 것은 분명 효과적인 전술이지만, 우는 사람의 의도가 항상 순수한 것만은 아니다. 눈물을 흘리는 데에는 대개 그럴 만한 사정이 있게 마련이지만, 뭔가 효과를 바라는 의도가 숨어 있을 수도 있다. 눈물이 감정에 미치는 충격을 떠나서 슬픔에는 뭔가 유혹적인 것이 있다. 우리는 우는 사람을 보면 달래주고 싶다는 욕구를 느낀다. 그리고 그런 욕구는 곧 사랑으로 발전하게 된다. 남자도 슬픈 표정을 짓거나 가끔 눈물을 보이는 전략을 통해 큰 효과를 볼 수 있다.

하지만 눈물을 너무 남발해서는 안 된다. 상대가 자신의 동기를 의심하는 것처럼 보이거나 자신의 말이 먹혀들지 않는 것처럼 생각될 때가 적시라고 할 수 있다. 눈물은 상대가 느끼는 감정의 깊이를 측정하는 척도다. 눈물을 보여도 화를 내거나 미끼를 덥석 물지 않으면, 희망이 없다고 봐야 한다.

사회생활에서도 너무 야심만만하거나 지나치게 절제된 모습을 보일 경우, 사람들에게 두려움을 심어줄 수 있다. 그런 점에서 부드러

운 면을 보여주는 것은 아주 중요하다. 사람들은 약자에게 후하게
마련이다. 감정이나 눈물은 여기에서도 큰 위력을 발휘한다. 하지만
뭐니 뭐니 해도 희생자의 역할만큼 유혹적인 효과를 발휘하는 것은
없다. 상대가 야비하게 나온다고 해서 같이 공격하면 똑같은 취급을
받게 된다. 그보다는 상대의 공격을 묵묵히 감수하면서 희생자처럼
굴어야 한다. 대중은 희생자의 편에 서게 되어 있으며, 그와 같은 감
정적 반응은 차후에 있을 더 큰 유혹을 위한 발판을 마련해준다.

반전

유혹에서는 타이밍이 관건이다. 상대가 자신의 주문에 걸려들었는
지 어떤지를 항상 주시해야 하는 이유는 그 때문이다. 사랑에 빠진
사람은 상대의 약점을 보지 못하거나, 약점조차 사랑스럽게 보려는
경향이 강하다. 반면 유혹에 넘어가지 않은 사람은 감정에 휩쓸리는
사람을 딱하게 여길 수 있다. 상대가 아무리 사랑에 빠졌다 하더라
도, 유혹의 효과가 없는 약점까지 눈감아주지는 않는다.

불만을 터뜨리거나 우는소리를 하면서 동정심에 호소할 경우, 오
히려 역효과를 불러올 뿐이다. 희생자 연기를 통해 효과를 보려면
과대 광고는 금물이다. 약점을 보이되, 교묘하게 접근해야 한다. 사
랑스럽게 보일 수 있는 약점만 가치가 있다. 다른 약점은 어떤 대가
를 치르더라도 억눌러야 한다.

◯◯◯

아름다운 얼굴은 보는 것만으로도 사람을 즐겁게 하지만, 너무 완벽하면 차가운 느낌을 넘어서서 위협적인 느낌마저 줄 수 있다. 하지만 거기에 애교점 같은 것이 살짝 찍혀 있으면 훨씬 인간적이고 사랑스러운 분위기가 연출된다. 따라서 결점을 모두 감추기보다는 적당히 드러내는 것이 좋다. 부드러운 인상을 주면서 상대의 호감을 끌어내려면 결점도 어느 정도 필요하다.

환상

현실과 비현실의 경계에 놓인
백일몽을 보여주어라

—

사람들은 삶의 어려움을 보상받으려는 마음에서 때로는 공상을 통해 성공과 모험과 로맨스로 가득한 삶을 꿈꾼다. 사람들은 자신들의 꿈을 이루어줄 수 있는 환상을 심어줄 누군가의 유혹을 기다린다. 그런 사람들을 유혹하기 위해서는 먼저 천천히 신뢰를 쌓아가다가 차츰 그들의 욕망을 실현시켜줄 환상을 제공할 수 있어야 한다. 사람들의 억눌린 욕망이나 소원에 초점을 맞추어 억제할 수 없는 감정을 부추기는 한편, 이성적인 판단을 내릴 수 없게 만드는 전략을 구사하는 것이 좋다. 완벽한 환상이란 마치 백일몽처럼 현실과 지나치게 동떨어지지 않으면서도 동시에 비현실적이어야 한다. 바꾸어 말하면 상대를 혼란스럽게 만들어 더 이상 환상과 현실을 분별할 수 없게 만들어야 한다.

어쩌면 이루어질 수 있을 것만 같은 꿈

현실 세계는 무자비하다. 날마다 우리가 통제할 수 없는 사건들이 일어나고, 사람들은 상대가 어떻게 느끼든 상관없이 각자 자신의 목표만을 이루려고 한다. 게다가 우리가 원하는 것을 다 이루기도 전에 시간은 무정하게 흘러가버린다. 만일 현재와 미래를 오로지 객관적인 관점에서 바라본다면 우리는 절망할 수밖에 없다.

하지만 다행히도 인간에게는 꿈을 꿀 수 있는 능력이 주어졌다. 꿈속에서는 미래가 온통 장밋빛 가능성으로 가득해 보인다. 꿈속에서 사람들은 내일 무엇인가 멋진 아이디어가 떠오른다면 그것을 팔아 부자가 될 수 있을 텐데, 언젠가는 내 삶을 한순간에 바꾸어줄 누군가를 만날 수 있을 텐데, 하며 꿈을 꾼다. 게다가 오늘날의 문화는 기적 같은 사건들과 행복한 로맨스에 관한 많은 이미지와 이야기를 만들어냄으로써 이와 같은 환상을 더욱 자극하고 부추긴다.

문제는 이런 환상이 오직 생각이나 영화 속에만 존재한다는 점이다. 우리는 손에 잡힐 것 같으면서도 끝내 잡히지 않는 꿈이 아니라 뭔가 실재적인 것을 갈망한다. 유혹자는 이와 같은 사람들의 심리에 착안해야 한다. 즉, 상대가 꿈꾸는 환상에 피와 살을 공급해줄 수 있어야 한다. 그러려면 유혹자는 자신을 환상의 인물로 꾸며 나타나든지, 상대의 꿈과 흡사한 시나리오를 만들어내든지 해야 한다.

마음에서 원하는 비밀스러운 욕망이 현실로 나타나는 것 같은 착각을 하도록 만들면 그 누구도 거부하기 어렵다. 이런 점에서 실현

　　　　　　　　　　　　　　　　　　　　인간 관계의 법칙

되지 않은 꿈이나 억제된 열망을 가진 사람이야말로 유혹의 대상으로는 제격이라고 할 수 있다. 천천히 환상을 만들어내면서 상대에게 자신의 꿈이 성취되는 듯한 착각에 빠지게 만들어라. 일단 착각에 빠지기만 하면, 상대는 그때부터 현실감각을 모두 잃어버리고 유혹자가 만들어내는 환상을 현실보다 더욱 현실적인 것으로 믿게 된다. 그렇게 되면 그 후부터는 상대를 마음대로 다룰 수 있다.

사람들은 대부분 거창한 환상을 만들어내야 한다고 생각한다. 하지만 이는 잘못된 생각이다. 거창하고 웅장한 환상을 만들고자 할 경우에는 오히려 속셈이 노출되기 쉽다. 상대에게 신뢰를 심어주려면 일단은 정상적인 것에서부터 조금씩 환상을 만들어나가야 한다. 상대를 충분히 안심시킨 뒤에 속임수를 사용해야만 일사천리로 진행시킬 수 있다. 어딘가 비현실적이어야만 환상을 불러일으킬 수 있다는 생각은 오해다. 지나치게 비현실적으로 나오면, 재미는 있을지 몰라도 유혹의 힘을 가질 수는 없다.

기시감旣視感이나 어린 시절의 기억과 같이 어딘가 낯설면서도 낯익은 듯한, 프로이트의 말을 빌리면 '기묘한' 분위기를 풍겨야 유혹의 힘을 발휘할 수 있다. 어떤 것이 기묘해 보일 때, 곧 현실과 비현실이 혼합된 것처럼 보일 때 비로소 상상력에 발동이 걸리게 된다. 약간은 비이성적이면서 동시에 꿈과 같은 현실을 만들어낼 수 있어야 한다. 따라서 터무니없어 보이는, 즉 전혀 비현실적인 환상을 만들어내는 것은 금물이다. 현실에 근거를 두면서도 동시에 극적이고 신비한 환상을 만들어내야 한다. 그런 환상을 만들 수 있어야만 상대에게 어린 시절의 기억을 어렴풋이 떠올리게 할 수 있고, 영화나 책 속에 나오는 주인공과 같은 느낌을 줄 수 있게 된다.

누군가 다른 사람이 되어보는 것은 상당히 즐거운 일이다. 이런 경험은 엄마도 되고, 아빠도 되고, 동화 속 주인공도 되면서 스릴을 만끽했던 어린 시절의 추억에서 비롯된다. 나이가 들고 개인이 할 수 있는 사회적 역할이 고정되면서부터 우리는 다양하게 역할을 바꾸며 놀았던 어린 시절을 그리워한다. 그래서 어른이 되어서도 여전히 그런 놀이를 즐기고 싶어 한다. 이런 심리를 이용해 사람들이 환상에 빠져들게 만든다면 놀라운 유혹의 효과를 발휘할 수 있다. 마치 연극이나 소설처럼 분위기를 신비롭게 연출할수록 효과는 더욱 커진다.

사람은 누구나 감정에 빠지게 되면 사실을 사실대로 보기가 어렵다. 사랑의 감정이 시야를 가리는 순간, 우리는 모든 것을 자신의 꿈과 일치시켜 이해하려고 한다. 따라서 사람들에게 환상을 믿게 하려면 일단 그들의 감정을 자극해야 한다.

감정을 자극하는 가장 좋은 방법은 상대의 실현되지 않은 욕구, 곧 그들이 간절히 바라는 소원이 무엇인가를 알아내 집중 공략하는 것이다. 사람들 가운데는 귀족처럼 살고 싶다는 꿈을 가진 사람도 있고, 낭만적인 사랑을 하고 싶다는 바람을 가진 사람도 있을 수 있다. 하지만 현실은 이와 같은 그들의 욕구를 충족시켜주지 못할 때가 많다. 물론 모험을 원하지만 그렇게 하지 못하는 사람도 있다. 그런 사람에게 그와 같은 바람을 인정해주고 마치 그것이 실현될 수 있는

인간 관계의 법칙

일처럼 보이게 만든다면, 그들은 곧 감정적으로 변해 이성을 잃게 되고, 환상에 사로잡히게 된다.

반전

이 장에서 다룰 반전의 내용은 없다. 다만 환상을 만들어내지 않고서는 유혹이 성립될 수 없다는 말을 다시 한번 강조하고 싶다. 현실적인 듯하지만 현실과는 동떨어진 세상을 꿈꾸게 만드는 환상이야말로 놀라운 유혹의 힘을 발휘할 수 있다.

∞

모든 사람은 마음속으로 지상 낙원을 꿈꾼다. 그 안에서는 자신의 꿈과 소원이 이루어지고, 인생은 모험과 낭만으로 가득하다. 상대에게 그러한 지상 낙원이 바로 눈앞에 있다는 환상을 심어주어라. 그러면 유혹의 덫에 깊이 걸려들 것이다.

세상에 단 둘뿐인 것처럼
상대방을 고립시켜라

—

고립된 사람은 나약하다. 천천히 상대를 고립시키면 다루기가 훨씬 쉬워진다. 우선 심리적인 고립이 필요하다. 상대를 유쾌하게 해주면서 관심을 끈 다음, 다른 생각은 모두 몰아내야 한다. 한마디로 오직 유혹자만을 바라보고 생각하게 만들어야 한다. 둘째, 육체적인 고립이 필요하다. 자질구레한 일상과 친구, 가족, 가정에서 벗어나 또 다른 세계로 들어가도록 만들어야 한다. 일단 이와 같은 고립 작전이 성공을 거두게 되면, 상대는 외부의 도움을 전혀 받을 수 없는 상태에서 유혹의 늪에 더욱 깊이 빠져들 수밖에 없다. 그러므로 유혹자는 상대를 자신의 세계로 깊숙이 끌어들일 수 있어야 한다. 그러면 낯선 세상에 들어선 상대는 혼란 속에서 더욱더 유혹자에게 의존하게 된다.

자신을 제외한 모든 존재를 하나씩 차단시킨다

겉으로 보기에 강하고 안정된 삶을 살아가는 사람은 유혹하기가 어렵다. 하지만 아주 강한 것처럼 보이는 사람이 의외로 약할 수 있다. 강렬한 관심을 퍼부으며 친구와 가족을 비롯해 그동안 익숙해온 세계로부터 고립시키면 상대는 무너지게 되어 있다. 유혹자는 상대가 오로지 자신만을 바라볼 수 있도록 모든 것을 차단시킬 수 있어야 한다. 상대의 습관을 뒤흔들어 놓음과 동시에 한 번도 해보지 않은 일을 해보게 만들어라. 그러면 그들은 감정적으로 변해 다루기가 훨씬 쉬워진다.

중요한 점은 어떤 일을 하든 그런 경험들이 즐겁게 느껴지도록 해야 한다는 것이다. 그럴 경우 상대는 자신이 익숙하게 해오던 일들이나 그동안 의지해오던 것들로부터 차츰 멀어지게 된다. 그렇게 되면 상대는 어둠이 무서워 엄마를 애타게 찾는 아이처럼 도움을 요청하게 된다. 전쟁을 할 때와 마찬가지로 유혹을 할 때도 상대방을 고립시켜 무력하게 만들어야 한다.

유혹을 가로막는 가장 큰 장애물은 종종 상대의 가족이나 친구들이다. 그들은 상황을 객관적으로 볼 수 있는 입장에 있기 때문에 잘못된 유혹에 빠지지 않도록 조언을 아끼지 않고 보호해줄 수 있다. 따라서 상대를 유혹하기 위해서는 먼저 가족과 친구로부터 고립시켜야 한다. 가족과 친구들이 말리는 이유는 오히려 행운을 시기하기 때문이라는 암시를 주든지, 아니면 그들은 인생의 진정한 행복을 모르는 사람들이라고 몰아붙여라. 아직 삶의 주관이 뚜렷하게 서 있지 않고 권위에 저항하려는 경향이 있는 젊은 사람들에게는 두 번째 이유를 대는 것이 좀 더 효과적이다. 지루한 일상을 대변하는 부모나 친구들과 달리, 그들에게 인생의 즐거움과 모험을 제공해줄 수 있는 사람이라는 인상을 심어주어야 한다.

유혹을 하려면 상대의 과거를 지워 없애는 작업이 필요하다. 사람은 누구나 과거에 관계를 가졌던 사람을 잊지 못한다. 상대가 과거의 사람을 생각하며 현재의 사람이 그보다 못하다는 생각을 갖게 되면 유혹은 결코 성립되지 않는다. 따라서 상대가 그러한 생각을 갖지 못하게 만들어야 한다. 다시 말해 현재의 즐거움과 관심으로 과거를 모조리 잊게 만들어야 한다. 필요하다면 은근히 옛 연인들을 깎아내릴 수 있는 방법을 찾는 것도 좋다. 비록 옛 상처를 들춰내는 한이 있더라도 훨씬 더 즐겁고 행복한 현재와 비교하게 함으로써 두 번 다시 과거로 돌아가고 싶지 않다는 인식을 심어줘야 한다. 상대를 과거로부터 고립시킬수록 현재의 유혹에 더욱 깊이 빠져들게 만들 수 있다.

오늘날의 사람들은 저마다 자기의 삶의 작은 영역을 보호하며 살아가야 한다는 점에서 한 나라를 책임져야 하는 왕과 같다고 할 수 있다. 우리는 주변 사람들과 친구들의 조언에 귀를 기울이며 나름대로 책임감 있는 삶을 살아간다. 우리는 다른 사람들의 영향을 받지 않기 위해 마치 성채처럼 높은 벽을 두르고 그 안에 안주한다. 따라서 누군가를 유혹하려면 상대의 머릿속을 가득 채우고 있는 일들에서 그를 천천히, 부드럽게 격리시킬 수 있어야 한다.

사람들이 성채를 떠나게 하려면 이색적인 효과를 이용하는 것이 가장 좋다. 상대를 매료시킬 수 있는 뭔가 특별한 것을 제공하라. 태도나 외모를 이색적으로 꾸미고 상대를 천천히 다른 세계로 이끌어내야 한다. 요부처럼 순간순간 분위기를 바꾸면서 상대를 정신 차릴 수 없게 만들어야 한다. 그런 식으로 흔들어대면 상대는 감정적으로 변하게 마련이다. 그만큼 상대가 차츰 무력해지고 있다는 증거다.

사람들은 대부분 자신의 습관이나 의무에 편안함을 느끼기도 하지만, 한편으로는 지루해하며 무엇인가 색다른 것을 찾는 모순된 감정을 가지고 있다. 따라서 색다른 즐거움이 제공될 때, 처음에는 고민도 하고 의심도 하지만 결국에는 수용하게 된다. 색다른 즐거움을 제공하면 할수록 상대는 더욱더 무력해지는 것이다. 그리고 대부분 비로소 정신을 차려 사태의 옳고 그름을 깨달았을 때는 이미 늦어버린 경우가 많다.

상대를 심리적으로 고립시켜서 유혹하려면 상대가 의심할 기회를 제공해서는 안 된다. 상대가 다른 생각과 근심, 문제는 모두 잊어버릴 수 있을 만큼 강렬한 관심을 쏟아부어야 한다. 사람들은 자신을 위해 모든 것을 다 알아서 처리해주는 사람의 유혹을 기다린다는 사실을 기억하라. 사람들은 대개 이런 사람 앞에서는 무기력하게 고립되는 것조차도 즐거움으로 여긴다.

상대를 고립시키는 방법이 반드시 심리적일 필요는 없다. 실제로 낯선 장소로 여행을 떠나는 것도 방법이 될 수 있다. 세상과 격리된 장소에 가면 사람들은 좀 더 관능적인 즐거움을 추구하게 되어 있다. 유혹할 상대와 여행을 할 경우에는 자칫 신비감이 깨질 수도 있고, 어느 정도 속셈이 드러나기 쉬운 단점도 없지는 않지만, 볼거리가 많은 여행을 하게 되면 그런 위험을 얼마간 피할 수 있다. 이는 여행의 즐거움에 도취되어 서로의 속된 모습을 어느 정도 감출 수 있기 때문이다. 클레오파트라는 카이사르에게 나일 강 유람을 제안했다. 이집트의 풍취에 빠져든 카이사르는 차츰 로마로부터 고립되었고 그럴수록 클레오파트라에게 깊이 빠져들었다.

고립이 지니는 유혹의 효과는 단순히 성적인 영역에 머물지 않는다. 마하트마 간디의 추종 세력이 되려면 입문자는 일단 친구와 가족을 비롯해 세상과의 모든 인연을 끊어야 했다. 이는 종교의 경우도 마찬가지다. 사람들은 과거를 버리고 모든 관계와 단절된 상태에 이를 때 오로지 한 가지에만 매달리게 된다. 카리스마가 있는 정치가들도 사람들의 소외감을 조장함으로써 자기에게만 관심을 쏟게 만든다.

유혹에는 즐거움과 동시에 위험이 따른다는 점을 상대에게 암시할 수 있어야 한다. 다시 말해 스릴 있는 쾌락을 얻는 대신 과거의 일부, 즉 그동안 소중하게 여겨왔던 것들을 버려야 한다는 점을 주지시켜야 한다. 비행기에서 낙하할 경우 스릴과 동시에 약간의 공포심을 느끼게 된다. 공포심이 너무 많아도 문제지만, 약간의 공포심은 마치 양념처럼 유혹의 즐거움을 더욱 증폭시킨다. 유혹자는 이런 인간의 심리를 잘 이용할 줄 알아야 한다.

반전

고립화 전략을 사용할 때 자칫 범하기 쉬운 잘못은 다음과 같다. 즉, 너무 빠른 속도로 상대를 고립시키면 놀라서 도망칠 가능성이 농후하다. 따라서 고립화 전략을 사용할 때는 서두르지 말고 천천히 진행해야 한다. 고립 자체를 눈치채지 못하고 오히려 그것을 즐거움으로 생각할 수 있도록 만들어야 한다. 사람들은 매우 연약하기 때문에 대개는 자기가 맺어온 과거의 끈을 끊으려고 하지 않는다.

상대를 과거의 익숙한 것과 단절시킨 이후에는 너무 오랫동안 그런 상태로 방치해서는 안 된다. 상대가 다시 익숙하게 여길 수 있는 분위기와 환경을 만들어 새로운 안락함을 느낄 수 있도록 해야 한다.

◯◯◯

빨강과 노랑 얼룩무늬 옷을 입은 피리 부는 사나이를 따라 동네 꼬마들이 마을을 빠져나온다. 그들은 피리 소리에 매혹되어 어디로 가는지도 모르고 가족들을 뒤에 버려둔 채 그를 따라간다. 그들은 그가 자신들을 세상과 영원히 단절된 동굴 속으로 끌고 가는 줄 전혀 눈치채지 못한다.

CHAPTER 3

빠져나갈 틈을 주지 마라

기사도

진심을 입증하여
의심을 지워라

—

사람들은 대부분 유혹받기를 원한다. 그러면서도 유혹에 선뜻 넘어가지 않는 이유는 유혹자의 동기나 진의를 의심하기 때문이다. 상대의 의심을 없애려면 적절한 시기에 사랑을 입증할 수 있는 행동을 보여주어라. 어리석게 보이면 어쩌나 혹은 실수를 하면 어쩌나 하는 생각을 버리고 상대를 위해 기꺼이 모든 것을 희생할 수 있는 것처럼 보일 수 있어야 한다. 일단 그런 행동을 통해 상대에게 깊은 인상을 남기게 되면, 상대는 다른 것은 보지 않게 된다. 그러므로 사람들의 지탄이나 비웃음을 겁내지 말고 적절한 시기에 한껏 기사도를 발휘하라. 아무도 흉내 낼 수 없는 일을 할 경우, 사람들은 그런 모습에 오히려 감동하게 될 것이다.

말과 행동을 일치시켜 증명하라

사람들은 종종 억눌린 자들을 위해 정의를 실현하겠다고 호언장담하기도 하고, 온갖 고상한 말로 상대방을 진정으로 사랑한다고 주장하기도 한다. 하지만 말만 하고 실천이 뒤따르지 않으면, 우리는 그들의 진의를 의심할 수밖에 없다. 우리는 그런 사람을 사기꾼이나 위선자, 아니면 겁쟁이로 여긴다. 유혹을 하기 위해서는 말과 행동이 일치되는 사랑의 증거를 보여주는 것이 절대적으로 필요하다.

사랑의 증거는 두 가지 역할을 한다. 첫째, 사랑의 증거는 상대의 의심을 불식시켜준다. 둘째, 그 자체로 무한한 유혹의 힘을 발휘한다. 용감하고 사심 없는 행동은 상대의 마음을 감동시킨다.

유혹을 하는 과정에서 저항에 부딪치는 것은 당연한 일이다. 물론 많은 장애물을 극복할수록 그에 따르는 기쁨도 커지게 마련이지만, 상대의 저항을 잘못 해석함으로써 실패하게 되는 경우도 적지 않다. 무엇보다도 상대의 저항에 부딪칠 때 너무 쉽게 포기하는 것이 문제다. 이는 유혹의 본질을 전혀 모르기 때문이다. 사실 상대가 저항한다는 것은 이미 알게 모르게 유혹에 끌려오고 있다는 증거다. 냉정하고 초연한 사람은 유혹하기 어렵지만, 긍정적이든 부정적이든 일단 감정을 드러내는 사람은 유혹하기가 쉽다. 저항을 한다는 것은 이미 상대의 감정이 움직였다는 것을 뜻한다. 저항의 감정은 애정의 감정으로 발전할 가능성이 높다.

상대가 자신을 믿지 못해 저항해올 경우, 사심 없는 행동으로 사랑을 입증하는 것이 필요하다. 상대가 도덕을 이유로, 혹은 다른 사람에게 충실하기 위해 저항해올 경우라도 용감하고 사심 없는 행동을 보여주면 마음을 움직일 수 있다. 위대한 여성 유혹자 나탈리 바니 Natalie Barney 는 "도덕적일수록 유혹을 원한다"는 유명한 말을 남기기도 했다.

시험을 통과하여 증명하라

사랑을 입증할 수 있는 방법은 두 가지다. 첫째, 상대가 도움을 필요로 하거나 부탁을 해오는 상황이 생길 때 기꺼이 나서서 처리해주는 방법이 있다. 물론 그런 상황은 부지불식간에 생기기 때문에 미리 예측할 수는 없다. 하지만 언제라도 준비된 상태로 대기할 수는 있다. 상대에게 도움을 줄 때는 원하는 것 이상으로 충분히 해주는 것이 좋다. 즉, 상대가 기대하는 것보다 더 많은 시간과 물질과 희생을 아끼지 말아야 한다. 경우에 따라서는 상대가 일부러 시험해보려고 도움을 요청하거나 부탁을 해올 수도 있다. 따라서 조금이라도 주저하거나 내키지 않는 모습을 보여서는 안 된다. 그렇지 않으면 모든 것이 끝나고 만다. 상대의 요구가 지나치다고 생각할 경우에도 싫다는 의사를 직접적인 말로 내비치지 말고, 간접적인 방식(예를 들어 피곤한 기색이나 제3자를 통한 의사표시 등)을 사용하는 것이 좋다.

둘째, 미리 계획하고 있다가 적절한 순간에 용감한 행동을 보여줌으로써 선수를 치는 방법이 있다. 특히 상대가 전보다 더 많은 의심을 품고 있는 것처럼 보일 때가 적기다. 애쓴 흔적이 역력히 보이는 어렵고 극적인 행동을 계획하라. 위험이 클수록 유혹의 효과는 더욱더 커진다. 의도된 계획대로 상대를 위기와 어려움에 빠뜨리거나, 불편한 입장에 처하게 한 뒤 용감한 기사처럼 나타나 구해주면 큰 감동을 주게 된다. 그렇게 되면 상대의 감정은 자연히 애정으로 발전한다.

어설픈 유혹자들은 상대의 변덕이나 냉정한 태도를 무관심의 표시로 알고 쉽게 포기하는 경향이 있다. 하지만 상대가 변덕을 부리거나 냉정한 태도를 취하는 데에는 여러 가지 의미가 함축되어 있다. 특히 변덕을 부릴 경우에는 유혹자의 진의를 시험해보려는 의도가 숨어 있을 확률이 높다. 따라서 섣불리 포기하는 모습을 보이면 별로 진지하지 않다는 인상을 주기 쉽다. 또한 유혹자에 대해 확신이 서지 않거나, 당신과 다른 사람 중 어느 한쪽을 선택해야 할 기로에 서 있을 때도 변덕을 부리거나 냉랭한 태도를 취할 수 있다.

어떤 경우든 포기는 금물이다. 얼마만큼 상대를 원하고 있는지를 확연히 보여준다면 상대의 모든 의심을 불식시킴과 동시에 경쟁자들을 제압할 수 있다. 사람들은 대부분 소심한 편이고, 스스로를 어리석어 보이지 않게 하려고 신경 쓰기 때문에 위험한 일을 자초하려 들지 않는다. 이런 사람들 속에서 용기 있고 과감한 행동은 단연 돋보일 수밖에 없다.

저항이 강한 어려운 상대를 다룰 때는 즉흥적인 행동을 취하는 것이 효과적이다. 상대를 놀라게 하는 갑작스러운 행동은 감정을 자극해 방어적인 태도를 누그러뜨릴 수 있다. 그러기 위해서는 약간의 정보 수집이나 상대의 동태 파악이 중요하다. 장난기 어린 행동으로 상대를 웃게 만들 경우, 사랑을 입증함과 동시에 상대를 즐겁게 해줄 수 있다는 점에서 일석이조의 효과를 누릴 수 있다. 그런 경우에는 약간의 속임수를 사용했다는 사실이 나중에 드러나거나 일이 다소 꼬인다 하더라도 그렇게 큰 문제가 되지 않는다. 누구나 즐거운 분위기를 만들어내는 사람은 귀엽게 봐준다.

유혹의 과정에서는 상대가 유혹에 걸려들기 시작하다가 갑자기 주춤대는 일이 종종 발생한다. 이는 유혹자의 동기가 의심스럽게 여겨지기 때문이다. 단순히 성적 욕구를 채우려는 것처럼 보이거나, 권력이나 금전을 탐내 접근한다는 인상을 주게 될 때 그와 같은 일이 발생한다. 상대가 유혹자의 동기를 의심할 경우에는 유혹이 성립되지 않는다. 되도록 과감하게 기사도를 발휘한다면, 상대의 감정을 자극할 수 있을 뿐만 아니라 자신의 숨은 동기를 은폐할 수도 있다.

하지만 주의해야 할 점이 있다. 상대를 위해 희생을 감수했다고 하더라도 그것을 자기 입으로 말해서는 안 된다. 그럴 경우 공치사하는 것으로 비치기 쉽기 때문이다. 그저 희생하는 모습을 상대가 가만히 지켜볼 수 있게 해야 한다. 사랑을 위해 잠도 설치고, 시간도 버리고, 사업이나 직장도 내팽개치고, 금전도 과용하고, 심지어는 아프기까지 하는 모습을 보여주어라. 물론 사랑을 위해 얼마만큼 많은 것들을 희생했는지를 은근히 과장할 수는 있지만, 그렇다고 해서 그것을 자랑 삼아 말하거나 아깝게 여기는 듯한 모습을 보여주어서는 절대 안 된다. 세상 사람들은 대개 불순한 동기를 가지고 있기 때문에, 고상하고 사심 없는 행동을 보여준다면 반드시 상대의 마음을 사로잡을 수 있다.

사심 없는 행위를 보여주어야 할 상황은 갑자기 발생하기도 한다. 그럴 때는 즉석에서 용기 있게 행동할 수 있어야 한다. 상대를 구해야 할 상황에서는 모든 일을 팽개치고 달려가 도움을 주어야 한다. 성급히 뛰어들어 실수를 저지른다거나, 어리석어 보이는 행동을 하는 것은 별로 중요하지 않다. 자신의 안위나 결과를 생각하지 않고 상대를 위해 어떤 행동이라도 할 수 있다는 것을 보여주면 그만이다.

마지막으로, 이 전략은 역으로 적용될 수 있다. 상대에게 사랑을 입증해 보이도록 요구하라. 그러면 상대는 투쟁의 의지를 불태우며 도전할 것이다. 도전이 강하면 강할수록 유혹의 열기도 그만큼 더 뜨거워진다. 한 사람이 자신의 사랑을 입증해 보이는 행동을 하면 다른 사람도 동일한 행동을 하도록 요구받게 되고 그렇게 하여 유혹의 강도는 고조된다. 사람들이 자신의 사랑을 입증해 보일 때마다 그것을 요구하는 당사자의 주가는 치솟게 되고, 그렇게 되면 결점은 쉽게 가려진다. 사람들은 사랑을 입증해 보이느라고 바쁜 나머지 그 (혹은 그녀)의 결점이나 흠은 보지 못한다.

반전

사랑을 입증해 보일 때에는 상대에 맞게 적절한 방법을 골라야 한다. 육체적인 힘이나 위용을 좋아하지 않는 상대에게 그런 방법을 사용했다가는 오히려 속셈을 드러내는 우를 범하게 되어 스스로를 조롱거리로 만들기 쉽다. 유혹자는 상대의 약점을 파악하는 한편, 상대가 어떤 의심을 품고 있는지도 알아야 한다.

때로는 죽음을 무릅쓴 용감한 행동보다 몇 마디 멋진 말이 큰 효과를 발휘한다. 특히 그런 경우에는 편지를 이용하면 효과가 크다. 편지에 당신의 감정을 적어 보내면 현란한 행동보다 더욱 큰 호소력을 지니게 된다. 그러므로 상대를 잘 파악해 적절한 방법으로 사랑을 입증해야 한다.

∞

형형색색의 깃발이 휘날리는 들판에서 화려한 천으로 장식된 말 위에 올라탄 기사들이 한 여인을 사이에 두고 결투를 벌인다. 그녀는 자신을 위해 결전을 벌이고자 하는 기사들의 모습을 지켜본다. 결투에 앞서 그들은 무릎을 꿇은 채 그녀에 대한 사랑을 고백하고, 노래를 부르며 아름다운 미래를 약속한 바 있다. 그러고 나면 나팔소리가 울리고 결투가 시작된다. 결투를 할 때는 주저하거나 속임수를 사용할 수 없다. 그녀의 사랑을 얻기 위해서는 얼굴에 피를 흘리며 팔다리가 부러지는 희생을 감수해야 한다.

의존

무조건적인 애정으로
유아기적 심리를 건드린다

—

과거에 즐거움을 경험했던 사람들은 그것을 다시 재현해보고 싶은 욕망을 지니고 있다. 아마도 인간에게 가장 기억에 남는 즐거웠던 추억이 있다면 어린 시절의 추억일 것이다. 이런 추억은 대개 부모와 관련되어 있다. 모든 것을 알아서 해결해주는 부모처럼 대해준다면 상대는 어린아이처럼 의지해올 것이며, 왜 그런지 이유도 모른 채 사랑에 빠지게 될 것이다. 거꾸로 상대에게 부모의 역할을 할 수 있게 해주는 것도 좋은 방법이다. 어떤 경우가 되었든 부모·자식 관계처럼 친밀함을 느낄 수 있게 해주는 것이 중요하다.

어린 시절의 은밀한 욕망

어른들은 어린 시절을 무작정 좋게만 보려는 성향이 있다. 사실 어린아이는 다른 사람에게 의존할 수밖에 없는 연약한 존재지만, 나이가 들수록 그런 사실을 잊고 어린 시절이 마치 인생의 황금기였던 것처럼 감상에 젖는다. 우리는 고통은 잊고 즐거움만 기억하려고 한다. 왜 그럴까? 그 이유는 어른으로서 짊어져야 할 책임이 너무나 무겁기 때문이다. 그래서 우리는 아무 걱정 없이 모든 것을 부모에게 의존하던 어린 시절을 갈망한다.

어린 시절을 희구하는 이런 마음을 들여다보면 애정을 그리워하는 강한 욕망이 숨겨져 있게 마련이다. 왜냐하면 부모에게 의존하는 어린아이의 심리 저변에는 성적인 정서가 담겨 있기 때문이다. 결국 사람들에게 어린아이의 의존심과 비슷한 정서를 불러일으킬 수 있다면, 상대는 모든 관심과 사랑과 성적 매력을 쏟아붓게 될 것이다.

사람들의 이러한 소망은 유혹의 과정에 광범위하게 적용될 수 있다. 자신은 의사 역할을 하고, 상대에게 마치 환자처럼 어린 시절에 관해 이야기를 하게 만든다면 놀라운 유혹의 힘을 발휘할 수 있다. 누구에게나 어린 시절의 추억은 행복한 감정을 갖게 한다. 어린 시절의 추억만큼 생생한 기억은 없다. 그래서 사람들은 어린 시절로 돌아가고 싶어 한다. 어린 시절의 추억을 말하는 과정에서 사람들은 자신의 은밀한 욕망을 털어놓게 될 뿐만 아니라 자신의 약점과 정신 상태를 드러내게 된다. 이런 점을 잘 포착하는 것이 중요하다.

상대의 말을 액면 그대로 받아들여서는 안 된다. 대개의 경우 어린 시절의 추억을 말할 때는 약간 과장을 하거나 좀 더 극적으로 보이게 하려고 애쓴다. 목소리나 말투, 또는 말하기를 꺼리는 내용에 주의를 기울여라. 특히 말을 하면서 어떤 때 긴장된 표정을 짓는지, 어떤 때 감정을 노출하는지도 주의 깊게 살펴야 한다. 대개 사람들은 속마음과 반대되는 말을 하는 경우가 많다. 예를 들어 아버지를 미워한다는 말을 할 때는 아버지를 사랑했지만, 그에게 원하는 것을 받지 못했다는 실망감을 표현하는 것이라고 생각하면 정확하다.

상대의 말을 들을 때는 환자를 대하는 의사처럼 조용하고 관심 있는 태도를 유지하면서 경우에 따라 한두 마디씩 거들도록 하라. 단, 상대의 말을 판단하려 해서는 안 된다. 자상하면서도 약간 거리를 두는 듯한 태도로, 상대가 자연스레 감정을 전이해올 수 있도록 해야 한다. 상대의 어린 시절에 관한 정보를 수집하는 과정에서 서로 신뢰를 구축하면 상대의 억눌린 욕망을 자극할 수 있는 기회가 생긴다. 부모와 오누이, 학교 교사 등과 맺었던 과거의 관계, 또는 어린 시절에 매료되었던 일들은 현재 삶의 저변에 앙금처럼 깔려 있다. 상대에게 가장 큰 영향을 미친 사람이 누군지를 파악해 그 역할을 할 수만 있다면 놀라운 유혹의 힘을 발휘할 수 있다.

따라서 상대가 어린 시절에 누리지 못했던 일이 무엇인지 파악하는 것이 중요하다. 예를 들어 상대가 부모의 사랑을 충분히 받지 못하고 자랐다는 사실을 알게 될 경우에는 자상하고 따뜻한 부모의 역할을 해주는 것이 좋다. 어린 시절에 느꼈던 실망이나, 미처 다 누리

인간 관계의 법칙

지 못했던 일들 때문에 사람들의 심리 저변에는 무엇인가 불만족스러운 감정이 존재한다. 상대가 누리지 못한 일을 누릴 수 있게 해준다면 놀라운 유혹의 힘을 발휘할 수 있다.

단지 과거의 추억을 말하는 것으로 그치지 말고, 실제로 현재의 삶 속에서 과거에 부족했던 것을 심리적으로 보상받을 수 있도록 해주는 것이 중요하다. 어린 시절을 통해 형성된 사람들의 심리는 대개 아래의 네 가지 범주로 분류할 수 있다.

유아기적 심리

인간은 다른 동물과 달리 어머니에게 의존하는 기간이 길다. 따라서 어머니에게 느끼는 애정이 일생 동안 영향을 미치게 된다. 사람은 누구나 어머니처럼 자기를 무조건적으로 사랑해줄 수 있는 존재를 필요로 한다. 이런 심리에 착안해 상대가 무엇을 하든 비판하지 않고 사랑으로 감싸면서 위로와 격려를 아끼지 않는다면 상대는 유혹에서 벗어날 수 없다. 상대를 유혹하기 위해서는 마치 어머니가 자식을 대하듯 밝고 따사로운 행복한 분위기를 만들어줄 필요가 있다.

오이디푸스 콤플렉스

어머니와 자식뿐 아니라 어머니와 아버지, 자식 간의 삼각관계도 인간의 심리에 중요한 영향을 미친다. 이 삼각관계 안에서 최초의 에로틱한 심리가 형성된다. 사내아이는 어머니의 사랑을 독차지하고 싶어 하고 여자아이는 아버지의 사랑을 독차지하고 싶어 하지만 현실은 그렇지 못하다. 어머니와 아버지는 다른 어른들과 인간관계를 맺으며 살아갈 뿐만 아니라 자식보다는 서로에게 더 많은 관심과 사랑을 쏟기 때문이다. 부모는 자식이 원하는 것을 때로 거절할 수밖에 없다.

결국 사람들의 이런 심리를 고려해볼 때 상대를 유혹하기 위해서는 자상하면서도 때론 약간의 징계를 가하기도 하는 부모의 역할을 하는 것이 좋다. 어린아이는 부모로부터 징계를 받을 때, 부모가 자기에게 신경을 써주고 있다는 것을 느낀다. 따라서 부드러우면서도 엄격한 모습으로 상대를 대한다면 어린 시절의 심리를 만족시켜줄 수 있다.

오이디푸스 콤플렉스를 이용하기 위해서는 상대에 관한 정보를 충분히 입수해 활용해야 한다. 상대의 심리를 충분히 이해하지 못한 채 엄한 부모의 역할을 하면 자칫 어린 시절의 불쾌한 감정만 잔뜩 유발하거나, 부모에 대한 나쁜 기억을 되살려서 오히려 상대의 미움을 살 확률이 높다.

이상형을 꿈꾸는 심리

이상형이란 자기가 되고 싶어 하는 인물을 말한다. 어린 시절 사람들은 각자 자신의 이상형을 꿈꾼다. 그러다가 청소년기에 접어들면 자신의 이상형에 맞는 사람을 찾기 시작하고, 그런 사람을 만나면 사랑에 빠진다. 혹은 자기 스스로 이상형의 역할을 할 수 있는 상대를 찾기도 한다.

인간 관계의 법칙

하지만 현실 세계는 사람들이 바라는 이상과는 거리가 멀다. 따라서 이상형을 희구하는 욕망을 잠시 접어둘 수밖에 없다. 사람들은 살아가면서 현실과 타협하는 자신의 모습에 실망하기도 하고, 시간이 갈수록 자신이 생각하는 이상적인 모습에서 차츰 멀어지는 것에 안타까움을 느끼기도 한다. 따라서 청소년 시절의 이상을 펼칠 수 있다는 인식을 심어준다면 놀라운 유혹의 힘을 발휘할 수 있다.

이 경우에는 유아기적 심리나 오이디푸스 콤플렉스를 느끼는 심리를 이용할 때와는 달리 동등한 입장에 서서 상대해주어야 한다. 이는 마치 오누이 관계와 흡사하다. 사실상 청소년기의 이상형은 대개 형제나 자매의 모습을 통해 형성된다. 이러한 효과를 내려면 청소년 시절에 상대가 심취했던 이상형이 무엇인지를 파악해 그와 비슷한 분위기를 재현해야 한다.

부모로서의 보호 본능

이는 이제까지 말해온 것과는 달리 유혹자가 부모가 아닌 어린아이의 입장에 서게 되는 상황이다. 이 경우, 유혹자는 귀엽고 사랑스러우면서도 성적인 매력을 발산하는 어린아이의 모습을 연출할 수 있어야 한다. 그런 유혹자의 모습을 보면서 사람들은 자신의 어린 시절이 되살아나는 듯한 느낌을 받게 된다.

나이 든 사람들은 생기발랄한 젊은이를 대하게 되면, 마치 어머니나 아버지가 된 듯한 착각에 빠지기 쉽다. 어린아이가 부모에 대해 이성적인 사랑을 느낀다면, 부모도 자식에 대해 이성적인 사랑을 느낄 수 있다. 하지만 부모와 자식 간의 관계라는 사실 때문에 그런 감정을 감히 표현하지 못한다. 따라서 상대와의 관계에서 자식과 같은 역할을 한다면, 상대는 그와 같은 억눌린 욕구를 분출할 수 있는 기회를 발견하게 된다.

물론 이 전략은 상대의 나이에 따라 약간의 차이가 있을 수 있다. 하지만 그 차이는 그리 중요하지 않다. 어린 소녀와 같은 분위기를 풍겼던 마릴린 먼로는 같은 나이 또래의 남자들에게 큰 호소력을 발휘할 수 있었다. 이처럼 어린아이와 같은 모습은 상대의 보호 본능을 일깨울 수 있다.

반전

유혹의 과정에 참여한 쌍방이 서로 어른으로 머물러 있는 경우에는 퇴행 현상이 일어나지 않는다. 이런 경우는 매우 드물며, 또한 별로 즐거운 일도 아니다. 유혹이란 항상 환상을 불러일으킬 수 있어야 성립된다. 매사에 책임 있는 삶을 살아야 하는 성숙한 성인의 모습은 환상이 아니라 현실이자 의무다. 항상 성숙한 성인처럼 행동하는 사람은 유혹하기 어렵다.

개인적인 유혹이나 사회적인 유혹이나 유혹이 성립되려면 반드시 상대가 퇴행 현상을 일으켜야 한다. 부모에게 의존하는 데에 신물이 난 어린아이는 부모를 거역하고 반항할 수 있다. 이와 비슷한 부작용이 유혹의 과정에서 생겨날 수 있으므로 그에 대비해야 한다. 하지만 부모가 아닌 이상 그런 상황을 진지하게 받아들일 필요는 없다.

∞

어린아이는 혼자 침대에 누워 있을 때 두려움을 느끼며 누군가의 보호가 필요하다. 바로 옆방에 부모의 침실이 있다. 부모의 침실은 어린아이가 알아서는 안 될 물건들이 놓여있는, 감히 접근할 수 없는 성역이다. 마치 어린아이를 침대에 뉘어 잠을 재워주는 부모처럼 어린 시절에 느꼈던 두려움을 달래주는 한편, 금지된 장난을 할 수 있다는 환상을 상대에게 심어줄 수 있어야 한다.

유대감

함께 금기를 넘어
죄책감을 공유하라

—

인간의 욕구를 억제하는 사회적인 금기는 항상 존재해왔다. 상대에게 사회적 금기를 어길 수 있다는 느낌을 주는 것은 놀라운 유혹의 힘을 가진다. 사람들은 자신의 어두운 측면을 드러내 보이고 싶어 한다. 낭만적인 사랑을 나눈다고 해서 늘 부드럽고 유연한 면만 존재하는 것은 아니다. 잔인하고 가학적인 측면도 있다는 것을 보여주어야 한다. 나이 차나 결혼 관계, 가족 등과 같은 제한사항을 뛰어넘게 만들어야 한다. 일단 금지된 선을 넘는 순간 상대는 굴복하게 되어 있다. 그러면 그때부터 상대는 자신의 행동을 제어하기 어렵게 된다. 상대가 상상하는 것보다 한 걸음 더 나아가도록 하라. 죄책감을 공유할 수 있는 은밀한 일을 공모하게 되면 그만큼 강력한 유대 관계를 형성할 수 있다.

인간은 금지된 것을 원한다

어느 사회나 용납될 수 있는 행동과 그렇지 못한 행동을 판가름하는 규범이 존재한다. 사회규범은 세월이 흐르면서 변하지만 결코 완전히 없어지지는 않는다. 인간은 규범이 없는 사회의 무질서 상태를 두려워한다. 하지만 인간은 이상한 동물이다. 물리적으로나 심리적으로 제한이 주어지는 순간, 즉시 호기심을 갖게 된다. 금지된 것을 추구하려는 욕망은 인간의 특징이기도 하다.

어린아이들은 숲 저편(자신들이 가고자 하는 곳)에 가면 안 된다는 말을 자주 듣는다. 그러나 아이들은 하지 말라는 일일수록 기를 쓰고 하려 한다. 그러다가 나이가 들면서 예의범절과 권위에 순종하는 법을 배우게 된다. 시간이 갈수록 삶에 한계를 긋는 울타리는 점점 더 두꺼워진다. 하지만 예의를 지키는 삶을 산다고 해서 결코 행복을 느끼는 것은 아니다. 오히려 예의범절이라는 명목 아래 원치 않는 타협을 하면서 불만족스러운 삶을 살게 된다.

인정하고 싶지 않겠지만, 사람들은 때로 살인, 근친상간, 불륜, 신체 절단과 같은 행위를 꿈꾼다. 그리고 자신만이 알고 있는 이러한 어둡고 은밀한 욕망을 사회적인 문제를 일으키지 않고 발산시킬 수 있는 방법을 찾기 시작한다. 따라서 사람들에게 사회적 규제를 벗어버릴 수 있는 기회를 제공하는 한편, 마음 깊은 곳에 갇혀 있는 욕구를 발산할 수 있게 해준다면 놀라운 유혹의 힘을 발휘할 수 있다.

단순한 환상이 아니라 실제로 그와 같은 일을 할 수 있다는 사실을 알게 될 때 상대는 충격을 받으면서도 끌려오게 된다. 어떤 시점에 이른 뒤에는 상대의 예상을 뛰어넘는 과감한 행동을 보여주어야한다. 호기심을 유발하는 데 그치면 상대에게 두려움만 갖게 하기쉽다. 상대를 매료시킨 뒤에 일단 금지된 선을 넘게 만들면, 상대는다시 원래의 상태로 되돌아가기가 어렵다. 그렇게 되면 상대는 물불가리지 않고 무작정 달려든다. 그들은 스스로 통제할 수 없는 상태가 된다.

무엇인가가 금지되어 있다는 사실을 아는 순간부터 인간은 제한된 선을 넘고 싶다는 욕망에 사로잡힌다. 유부남이나 유부녀처럼 제한 요건이 많은 사람일수록 더 큰 욕망을 가질 수 있다. 금지된 것을원하는 인간의 본성을 이용하려면, 유혹자는 자신을 마치 '금지된것'처럼 보이게 만들어야 한다. 유혹자는 어둡고 감히 근접할 수 없는 악마적인 분위기를 풍겨야 한다. 그러면 사람들은 겉으로는 두려워하며 멀리하려고 하지만, 정작 속으로는 가까이 다가오게 마련이다. 상대에게 사회적 규제를 넘어 용납될 수 없는 나쁜 일을 하게 만들면 반드시 유혹의 마수에 걸려들게 되어 있다. 사람들은 그와 같은 미끼를 결코 거부하지 못한다.

사랑의 감정은 부드럽고 섬세하지만, 동시에 격렬하고 파괴적인면을 지니고 있다. 사람은 합리적이고 정상적인 사고를 무너뜨리는것에 매료되게 마련이다. 특히 유혹의 과정에서 후반부에 접어들게되면 부드러운 관심을 지닌 듯하면서도 잔인한 태도를 취하는 등 약간은 상식적인 궤도를 벗어난 폭력적인 면을 드러내는 것이 오히려

인간 관계의 법칙

더 큰 효과를 발휘할 수 있다.

유혹이 악하면 악할수록 효과는 더욱 증대된다. 범죄를 저지르고 있다는 의식을 심어줄수록 상대는 더욱 깊이 말려든다. 옆에 가까운 사람들이 있음에도 불구하고, 서로만 알고 있는 비밀이 있을 때 유혹은 더욱 짜릿하게 다가온다. 남들 앞에서 둘만이 알고 있는 눈짓과 표현을 주고받을 때, 은밀하고 강렬한 쾌감을 느낄 수밖에 없다. 서로가 비밀을 공유한다는 느낌, 함께 범죄를 저지른다는 마음을 갖게 될 때 더욱 흥미진진한 관계가 이루어진다.

사람들은 개인의 행동을 규제하는 여러 가지 굴레를 벗어버리고 좀 더 자유로워지기를 원한다. 따라서 사회적인 제약을 뛰어넘어 무엇인가 범죄를 저지르고 있다는 느낌을 줄 수 있어야 유혹이 이루어진다. 장애물을 극복하고, 사회적인 규범을 비웃으며, 법을 어기는 일을 할 때 유혹은 최대 효과를 발휘할 수 있다. 물론 비교적 규제가 엄격하지 않은 관대한 사회도 있을 수 있다. 하지만 어떤 사회든 결코 넘어서는 안 될 금기가 존재하기 마련이다. 그런 것들을 찾아 적절히 활용할 수 있어야 한다.

반전

사회적 금기를 깨뜨리며 사는 삶의 반대는, 사회가 인정하는 행위만 하면서 사는 삶이다. 하지만 사회가 인정하는 삶을 사는 한 유혹의 힘을 발휘하기가 어렵다. 물론 이 말은 악하고 거친 행위만이 유혹의 힘을 발휘할 수 있다는 의미는 아니다. 친절하고 선한 삶이나 정신적인 것을 추구하는 삶 역시 사람들의 마음을 사로잡는다.

　하지만 친절하고 선한 삶이나 정신적인 것을 추구하는 삶을 산다고 해서 모두 매력을 발휘하는 것은 아니다. 그 가운데서도 간디나 크리슈나무르티와 같이 극단에 치우치는 사람만이 사람들을 매혹시킬 수 있다. 그들은 금욕적인 삶을 실현하기 위해 모든 안락함을 포기했다. 그런 점에서 그들 역시 사회적 한계, 즉 사회가 용인하는 범위를 벗어났다고 할 수 있다. 모든 사람이 본받는 삶을 살기란 불가능하다. 결국 한계와 제약을 준수하며 사는 한 강력한 유혹의 힘을 발휘하기가 어렵다는 사실을 알 수 있다.

　　∞

　어린아이들은 집에서 가까운 안전지대를 벗어나 깊은 숲에 들어가지 말라는 어른들의 말을 듣는다. 숲속에는 초목과 야생동물들이 거주할 뿐 아무런 규범도 존재하지 않으며, 때로 범죄자들의 은신처로 이용되기도 한다. 하지만 하지 말라는 것은 더 해보고 싶은 것이 인간의 심리다. 어린아이는 나무가 울창하게 우거진 어두운 곳으로 들어가서 그곳을 탐험하고 싶은 충동을 느낀다. 그리고 일단 안으로 들어가면 그들은 점점 더 깊은 곳으로 가보고 싶어 한다.

인간 관계의 법칙

고결한 가치를 추구하고 있다는
만족감을 주어라

—

자신의 외모, 가치와 성적 매력을 완벽하게 자신할 수 있는 사람은 아무도 없다. 따라서 육체적인 매력에만 유혹의 초점을 맞출 경우에는 상대에게 오히려 의심을 불러일으켜 자칫 유혹의 환상을 깨뜨릴 수 있다. 이런 결과를 초래하지 않기 위해서는 종교적인 경험이나 고상한 예술 작품, 혹은 신비주의처럼 정신적이고 고상한 것에 초점을 맞추도록 해야 한다. 인간에게 주어진 고귀한 특성을 강조하고, 세상의 것들을 불만족스럽게 여길 수 있는 분위기를 조성해야 한다. 별이나 운명, 숨겨진 일들에 관해 말하면서 상대와 정신적인 유대감을 넓혀나가는 것이 중요하다. 일단 정신적인 승화의 단계를 거치게 되면, 상대는 마치 공중에 붕 뜬 것과 같은 느낌을 받게 될 것이다. 유혹의 효과를 극대화하려면 성행위마저도 두 영혼의 정신적인 결합인 것처럼 여길 수 있게 해야 한다.

영혼과 정신을 공유하는 사이

종교는 인간이 만들어낸 가장 위대한 유혹이다. 인간은 죽음을 가장 두려워한다. 그런데 종교는 인간이 불멸의 존재라는 환상을 심어준다. 인간이라는 존재가 거대하고 무심한 우주 속에서 먼지와 같은 것에 불과하다는 생각을 하면 참으로 끔찍한 생각이 든다. 종교는 이런 생각을 극복하기 위해 우주를 인격화시킴으로써 인간을 사랑받는 귀중한 존재로 만들었다. 동물들은 억제할 수 없는 본능에 따라 살다가 아무런 이유 없이 죽어간다. 하지만 인간은 동물적인 본능을 가지고는 있지만, 신의 형상으로 창조된 만물의 영장이다. 이런 점에서 인간은 고귀하고 이성적이며 선한 존재다. 종교는 이러한 인간의 구조적 심리를 독특한 방법으로 만족시킨다.

물론 쾌락이 유혹의 미끼가 될 수는 있다. 하지만 아무리 현명한 유혹자라 하더라도 유혹의 궁극적인 목적이 육체를 정복하는 것이라는 사실을 완벽하게 감출 수는 없다. 겉으로는 쾌락을 원해 육체의 요구에 응해도, 상대의 마음 깊은 곳에는 동물적인 본능을 혐오하는 불안한 심리가 있을 수 있다. 이러한 불안 심리를 효과적으로 제거해주지 못한다면, 성공은 잠시뿐 결국 피상적인 관계에서 벗어날 수 없다.

하지만 상대의 영혼을 사로잡게 되면 좀 더 깊고 지속적인 유혹의 힘을 발휘할 수 있다. 상대와의 관계를 정신적으로 승화시킬 수 있다면 육체적인 쾌락까지도 고상하고 초월적인 의미를 지닌 것처럼

인간 관계의 법칙

바뀌게 된다. 서로의 관계가 정신적인 것이고 단순히 육체적인 본능을 초월한 것이라는 인상을 심어주면, 상대는 정신적인 황홀경에 빠져들어 아무런 갈등 없이 따라올 수밖에 없다. 거듭 말하지만, 유혹이란 정신적인 과정이다. 그러므로 종교와 같이 신비롭고 정신적인 면을 부각시키는 것이 무엇보다도 중요하다.

종교는 인간을 자신에게서 끌어내어 자기보다 더 크고 위대한 것과 만나게 해준다. 신이나 자연과 같은 숭배의 대상에 대해 명상하는 순간, 우리를 짓누르고 있던 짐은 멀리 사라진다. 시대가 아무리 바뀌어도 인간은 대개 육체적인 것, 곧 동물적인 충동에서 벗어나고 싶다는 욕망을 갖고 있다. 육체적인 것에 지나치게 초점을 맞추게 되면, 어딘가 세속적이고 추한 기분이 들게 만들 수 있다.

이런 결과를 피하려면 아름답고 고상한 것에 초점을 맞춰야 한다. 즉 자연, 예술 작품, 신의 존재와 같은 정신적인 차원의 것들을 적절히 강조하는 기술이 필요하다. 유혹자는 자신을 자연스럽고 미적이며 고귀하고 고상하게 보이게 할수록 상대를 더욱더 깊이 매료시킬 수 있다. 그렇게 되면 상대는 차츰 유혹자를 숭배하게 된다. 종교적인 것이나 정신적인 것의 저변에는 대개 성적인 뉘앙스가 짙게 깔려 있다. 따라서 일단 상대의 마음을 사로잡은 뒤에는 얼마든지 자연스럽게 육체적인 쾌락을 추구할 수 있다. 정신적인 황홀경과 육체적인 황홀경은 백지장 차이다.

정신적인 것에 초점을 맞추는 수법은 예나 지금이나 전혀 변함이 없다. 말만 요즘에 알맞은 표현으로 바꾸면 그만이다. 일단 저속한 일상사에 만족을 얻지 못하는 것처럼 보여야 한다. 바꿔 말하면, 돈이나 섹스나 성공에 의해 움직이지 않는 것처럼 위장할 수 있어야 한다. 초월적인 동기를 가진 것처럼 꾸며야 한다. 모호한 말로 상대에게 뭔가 깊이를 가지고 있는 것처럼 보일 수 있어야 한다. 별, 점성술, 운명 따위를 이야기하면 지금도 효과가 있다. 운명이 서로를 엮이게 한 것처럼 생각하도록 만들어라. 그렇게 하면 좀 더 자연스럽게 상대를 유혹할 수 있다. 운명, 필연성, 또는 신의 손길과 같은 것에 의해 두 사람의 관계가 이루어지는 것처럼 보이게 한다면 인위적인 것이 판을 치는 요즘 같은 세상에서는 더할 나위 없는 효과를 발휘하게 된다.

만일 상대를 유혹할 때 종교적인 것을 가미하려 한다면, 신비스러운 성향을 띤 이색적인 종교를 선택하는 것이 가장 좋다. 상대의 영혼을 움직인 다음에 곧바로 육체관계를 맺으면, 성행위 자체도 정신적인 차원의 연장이라는 인상을 남겨줄 수 있다. 따라서 이런 경우에는 타이밍이 매우 중요하다. 유혹에 종교적인 의미를 가미하려면 상대의 육체를 공략하고자 계획하는 시점과 가까울수록 좋다.

문화와 예술을 유혹에 이용하는 방법

정신적인 면을 고양시킨다고 해서 반드시 종교적이거나 신비주의적일 필요는 없다. 현대사회에서는 어떤 면에서 문화와 예술이 종교를 대신한다. 예술을 유혹에 적용하는 방법에는 두 가지가 있다. 하나는 상대를 위해 직접 예술 작품을 만드는 방법이다. 많은 여성들이 피카소의 유혹에 넘어갔던 이유도 자신들이 그림의 소재가 될 것을 기대했기 때문이다. 인생은 짧고 예술은 길기 때문이다. 연애 감정은 한 번 불고 지나가는 열풍과 같은 것이라고 할지라도, 예술 작품을 통해 표현될 때 영원하다는 환상을 심어줄 수 있다.

예술을 이용하는 두 번째 방법은 연애 행위 자체를 고상한 것으로 승화하는 일이다. 나탈리 바니는 유혹의 대상들을 데리고 극장, 오페라, 박물관 또는 역사적인 흔적이 남아 있는 장소로 데려갔다. 그런 장소에 가면 사람은 누구나 정신적으로 한껏 고양되게 마련이다. 물론 통속적이고 천박한 예술 작품은 피해야 한다. 그런 경우에는 자칫하면 상대에게 속셈을 들킬 수 있다. 연극, 영화, 책 가운데서 고상한 명분이나 메시지가 담긴 것들을 이용할 수도 있다. 심지어 정치운동도 정신적으로 승화시킬 수 있다. 정신적인 요소를 가미할 때는 상대의 성향을 파악하는 것도 중요하다. 만일 상대의 성향이 세속적이고 냉소적일 경우에는 신비적이고 종교적인 것보다는 점성술과 같은 이교 문화나 예술 작품과 같은 것들을 통해 접근하는 것이 좀 더 효율적이다.

어떤 점에서 영적인 것, 신의 사랑과 같은 것은 성적인 사랑을 숭고하게 승화시킨 것에 불과하다. 중세 시대 신비주의자들의 말은 에로틱한 이미지로 가득하다. 신과 종교적인 것에 대한 명상은 일종의 정신적 오르가슴을 느끼게 만들었다. 그러므로 정신적인 것과 성적인 것, 고상한 것과 저속한 것을 혼합하면 엄청난 유혹의 힘이 발휘될 수밖에 없다. 그러므로 정신적인 것을 논하는 척하면서 성적인 암시를 제공한다면 상대를 매료시킬 수 있다. 우주와의 조화, 신과의 합일 등과 같은 주제를 육체적인 결합과 교묘하게 접합시킬 수 있는 능력이 유혹자에게 필요하다. 유혹의 목적이 정신적인 경험을 위한 것처럼 보이게 할 수 있다면 육체적인 쾌락도 더욱 증폭되고, 좀 더 깊고 지속적인 관계를 유지해나갈 수 있다.

반전

유혹자는 상대가 자신의 사랑이 일시적이거나 피상적이지 않다는 생각을 갖게 만들어야 한다. 그러려면 상대의 마음을 사로잡을 수 있어야 한다. 하지만 그런 관계에는 오로지 한 사람에게만 헌신해야 한다는 불안감이 조장될 가능성이 있다. 다시 말해 자칫 출구 없는 밀실에 갇힌 듯한 답답한 마음을 가질 수 있다.

그러므로 정신적인 차원을 강조하는 것은 좋지만, 그런 마음을 갖게 만들어서는 안 된다. 먼 미래에 초점을 맞추다 보면 상대의 자유를 제한할 수 있다. 바꾸어 말해, 유혹을 하더라도 결혼을 약속하는 일을 해서는 안 된다. 단지 순간의 사랑을 통해 깊은 애정을 느끼게 만드는 것으로 족하다. 종교적 황홀경과 같은 것은 순간에 느끼는 강렬한 감정이나 정신 상태를 의미한다는 점을 늘 염두에 두어야 한다.

카사노바는 유혹할 때 대개 정신적인 차원을 강조했다. 그는 상대에게 신비하고 고상한 마음을 갖게 만들었다. 그에게 빠져든 여성들

　　　　　　　　　　　　　　　인간 관계의 법칙

은 그가 자신을 위해 무엇이라도 해줄 것이라고 믿었다. 그들은 그가 자신을 이용하다가 버릴 것이라고는 전혀 생각하지 않았다. 상대 여성이 관계를 끝내야 할 때가 왔다고 생각해 결별을 제안하면 그는 눈물을 흘리며 많은 선물을 주고 홀연히 자취를 감추었다.

오늘날 젊은 여성들은 이와 같은 관계를 원한다. 그들은 지루한 결혼 생활이나 가족들의 압박감에서 벗어나기 위해 잠깐 재미를 즐기다가 본래 상태로 되돌아가기를 원한다. 쾌락은 한때의 즐거움으로 족하다는 사실을 늘 잊어서는 안 된다.

◯◯◯

인간은 하늘의 별을 오랫동안 숭배의 대상으로 삼아왔다. 하늘의 별은 숭고하고 신성한 것을 상징한다. 하늘의 별을 생각할 때, 우리는 순간적이나마 세속적인 것에서 벗어나 불멸을 꿈꾸게 된다. 그 순간 우리는 몸이 가벼워짐을 느낀다. 상대가 별을 생각하도록 만들어라. 그러면 그들은 이 세상에서 일어나는 일에 신경을 쓰지 않게 될 것이다.

공포와 불안을
적절히 제공하라

—

대개 상대를 유혹하려면 늘 친절하게 대해주어야 한다고 생각한다. 하지만 이런 생각은 한마디로 잘못되었다. 처음에는 친절한 태도가 매력으로 작용할 수 있지만, 차츰 식상해지고 만다. 상대를 즐겁게 해주려고 지나치게 노력하는 모습을 보이면 오히려 약점을 잡힐 수 있다. 따라서 친절한 태도를 유지하면서도 간간이 상대에게 고통을 줄 수 있어야만 한다. 상대만 생각하는 척 강렬한 관심을 기울이다가, 이따금 다른 데로 눈을 돌리며 무관심한 척할 수 있어야 한다. 상대에게 죄책감과 불안을 느끼게 만들어야 한다. 그러면 상대는 공허감에 빠져 심적 고통을 받을 것이다. 그때 미안하다고 하면서 다시 친절한 태도로 접근하면 상대는 행복한 마음으로 빠져들게 될 것이다. 상대에게 약한 마음을 갖게 만들수록 그 효과는 더욱 증폭된다. 에로틱한 감정을 한껏 고조하기 위해서는 적절한 공포심을 조장하는 것이 좋다.

상대를 불안에 떨게 하는 존재

사람들은 대개 예의범절을 잘 지키는 편이다. 사람들은 어렸을 때부터 타인에 대한 자신의 솔직한 감정을 드러내서는 안 되며, 남들이 농담을 하면 웃어주어야 하고, 남들의 이야기나 문제에 관심이 있는 것처럼 보여야 한다는 가르침을 받고 자란다. 다른 사람들과 더불어 살기 위해서는 어쩔 수 없이 그렇게 해야 한다. 늘 친절해야 하고, 다른 사람들을 즐겁게 해주어야 한다. 한마디로 다른 사람과 갈등이나 분쟁을 일으키지 않고 사는 것이 최선의 삶이다.

하지만 유혹을 할 때에는 친절이 능사는 아니다. 물론 친절하고 상냥하면 처음에는 상대방의 호감을 살 수 있다. 하지만 어느 정도 시간이 지나면 친절한 태도만으로는 상대의 관심을 지속적으로 사로잡을 수 없다. 너무 친절하게 구는 것은 오히려 상대를 멀어지게 만들 가능성이 있다. 긴장감이 있어야만 에로틱한 감정이 지속될 수 있다. 긴장감이나 불안이 없으면 해방감도 없고, 진정한 기쁨도 있을 수 없다. 상대에게 긴장감을 불어넣고, 불안감을 조장하기 위해서는 적절히 당기고 놓아주는 기술이 필요하다. 그래야만 상대의 감정을 한껏 고조시켜 스릴 넘치는 클라이맥스에 도달할 수 있다.

그러기 위해서는 갈등을 피하고 항상 친절한 태도를 지녀야 한다는 생각을 잠시 접어두는 것이 필요하다. 사실 친절한 태도는 마음이 선해서가 아니라, 다른 사람을 불쾌하게 하면 별로 좋을 것이 없다는 생각에서 우러난다. 그런 두려움이나 염려를 과감하게 떨쳐버리고 상대에게 고통을 주어라. 그러면 유혹의 힘이 열 배는 커질 것이다.

불친절하게 굴어도 사람들은 흔히 생각하는 것보다 그렇게 많이 언짢아하지 않는다. 오히려 요즘과 같은 세상에서 사람들은 무엇인가 격정적인 경험을 하고 싶어 한다. 즉, 단조로운 삶보다는 불쾌한 경험이라도 겪는 편이 낫다는 생각을 갖고 있다. 고통을 줄 경우, 상대는 고통을 받으면서 자신이 살아 있다는 사실을 느낀다. 사람들은 차라리 불평거리라도 있었으면 한다. 처음에 고통을 주다가 나중에 기쁨을 주면, 상대는 모든 것을 용서하고 너그럽게 이해해줄 것이다. 먼저 상대의 질투심을 부추기고 불안하게 만든 다음, 나중에 다른 사람보다도 그를(혹은 그녀를) 더 사랑하고 있다는 것을 보여주면 기쁨이 배가 된다.

상대를 지루하게 하는 것보다 자극하는 것이 더 낫다. 친절보다 상처를 주면 상대를 감정적으로 더욱 종속시킬 수 있다. 긴장감을 조성한 뒤, 나중에 그에 대한 보상을 해줄 수 있는 방법을 찾도록 하라. 상대의 약점을 파악한 다음 그것을 이용해 갈등을 조장하라. 그런 다음 결정적인 순간에 그 갈등을 해소시켜주어라. 잔인하면 잔인할수록 효과는 더욱 증폭된다.

스탕달은 『연애론』이라는 책에서 두려움이 욕망에 미치는 영향을 묘사했다. 사랑하는 이를 두려워하는 마음이 생기면 감히 가까이 다가갈 수 없게 된다. 상대에게 신비감을 느끼는 동안 사랑의 열정은 더욱 깊어간다. 따라서 두려움을 가지면서도 결코 사랑하는 사람에게서 돌아설 수 없다. 오히려 감각이 살아나고, 정신이 항상 긴장

되어 에로틱한 감정이 더욱더 증폭된다. 스탕달에 따르면, 사랑하는 사람이 곧 자신을 버릴지도 모른다는 생각이 들수록 점점 더 정신이 아득해지고 자신에 대한 통제력을 잃게 된다. 이처럼 사랑에 빠진다는 것은 두려움과 흥분이 뒤섞여 자신에 대한 통제력을 상실하는 것을 의미한다.

이와 같은 통찰력을 역이용해 유혹의 대상에게 적용할 수 있어야 한다. 상대의 마음을 안심시켜서는 절대 안 된다. 오히려 두려움과 불안을 느끼게 해주어야 한다. 차갑고 냉정한 모습을 보여주어라. 필요한 경우에는 일반적인 궤도를 완전히 벗어난 듯한 행동도 할 수 있어야 한다. 언제라도 헤어질 수 있다는 암시적인 행동을 종종 해서, 헤어짐에 대한 불안감을 늘 갖게 만들어라. 그러다가 적당한 시간이 흘렀다고 판단되거든 다시 평안한 마음을 갖게 해주어라. 그러면 훨씬 큰 효과를 거둘 수 있다.

인간의 무의식 속에는 마조히즘적인 욕구가 도사리고 있다. 사람들은 이러한 억눌린 욕구를 분출하기 위해 누군가 자신에게 고통을 가해주기를 바란다. 이처럼 주위에는 고통을 기다리는 마조히스트들이 많다. 고통 없는 편안한 상태를 못 견뎌 하는 사람들도 있고, 자신의 성공을 혐오하며 스스로를 파괴하려는 사람들도 있다. 그런 사람들에게 친절한 태도로 다가가 흠모한다고 말하면 그들은 자신이 그런 말을 들을 만한 이상적인 인간이 못 된다고 생각하고 불편해할 것이다.

이런 심리 상태를 가진 사람들에게는 적절한 고통을 느끼게 해주는 것이 좋다. 그들을 비판하고 꾸짖음으로써 스스로의 부족함을 느끼게 해주어라. 그러면 그들은 자신이 그런 비판을 받아 마땅하다고 생각할 것이다.

현대인의 삶에는 여러 가지 무거운 책임이 뒤따른다. 사람들은 그러한 짐을 모두 벗어버리기를 갈망한다. 이런 사람들은 대의명분, 종교, 정신적 지도자와 같이 무엇인가 숭배할 것을 찾는다. 유혹자는 이런 사람들의 심리를 이용해 상대가 자신을 숭배하게 만들어야 한다. 사람들 가운데는 순교자의 역할을 맡고 싶어 하는 이들이 존재한다. 이들은 학대를 당하면서 기쁨을 느낀다. 따라서 고통받게 해줘야 한다. 겉으로 풍기는 인상에 속지 마라. 겉으로는 강해 보이지만 속으로는 누군가에게 학대받기를 원하는 사람들이 있다. 고통과 기쁨을 적절히 교차시키며 이들을 대한다면, 오랫동안 지속적인 유혹의 힘을 발휘할 수 있을 것이다.

가혹과 친절

유명한 이탈리아 저널리스트인 오리아나 팔라치 Orianan Fallaci 는 정치 지도자들과 인터뷰를 많이 했다. 그녀가 인터뷰한 대상들은 모두 자신이 상황을 완벽하게 주도해 나중에 문제가 될 사안은 결코 드러내지 않겠다는 의지를 가졌던 사람들이었다. 하지만 팔라치 앞에서는 통하지 않았다. 그녀는 그들의 감정을 자극함으로써 스스로 자기 통제력을 잃고 속마음을 털어놓게 만들었다. 그녀는 상대를 치켜세우기도 하고, 갑자기 당황하게 만들기도 하면서 그들의 감정을 공략해 들어갔다. 말하자면 거칠게 다루다가 갑자기 친절한 태도로 돌변하는 패턴을 되풀이했던 것이 그녀의 전술이었다.

그녀는 가장 민감한 사안을 건드려 상대의 감정을 자극하고, 스스로를 방어하려고 애쓰게 만들었다. 상대는 팔라치의 질문에 자신은 그런 비판이나 평가를 받을 만한 일을 하지 않았음을 입증하려고 하다가 덫에 걸려들고 말았다. 그들은 무의식중에 그녀를 기쁘게 하고, 그녀가 자기를 좋아하게 만들려고 했다. 그녀가 태도를 누그러뜨려 간접적으로 그들을 칭찬해주면, 그들은 그녀에게 인정을 받았다는 생각에 저절로 기분이 으쓱해져 신이 나서 말을 이어갔다. 그들은 그야말로 무심결에 자신의 감정을 드러내고 말았던 것이다.

사회생활을 하다 보면 스스로를 보호하기 위한 가면이 필요하다. 사람은 누구나 자신의 속마음이 드러나면 당황하게 마련이다. 유혹자는 상대의 방어벽을 허물어뜨릴 수 있는 능력을 지녀야 한다. 상대를 적절히 칭찬하고, 관심을 보이는 척해주는 차머의 기술이 필요하다. 특히 자기 확신이 결여되어 있고 심적 불안을 느끼는 사람일수록 차머의 방법이 효과적이다. 하지만 차머의 방법만 시도할 경우에는 시간이 오래 걸린다.

방어 본능이 강한 사람을 효과적으로 공략해 좀 더 빠른 결과를 얻어내려면 공격적인 태도와 친절한 태도를 교차시키는 것이 필요하다. 상대를 거칠게 대하면 내적인 갈등이 조성되어 당연히 화를 내게 되어 있다. 하지만 상대는 화를 내면서 동시에 '내가 어떻게 했기에 이 사람이 나를 이렇게 싫어하며 불친절하게 나올까?' 하는 생각을 하게 된다. 그러다가 다시 친절한 태도를 취하면, 상대는 안도의 한숨을 내쉬게 된다. 하지만 그들은 '지금은 괜찮은 것 같아. 그렇지만 이 사람이 다시 나를 싫어하는 눈치를 보일 수도 있지'라는 생각에, 자기도 모르는 사이에 계속해서 인정을 받으려고 애쓰게 된다.

결국 공격적인 태도와 친절한 태도를 교차시키면 상대는 긴장하게 되고, 다시 비판을 받으면 어쩌나 하는 생각에 계속 환심을 사려고 노력하게 된다. 이런 방법을 적용할 때는 노골적이어서는 곤란하다. 간접적인 방법을 사용해 상대의 심기를 건드리는 한편, 적절한 칭찬을 가미하는 것이 좋다. 사람들의 무의식을 자극한 다음, 뒤로 물러나 앉아 상대의 말을 경청하는 정신과 의사처럼 행동하라. 침묵을 지키면 상대를 더욱 자극해서 하지 않아야 될 말까지 털어놓게 만든다. 비판을 가하면서 때로 칭찬을 해주면, 상대는 마치 주인의 인정을 받으려고 애쓰는 강아지처럼 행동하게 될 것이다.

상대를 유혹할 때는 늘 즐거움만 주려고 해서는 안 된다. 절정에 너무 빨리 이르면 그만큼 식상해지기 쉽다. 즐거움에는 어느 정도 고통이 따라야만 더욱 강렬한 쾌감을 느끼게 된다. 죽음을 앞둔 상태에서 사랑의 감정이 더욱 강렬해지고, 먼 여행을 다녀온 뒤에 집이 좋다는 사실을 알게 되듯이 유혹의 경우도 그와 같아야 한다. 그러므로 상대를 유혹할 때는 슬픔과 절망과 고뇌의 순간을 만들어내어 긴장감을 한껏 고조시킨 뒤에 해방의 기쁨을 만끽하게 만들어야

인간 관계의 법칙

한다. 상대를 화나게 하면 어쩌나 하는 생각을 가질 필요는 없다. 화를 낸다는 것은 이미 유혹에 걸려들었다는 증거일 뿐이다. 너무 까다롭게 굴어 상대가 도망가면 어쩌나 하는 생각도 할 필요가 없다. 사람들은 지루한 사람을 피하지, 까다롭지만 매력이 있는 사람은 결코 피하지 않는다.

그러므로 상대의 감정을 자극하고, 긴장을 조성할 수 있는 모든 방법을 동원하라. 유혹의 높낮이를 조정해 상대의 마지막 남은 의지마저도 완전히 굴복시킬 수 있는 전략을 구사할 수 있어야 한다.

반전

이미 많은 학대와 고통을 당한 사람에게 고통을 주었다가는 멀리 도망가고 말 것이 분명하다. 삶에 지쳐 있는 사람들에게는 고통보다는 위로와 즐거움을 주어야 한다. 고통을 가하는 기술은 삶이 편안하고 문제가 없는 사람들에게 적용되어야 한다. 안락한 삶을 사는 사람들은 마치 벌을 받아 마땅한데 그렇지 않고 편안하게 지내고 있는 것 같은 죄책감이 있다. 그런 사람들은 무의식적으로 자신들에게 현실을 깨닫게 해줄 수 있는 고통이나 정신적인 학대를 갈망한다.

고통을 통해 쾌락을 느끼게 만드는 기술을 너무 일찍 사용해서는 안 된다. 바이런, 장칭, 피카소와 같은 유혹자들은 정신적인 고통을 가하는 사디즘적인 성향이 있었다. 만일 이 유혹자들에게 희생된 사람들이 그와 같은 사실을 미리 알았다면 아마도 멀리 달아나버렸을 것이다. 하지만 이 유혹자들은 처음에는 친절과 애정을 앞세워 일단 상대의 환심을 산 후에 학대와 고통을 안겨주는 전술을 사용했다. 예를 들어 바이런은 처음 볼 때 어찌나 천사 같았는지 그에 대한 항간의 나쁜 소문이 오히려 의심스러운 정도였다. 상대는 자신만이 바이런을 진정으로 이해할 수 있는 유일한 사람이라는 착각에 빠져 유혹의 늪으로 깊이 빨려들어 갔다. 그러다가 바이런의 잔인함을 경험하는 순간이 되면 이미 너무 늦은 때였다. 이미 감정적으로 그의 노예가 되어버렸기 때문에, 고통을 받을수록 애정이 더 깊어갈 수밖에 없다.

이처럼 이 유혹자들은 처음에는 양의 탈을 쓰고 쾌락과 애정을 미끼 삼아 상대에게 접근한 뒤 나중에 잔인한 본성을 드러냈다. 고통을 가하는 전술을 사용하려면 이 점을 반드시 기억해야 한다.

∞

낭떠러지 끝에 서면 두려움과 어지러움을 느낀다. 그 순간 우리는 곧 낭떠러지로 떨어질 것만 같은 생각에 사로잡혀 뛰어내리고 싶은 충동을 느낀다. 상대를 가급적 가장자리로 밀어낸 다음 손을 내밀어 붙잡아주어라. 두려움이 없으면 스릴도 없다.

CHAPTER 4

최후의 일격을 던져라

역전

유혹하되 유혹당하는 것처럼
행동하라

—

공격자라는 인식이 박히면, 상대는 주춤한다. 그럴 경우에는 긴장이 완화될 수밖에 없다. 그 상태로는 유혹이 이루어질 수 없다. 상대를 자극해서 사태를 역전시켜야 한다. 상대가 일단 주문에 걸려들면, 한 걸음 뒤로 물러나 상대가 먼저 손을 내밀게 만들어야 한다. 관심이 없는 척하거나, 갑자기 발길을 뚝 끊거나, 지겨워졌다는 암시를 보내라. 다른 사람에게 관심이 있는 것처럼 굴면서 상대를 애타게 하는 것도 좋은 방법이다. 하지만 어떤 방법을 사용하든 너무 드러내면 안 된다. 그저 살짝 기미만 감지하게 하고, 나머지는 상대의 상상에 맡겨두어라. 그러면 상대는 몸이 달아 적극적으로 나오게 될 것이다. 스스로의 의지로 유혹자의 품에 안기게 만드는 것이 무엇보다도 중요하다. 유혹을 하는 쪽은 유혹자가 아니라 희생자 자신이라는 착각을 심어줘야 한다.

상대를 유혹의 참여자로 이끌어라

인간은 원래 고집스럽고 제멋대로인 동물인 데다 다른 사람들의 의도를 비딱하게 보려는 성향을 지니고 있다. 따라서 유혹의 과정에서 상대가 저항하는 것은 지극히 당연하다. 유혹이 쉽지 않은 것도 그 때문이다. 마냥 쉽기만 하다면 굳이 후퇴할 필요도 없을 것이다. 하지만 상대가 일단 의심을 극복하고 유혹자의 주문에 걸려들기 시작하면 저항은 눈에 띄게 줄어든다. 다른 사람에게 끌려가고 있다는 것을 눈치챌 수도 있지만, 그들은 그런 상태를 즐긴다. 복잡하고 어려운 것을 좋아하는 사람은 없으며, 그런 점에서 당신의 희생자도 빨리 결론이 나기를 바랄 것이다.

하지만 바로 이때가 한발 뒤로 물러서야 하는 시기다. 그들이 그토록 탐욕스럽게 기다리고 있는 쾌락의 절정을 제공한다면, 유혹을 빨리 끝내고 싶어 하는 본성에 굴복한다면, 더욱더 팽팽하게 긴장하고 더욱더 열렬히 사랑하고 싶게 만들 수 있는 기회를 놓치고 말 것이다. 상대가 자신의 의지로 유혹에 적극 참여하게 만들어야 한다. 상대가 당신을 쫓게 만들어야 한다. 그리고 그 과정에서 당신이 쳐 놓은 그물에 걸려들게 만들어야 한다. 그렇게 하려면 한 걸음 뒤로 물러나 그들을 불안하게 만들어야 한다.

앞에서 이미 전략적 후퇴를 소개한 바 있지만(STRATEGY 12. 이상화), 이번 경우는 그때와는 또 다르다. 상대는 이제 당신에게 빠져 있으며, 그렇기 때문에 당신이 후퇴를 하면 불안에 휩싸이게 된다.

그들은 당신의 관심이 식었다고 생각하면서 그 이유를 자신의 탓으로 돌린다. 그럴 경우 괜히 나서서 그렇지 않다고 반박하기보다 그렇게 생각하도록 내버려두어라. 문제의 원인이 그들에게 있다면, 당신의 관심을 다시 돌려놓을 수 있는 재량권도 그들에게 있기 때문이다.

반면 그들 잘못이 아니라고 한다면 그들이 할 수 있는 일은 아무것도 없다. 사람들은 늘 희망에 매달리고자 한다. 이제 그들은 당신에게 다가와 그 방법밖에 없다고 생각하면서 적극적인 공세를 펼칠 것이다. 그들은 육탄전도 마다하지 않을 것이다. 개인의 의지는 성적 욕망인 리비도와 직접적으로 관련되어 있다는 점을 이해해야 한다. 상대가 수동적으로 당신을 기다릴 경우, 그들의 성적 욕망은 낮은 수준에 머물러 있을 수밖에 없다. 반면 스스로 쫓는 자가 되어 유혹의 과정에 깊이 개입할 경우, 긴장과 불안으로 인해 체온이 상승하게 된다. 따라서 당신은 상대를 최대한 흥분하게 만들어야 한다.

후퇴할 때는 교묘하게 해야 한다. 다시 말해 서서히 불안을 주입시켜야 한다. 상대가 혼자 있을 때 당신의 냉담한 반응을 곱씹으면서 의심에 덜미를 잡히게 만들어야 한다. 의심은 일단 싹이 트기 시작하면 걷잡을 수 없이 커진다. 교묘한 후퇴로 상대가 당신을 소유하고 싶게 만들어야 한다. 그래서 붙잡아 끌어당기지 않아도 상대가 스스로 당신의 품속으로 뛰어들게 만들어야 한다. 이것은 고통과 쾌락을 야기하면서 깊은 상처를 가하는 전략(STRATEGY 20. 공포 조장)과는 분명 차이가 있다. 거기서는 상대를 나약하고 의존적으로 만드는 것이 목적이었지만, 여기서는 적극적이고 공격적으로 만드는

인간 관계의 법칙

것이 목적이다. 어떤 전략을 사용할지는 상대의 성향에 달려 있다.

남성과 여성은 각기 고유한 성적 매력을 지니고 있다. 따라서 누군가가 당신에게 관심을 가지고 있는 눈치를 보이더라도, 성적으로 반응해서는 안 된다. 그럴 경우 그들은 오히려 더 불안해한다. 그들 스스로 당신을 유혹하는 방법을 찾게 만들어야 한다. 먼저 편지나 은근한 암시를 통해 상대에게 관심을 보이도록 하라. 하지만 막상 그들과 대면하면, 성적 관심이 배제된 중립적인 태도를 취해야 한다. 친절하고 상냥하게 대하되, 그 선을 넘어서는 안 된다. 즉 상대가 여성이라면 여성 고유의 매력으로, 남성이라면 남성 고유의 매력으로 스스로를 무장할 수 있게 만들어야 한다.

유혹의 후기 단계에서는 다른 사람에게 관심이 있는 것처럼 보이는 것도 좋은 방법이다. 이 역시 형태만 다를 뿐 후퇴 전략의 하나다. 1795년 젊은 미망인 조제핀 드 보아르네를 처음 만난 나폴레옹은 그녀의 이국적인 용모와 자신을 쳐다보는 눈길에 마음이 끌렸다. 곧이어 그는 매주 열리는 그녀의 저녁 파티에 참석하기 시작했다. 그때마다 그녀는 다른 남자들을 무시하고 그의 곁에 머물면서 그가 하는 말에 열심히 귀 기울였다. 그는 조제핀과 사랑에 빠졌고, 그녀도 똑같은 감정을 가지고 있을 거라고 확신했다.

그러던 어느 날이었다. 그날 있었던 파티에서도 그녀는 평소처럼 친절하고 상냥했다. 다만 그녀처럼 귀족 출신인 다른 남자에게도 똑같이 상냥하게 굴었다는 것이 다르다면 다른 점이었다. 그 남자는 나폴레옹이 흉내 낼 수 없는 우아한 태도와 재치를 지니고 있었다.

나폴레옹의 마음속에서는 의심과 질투심이 싹트기 시작했다. 군인이었던 그는 공격이 최선의 방어라는 말의 의미를 누구보다도 잘 알고 있었다. 몇 주 동안 신속하고 적극적인 공세를 취한 끝에, 그는 마침내 그녀와 결혼함으로써 혼자서만 그녀를 차지할 수 있게 되었다. 조제핀은 영리한 유혹자였다. 모두 다 그녀가 꾸민 일이었다. 그녀는 다른 남자한테 관심이 있다고 말하진 않았지만, 나폴레옹을 자극하면서 그런 느낌을 받게 만들었다.

상대에게 관심이 식어가고 있다는 암시를 던지는 것만큼 효과적인 방법은 없다. 하지만 다른 사람에게 너무 노골적인 관심을 보일 경우에는 오히려 역효과를 초래할 수 있다. 잔인하다는 인상을 심어서는 곤란하다. 그보다는 의심과 불안을 야기해 상대의 애를 태워야 한다. 다른 사람에게 관심을 보이되, 육안으로는 알아챌 수 없을 정도로 미미한 수준에 머무르는 것이 좋다.

유혹의 후기 단계에서 상대를 만나주지 않을 때는 그 이유가 어느 정도 정당해 보여야 한다. 딱 잘라 거절하기보다는 약간 수상쩍은 분위기를 풍기는 것으로 족하다. 그 정도만으로도 상대는 자신에 대한 관심이 식어가고 있다거나, 당신에게 다른 사람이 생겼을지도 모른다는 추측을 하게 된다. 늘 곁에 있던 사람이 안 보이면, 그 사람의 존재가 새삼 고맙게 느껴지게 마련이다. 그와 마찬가지로 상대도 당신의 잘못을 잊어버리고, 나아가 당신의 죄까지도 용서하게 될 것이다. 당신이 다시 돌아오는 순간, 그들은 다시는 당신을 놓치지 않기 위해 필사적으로 매달리게 될 것이다. 말하자면 마치 죽었다가 다시 살아온 사람 같은 대접을 받게 될 것이다.

심리학자 시어도어 리크에 따르면, 사람들은 거절을 통해 사랑을 배운다고 한다. 유아기 때 우리는 어머니의 사랑에 파묻혀 지내면서 아무런 부족도 느끼지 못한다. 하지만 좀 더 자라면 어머니의 사랑이 무조건적인 것이 아님을 알게 된다. 우리가 잘못을 저지르거나 어머니를 기쁘게 해주지 못하면, 어머니의 사랑은 언제라도 철회될 수 있다. 어머니가 언제든 애정을 거두어들일 수 있다는 생각은 우리를 불안과 분노에 휩싸이게 만든다. 처음에 우리는 이런 불안과 분노를 드러내면서 어머니의 화를 돋우려 한다. 하지만 우리의 계획은 전혀 먹혀들지 않는다. 그리고 시간이 흐르면서 우리는 어머니로부터 다시 거절당하지 않으려면 그녀를 모방하는 길밖에 없다는 것을 깨닫게 된다. 그때부터 우리는 어머니의 사랑을 받으려면 그녀처럼 다정하고 상냥하고 친절해야 한다는 것을 배워나간다. 이와 같은 깨달음은 우리와 어머니를 더욱 깊게 맺어준다. 그리고 이러한 인식은 남은 생애 동안 우리 안에 깊이 각인된다. 다시 말해 사람들은 거절당했던 경험을 통해 구애하고 사랑하는 법을 배운다.

유혹에서도 이때 배운 방법을 적용하라. 먼저 상대에게 무조건 애정을 쏟아부어라. 그럴 경우 그들은 그런 감정이 어디서 비롯되는지도 모르면서 일단 기뻐한다. 그리고 그런 감정을 절대 놓치고 싶어 하지 않는다. 그러다 당신이 한발 뒤로 물러나 관심을 거두어들이면, 그들은 불안과 분노를 드러내면서 당신에게 화풀이를 하려 할 것이다. 하지만 그러고 나면 어린아이와 똑같은 반응을 보이게 된다. 즉, 당신의 관심을 되돌리기 위해서는 당신을 모방하는 수밖에 없다는 것을, 다시 말해 당신처럼 애정을 쏟아붓는 수밖에 없다는 것을 깨닫게 된다. 전세를 역전시키려면, 거절의 두려움을 이용하라.

이와 같은 양상은 관계 안에서 자연스럽게 되풀이된다. 한 사람이 차가워지면 다른 사람이 애를 태우며 쫓아가고, 또 그 사람이 차가워지면 이번에는 쫓기던 자가 쫓는 자로 바뀌면서 계속 똑같은 상황이 반복된다. 유혹자는 이 기회를 놓쳐서는 안 된다. 어머니가 잠시 관심을 거두어들임으로써 아이에게 다시 사랑받는 법을 가르쳤듯이, 당신도 상대에게 유혹자가 되는 법을 가르쳐야 한다. 전도된 역할을 즐기는 법을 터득하라. 즉 단지 쫓기는 역할을 하는 것으로 그치지 말고, 즐거운 마음으로 그 역할을 받아들이도록 하라. 상대에게 쫓기는 기쁨이 사냥할 때의 스릴을 압도할 때가 더 많다.

반전

경우에 따라서는 부재 전략이 오히려 역효과를 가져올 때도 있다. 유혹에서 중요한 순간에 자리를 비울 경우, 상대의 관심이 식을 수도 있다. 게다가 당신이 없는 동안 상대가 다른 사람을 만날 기회도 그만큼 많아진다. 부재 전략은 상대의 애정이 확실하다고 판단될 때만 사용하되, 너무 오래 자리를 비워서는 안 된다. 이 방법은 유혹이 어느 정도 진전되고 난 후여야 효과가 있다. 아울러 너무 뜸하게 편지를 보내거나, 너무 차갑게 대하거나, 다른 사람한테 지나친 관심을 보이는 것도 좋지 않다. 20장에서 설명했듯이, 경우에 따라 고통

인간 관계의 법칙

과 쾌락을 번갈아 제공하면서 상대를 의존적으로 만들거나 스스로를 완전히 포기하게 만드는 전략이 필요할 수 있다.

성격 자체가 원래 소극적인 사람들은 당신이 과감한 조치를 취해주기를 바란다. 그렇기 때문에 만약 당신이 아무 조치도 취하지 않고 가만히 있으면, 실망할 수도 있다. 그런 상대를 대하면서 얻는 기쁨도 적극적인 상대를 대하면서 얻게 되는 기쁨에 못지않다. 하지만 그런 상대를 대할 때에도 지켜야 하는 원칙은 비슷하다.

정성스럽게 심어서 잘 돌봐주면 석류는 익기 시작한다. 너무 일찍 수확하거나 나뭇가지에서 억지로 떼어내면, 석류는 시고 딱딱해서 먹을 수가 없다. 알이 빼곡하게 들어차고 과즙이 풍부해질 때까지 내버려두면, 석류는 저절로 떨어진다. 석류가 제일 맛있을 때는 바로 이때다.

STRATEGY 22
미끼

단 하나의 감각에 집중시켜라

—

성격이 적극적인 상대는 위험하다. 조종당하고 있다는 낌새가 느껴지면, 그들은 금세 의심을 품는다. 따라서 그런 상대를 대할 때는 스스럼없는 태도와 은근한 성적 매력으로 부드럽게 어루만지면서 잠자고 있는 그들의 감각을 깨워야 한다. 겉으로는 냉정하고 무관심한듯한 태도로 경계심을 누그러뜨리되, 진한 욕망이 배어 있는 시선과 목소리, 행동으로 그들의 피부 깊숙한 곳을 파고들어 그들의 감각을 뒤흔들고 체온을 끌어올려야 한다. 그런 상대일수록 강압적으로 육체를 요구해서는 절대 안 된다. 그 대신 알게 모르게 열기를 감염시켜 상대 스스로 욕망에 사로잡히게 만들어야 한다. 상대를 격정적인 순간으로 이끌라. 그리하여 도덕이나 판단, 미래에 대한 걱정을 모두 벗어던지고 육체가 쾌락에 굴복하게 만들어라.

도덕적 잣대는 필요 없다

요즘처럼 사람들의 마음이 산만했던 적은 일찍이 없었다. 끊임없이 쏟아져 나오는 정보로 인해 사람들은 방향을 잡지 못하고 헤매고 있다. 한시도 가만히 있지 않고 늘 지나치게 곤두서 있는 신경을 끄기란 거의 불가능한 일이다. 그러려고 애쓸수록 생각은 더 복잡해지기만 할 뿐이다. 불만족스러운 현실은 교활한 유혹자에게 무한한 기회를 제공해준다. 우리 주변은 과도한 정신적 자극으로부터 벗어나고 싶어 하는 사람들로 넘쳐나고 있다.

육체적 쾌락이라는 부담 없는 미끼로 그들을 유혹하되 산란해진 마음을 안정시키려면, 어느 것 하나에만 집중하게 만드는 방법밖에 없음을 명심해야 한다. 최면술사는 환자에게 줄이 달린 시계를 흔들면서 시계에 주목하라고 주문을 한다. 일단 환자가 집중하는 데 성공하면, 마음이 안정되고 감각이 깨어나면서 몸이 새로운 감정과 암시에 쉽게 반응하게 된다. 유혹자도 최면술사처럼 상대가 자신에게 집중하게 만들어야 한다.

여기까지 오면, 상대의 마음은 온통 유혹자의 모습으로 가득 채워지게 된다. 편지와 기념품, 공유된 경험은 당신이 없는 동안에도 상대에게 당신의 존재를 일깨워준다. 이제 유혹의 육체적 단계로 접어들면, 더욱 자주 상대를 만나면서 관심을 쏟아부어야 한다. 유혹자에 대해 생각하면 할수록 상대는 일과 임무에 대한 생각에서 점점 멀어진다. 마음이 어떤 대상에 집중하게 되면, 그동안의 긴장이 풀리면서 당신을 지배하는 잡다한 생각들은 표면에서 사라지고 만다. 상대로 하여금 잡다한 생각에서 벗어나게 하려면, 당신이 먼저 모범을 보여야 한다. 아무것에도 얽매이지 않는, 순간에 충실한 모습을 보이면서 상대도 그런 상태에 이르도록 이끌어야 한다. 최면술사의 강렬한 시선을 보면, 환자의 시선도 똑같이 강렬해지는 법이다.

상대의 부산한 마음이 일단 잠잠해지기 시작하면, 감각이 되살아나면서 유혹자가 던지는 육체적 미끼가 두 배의 힘을 발휘하게 된다. 이제 뜨거운 시선만으로도 상대는 몸이 달아오른다. 육체적 미끼를 던질 때는 먼저 눈에 호소하는 것이 좋다. 우리 문화에서 사람들은 시각적인 감각에 가장 많이 의존하기 때문이다. 외모도 중요하지만, 유혹자는 그와 더불어 상대의 감각을 뒤흔들 수 있는 능력을 지니고 있어야 한다. 감각은 서로 연결되어 있다. 후각에 호소하면 촉각이, 촉각에 호소하면 시각이 자극을 받게 되는 것은 그 때문이다. 예를 들어 '우연한' 신체 접촉은 충격을 야기하면서 눈의 감각을 활성화시키는 효과가 있다. 신체 접촉을 시도할 경우, 강압적인 느낌이 들게 해서는 안 된다. 그보다는 가볍게 스치는 것이 좋다. 게다가 그윽한 목소리까지 가세하면 분위기는 한층 고조된다. 이렇게 해서 감각이 살아나면, 이성적인 사고는 뒷전으로 밀려나게 되어 있다.

상대를 유혹의 마지막 단계로 꾀어 들이려면 너무 노골적으로 행동해서는 안 된다. 어떤 계획을 짜든 이성이 아니라 감각에 호소해야 한다. 상대가 말이나 행동이 아니라 몸을 통해 단서를 읽을 수 있도록 해야 한다. 당신의 몸이 상대를 향한 욕망으로 빛을 발하게 만

인간 관계의 법칙

들어야 한다. 눈에서, 떨리는 목소리에서, 상대의 몸과 부딪쳤을 때의 반응에서 욕망이 읽히게 해야 한다.

이런 식으로 행동하도록 따로 몸을 훈련시킬 수는 없지만, 자신에게 맞는 상대를 고른다면(STRATEGY 1. 목표 선정) 모든 것이 자연스럽게 이루어질 수 있다. 유혹을 하는 동안에는 잠시 자신을 억누르면서 상대를 자극하고 끝내는 좌절하게 만드는 데 몰두해야 한다. 당신이 욕망을 억제할수록 상대는 더욱 안달하게 된다. 일단 상대가 자신에게 푹 빠졌다고 판단되면, 억눌렀던 욕망을 분출시켜 몸을 뜨겁게 달궈라. 그렇다고 해서 굳이 신체적 접촉이 필요한 것은 아니다. 성적 욕망은 전염성이 강하다. 그들이 먼저 행동하게 만들어라. 그래야 속셈을 감출 수 있다. 그리고 나서 행동해도 늦지 않다.

유혹자의 역할은 상대가 스스로 육체적인 흥분의 징후를 드러내도록 유도하는 데 있다. 그런 징후는 다양하다. 이런 징후가 보이면, 유혹자는 재빨리 행동을 개시해 상대가 순간에 몰두하게 만들어야 한다. 일단 상대가 순간에 정신이 팔리면 상황은 끝난다. 그때가 되면 그들의 마음이나 의식이 더 이상 영향을 미치지 못하기 때문이다. 과거니 미래니 도덕적 기준이니 하는 것들은 흔적도 없이 사라지고, 결국 육체는 쾌락에 굴복할 수밖에 없다.

금기로부터 자유로운 유혹의 세계

상대를 순간으로 인도할 경우, 염두에 두어야 할 점이 몇 가지 있다. 첫째, 단정한 외모보다 약간 흐트러진 모습이 감각에 미치는 효과가 더 크다. 침실을 연상시키기 때문이다. 둘째, 육체적 흥분의 징후를 재빨리 감지해야 한다. 홍조 띤 얼굴, 떨리는 목소리, 눈물, 억지웃음, 나른한 몸짓 등은 상대가 순간으로 빠져들고 있다는 징후다. 그런 기미가 보이면, 지체하지 말고 몰아붙여야 한다.

유혹은 마치 전쟁과도 같다. 유혹은 밀고 당기는 게임이다. 처음에는 멀리서 적을 추적한다. 주요 무기는 눈빛과 신비감이 감도는 태도다. 눈빛으로 상대를 압도하려면, 목표물의 급소를 노리는 칼날처럼 짧은 순간 잠시 번득였다가 언제 그랬냐는 듯 다시 거두어들여야 한다. 눈으로는 욕망을 드러내되, 나머지 표정은 변화가 없어야한다. 미소는 시선을 통해 얻은 효과를 망칠 수도 있다. 일단 상대의 몸이 달아오르면, 후퇴할 틈이나 자신의 위치를 생각할 시간을 주지 말고 바로 육탄전으로 돌입해야 한다. 듣기 좋은 말로 상대의 매력을 칭찬하는 것도 아주 중요하다. 그럴 경우 상대는 자기도 모르게 우쭐해져서 두려움을 잊게 된다. 유혹자가 그렇게 공격적으로 된 것은 그만큼 그들 자신이 매력적이기 때문이라고 생각하게 만들어라. 스스로를 매력적이라고 느끼게 만드는 것보다 더 훌륭한 육체적 미끼는 없다.

수영이나 춤과 같이 육체적 활동을 서로 공유하는 경험은 유혹의 육체적 단계에서 탁월한 효과를 발휘한다. 육체적인 경험을 공유할 경우, 마음의 긴장이 서서히 풀리면서 육체가 몸의 법칙에 순응하게 된다. 유혹자는 그 점을 노려야 한다. 그 순간에 이르면 도덕적 판단은 모두 사라지고 몸이 순수한 상태로 되돌아가게 된다. 물불을 가리지 않는 거침없는 태도도 상대를 그런 감정 상태로 이끄는 데 어느 정도 도움이 될 수 있다.

유혹의 육체적인 부분에서 가장 큰 걸림돌은 상대가 받은 교육이다. 교육 수준이 높을수록 육체를 억압하고, 감각을 둔화시키고, 의심을 잘하는 습성이 있다. 모든 것은 유혹자의 손에 달려 있다는 점을 유념해야 한다. 유혹이 육체적인 단계로 접어들면, 금제와 의심, 미적미적 따라다니는 죄책감과 불안을 떨쳐버리도록 스스로를 단련해야 한다. 상대를 취하게 하려면, 알코올보다도 자신감과 느긋한 태도가 훨씬 더 효과적이다.

무조건 밝은 모습을 보여주어라. 이 세상에 거칠 게 하나도 없다는 인상을 심도록 하라. 상대로 하여금 문명의 짐을 벗어던지고 당신의 안내에 따라 자연스럽게 몸을 맡기도록 해야 한다. 일이나 임무, 결혼, 과거나 현재에 대한 이야기는 삼가도록 하라. 그런 이야기는 다른 사람들이 하는 것으로도 충분하다. 그 대신, 순간에 몸을 던질 수 있는 기회를 제공하라. 유혹자는 상대의 이성을 마비시키고 감각을 되살릴 수 있어야 한다. 그러기 위해서는 우선 유혹자 자신부터 도덕과 판단의 잣대를 내던져야 한다. 그래야 상대를 규칙과 금기로부터 자유로운 쾌락의 세계로 이끌 수 있다.

반전

순간에 빠지는 것을 두려워하는 사람들도 있다. 정신적인 미끼를 사용하면 유혹의 육체적인 성격을 위장할 수 있다. 이는 레즈비언 유혹자 나탈리 바니가 사용했던 방법이기도 하다. 그녀가 활동하던 20세기 초에는 동성애가 지탄의 대상이었으며, 동성애를 처음 접하는 여성들은 많은 경우 수치심이나 혐오감을 느꼈다. 바니 역시 상대를 유혹의 육체적인 단계로 이끌었지만, 시와 신비주의로 포장해 그들을 안심시켰다.

요즘은 타인의 성적 취향을 존중하는 편이지만, 아직도 많은 사람들이 자신의 육체에 대해 불편함을 느낀다. 따라서 순전히 육체적으로만 접근할 경우, 사람들에게 두려움과 혼란을 야기할 수 있다. 그들의 경계심을 누그러뜨리려면, 정신적이고 신비한 결합이라는 인상을 줘야 한다.

떼목을 타고 물살에 이리저리 흔들리면서 바다로 나가면, 곧이어 해안선은 사라지고 둘만 남는다. 끝없이 펼쳐진 바다는 근심과 걱정은 모두 잊고 당신 자신만 생각하라고 손짓한다. 닻도 방향도 없이, 과거와 연결된 끈을 끊고 새로운 감정에 몸을 맡기다 보면 그동안 우리를 짓눌렀던 제약은 어느덧 모두 사라진다.

인간 관계의 법칙

STRATEGY 23
기습

기회가 다가오면
과감하게 돌진하라

—

이제 때가 무르익었다. 상대는 분명 욕망에 사로잡혀 있지만, 아직
은 그런 사실을 공공연하게 인정할 준비가 되어 있지 않다. 지금은
기사도나 애교를 내던지고 과감한 조치로 상대를 압도해야 할 때
다. 상대에게 결과를 생각할 시간을 주어서는 안 된다. 그러면 갈등
만 생길 뿐이다. 팽팽한 긴장 상태에서 벗어나려면 과감한 행동이
필요하다. 주저하거나 어색해하는 모습을 보여서는 안 된다. 그럴
경우 속으로 뭔가를 재고 있다는 인상을 주기 때문이다. 그보다는
상대의 매력에 푹 빠졌다는 인상을 주어야 한다. 절대 뒤로 물러서
거나 상대와 타협하지 마라. 이제는 정치적이 아니라 유혹적이어야
한다. 어떠한 경우에도 공격의 고삐를 늦추지 마라.

과감한 행동이 상대를 무장해제시킨다

유혹의 법칙은 실제 세상과는 판이하게 다르다. 일상에서 적용되는 법칙들은 유혹에서는 정반대의 효과를 낼 수 있다. 실제 세상에서는 모든 것이 동등하게 보여야 한다. 너무 많은 권력을 가지고 있거나 권력욕을 너무 강하게 드러낼 경우, 질투와 분노를 야기하기 쉽다. 그래서 사람들은 겉으로나마 친절하고 정중하게 행동하는 법을 배운다. 권력을 쥔 사람들도 겸손하게 보이려고 노력한다. 상대방을 자극하고 싶지 않기 때문이다. 하지만 유혹에서는 모두 제약을 벗어던지고 자신의 어두운 면을 드러낼 수 있다. 다시 말해 유혹에서는 좀 더 자기다워질 수 있다. 이와 같은 자연스러움은 그 자체로 유혹적이다. 문제는 실제 세상에서 너무 오래 생활하다 보니 자기다워질 수 있는 능력을 잃어버렸다는 데 있다. 우리는 소심하고, 겸손한 데다, 지나치게 정중하다. 잘못 길들여진 겸손에서 벗어나려면 어린 시절의 대담성을 되찾아야 한다.

원래부터 소심하게 태어난 사람은 없다. 소심함은 우리가 개발한 일종의 방어기제다. 무모하게 도전하지 않는다면, 실패나 성공의 결과에 고통받을 필요도 없다. 친절하고 주제넘게 참견하지 않는다면, 모든 사람에게 성자 같다는 인상을 줄 수 있다. 하지만 소심한 사람들은 지나칠 정도로 남들의 시선을 의식하는 것일 뿐 결코 성자는 아니다. 겸손은 사회생활을 하는 데에는 유용할지 모르지만, 유혹에서는 치명적이다. 물론 겸손한 성자처럼 행동해야 할 때도 있다. 하

인간 관계의 법칙

지만 유혹에서는 그런 가면을 벗어던져야 한다.

유혹을 성사시키려면 무엇보다도 과감해야 한다. 당신이 과감하게 나와야 상대도 과감하게 행동할 수 있다. 사람들은 억눌린 자신의 성격을 드러낼 수 있는 기회를 열망한다. 유혹의 최종 단계에서 과감함은 어색함이나 의심을 날려버린다. 춤을 출 때도 한 사람이 이끌면 다른 사람은 따라가야 한다. 유혹은 평등한 게임이 아니다. 상대를 화나게 할지도 모른다는 두려움 때문에 뒤로 물러서거나 권력을 공평하게 나누어 갖는 게 옳다고 생각할 경우, 재앙을 초래할 뿐이다. 유혹은 타협을 모색하는 장이 아니라 쾌락을 추구하는 장이다. 유혹에서는 남자든 여자든 과감하게 행동해야 한다. 상대가 안쓰럽게 느껴질 경우, 굴복하는 사람의 기쁨이 공격하는 사람의 기쁨보다 훨씬 크다고 생각하라.

사랑과 유혹에서 허영심의 역할을 과소평가하지 마라. 시간을 두고 천천히 진행되는 구애는 상대의 허영심을 채워줄 뿐만 아니라 과감한 행동의 효과를 더욱 증폭시키는 결과를 낳는다. 과감한 행동은 기습적으로 이루어져야 하지만, 상대를 너무 놀라게 하는 것은 좋지 않다. 상대가 당신에게 빠지고 있다는 징후들을 읽을 수 있어야 한다. 당신을 대하는 상대의 태도가 변하긴 했지만, 아직까지는 초조함을 내비친다. 속으로는 이미 백기를 든 상태이지만, 아직은 과감한 행동을 바라지 않는다. 바로 이때 공격해야 한다. 그리고 상대의 매력 때문에 정신이 팔려 자기도 모르게 과감한 행동을 할 수밖에 없었다는 인상을 심어주어야 한다. 상대를 너무 오래 기다리게 하면 기습 효과가 떨어지게 된다.

긴장과 망설임의 정도가 클수록 상대가 느끼는 해방감도 크게 마련이다. 그들은 항복하기로 결정한 순간, 마치 오랫동안 기다려온 여름철의 소나기처럼 긴장을 쏟아낸다. 과감한 행동은 미리 계획해서는 안 된다. 그럴 경우 의도적으로 보일 수 있기 때문이다. 기회의 순간을 기다려야 한다. 상황을 자신에게 유리하게 활용하려면 늘 긴장하고 있어야 한다. 그래야 기회가 왔을 때 당황하지 않고 순간적으로 대처할 수 있다. 상대의 욕망을 자극하려면, 먼저 유혹자 자신부터 욕망에 압도된 듯한 인상을 심을 수 있어야 한다. 그러고 나서 상대가 과감한 행동을 기대하고 있다는 판단이 들면, 한 걸음 뒤로 물러나 안심하게 만들었다가 기습 공격을 가하라.

과감한 행동에는 극적인 효과가 더해져야 한다. 상대로 하여금 공격을 받으면서도 마치 꿈속에 있는 듯한 느낌이 들게 만들어야 한다. 극적인 효과는 주변 상황이나 행동을 통해 얼마든지 연출이 가능하다. 두려움도 긴장을 고조시키는 요소가 될 수 있다. 어떤 무기를 사용하건 간에 똑같은 일상과 확연히 구분되는 순간을 만들어야 한다.

감정에 빠진 사람은 약해질 수밖에 없다. 상대가 감정에 빠지면, 순간의 드라마는 더욱더 흥미로워진다. 그리고 상대의 감정을 끌어올리는 데에는 자신의 감정을 전염시키는 것보다 더 좋은 방법은 없다. 사람들은 분위기에 아주 민감하다. 상대의 저항이 줄어드는 유혹의 마지막 단계에서 그 효과는 더 크게 나타난다. 과감한 행동을 취할 때는 말이 아닌 분위기로 자신이 필요로 하는 감정을 상대에게 전염시킬 수 있어야 한다. 이처럼 감정의 전이를 통해 상대의 무의식을 파고들 경우, 상대는 자신도 모르는 사이에 저항할 능력을 잃고 만다.

과감한 행동은 남성들만의 전유물처럼 보일 수도 있지만, 역사는 과감한 행동으로 성공을 거둔 여성 유혹자들로 가득하다. 먼저 좀 더 전통적 유형인 코케트형의 여성들을 꼽을 수 있다. 이들은 갖은 교태로 남성의 욕망을 자극해 완전히 손에 넣은 다음, 마지막 순간에 한 걸음 뒤로 물러나 상대 남성으로 하여금 과감한 행동을 취하게 만든다. 코케트는 남성이 더 이상 참을 수 없을 때까지 자극하고 나서 눈빛과 몸짓으로 그를 받아들일 준비가 되어 있다는 신호를 보낸다. 역사상 유명한 창부들은 바로 이런 방법을 사용해왔다. 안토니우스를 유혹한 클레오파트라나, 나폴레옹을 사로잡은 조제핀이나 다 이 방법을 사용했다. 남성은 스스로 남자답다고 착각하지만, 진짜 공격자는 바로 이들이다.

두 번째 유형의 여성들은 굳이 상대 남성을 착각하게 만들 필요를 느끼지 않는다. 이들은 자기가 주도권을 쥐고 먼저 상대를 공격한다. 이들은 공격자보다 희생자가 되고 싶어 하는 상대의 욕구를 자극했다. 과감한 여성이 눈길을 끄는 이유는 첫 번째 유형의 여성에 비해 숫자가 워낙 적기 때문이다. 미온적인 남편이나 소심한 애인만 보다가 과감하게 행동하는 유혹자를 만날 경우, 그 차이가 확연하게 느껴지기 마련이다. 유혹자는 바로 이 점을 노려야 한다. 다들 대담하다면 대담함이 새삼스럽게 매력으로 다가오지는 않을 것이다.

반전

두 사람이 서로 합의점을 찾게 되면 유혹은 성립될 수 없다. 따라서
반전도 없다.

∞

도저히 끝날 것 같지 않은 무더운 날씨가 연일 계속되면서 땅이 바짝 말
라 있다. 그리고 나면 공기가 묵직하고 답답하게 느껴지면서 폭풍 전의
고요가 찾아온다. 잠시 후 갑작스러운 돌풍과 함께 번개가 내리치면서
흥분과 공포가 조성된다. 몸을 피할 곳을 찾을 시간도 주지 않고, 장대
같은 빗줄기가 쏟아지면서 드디어 해방감이 밀려든다.

인간 관계의 법칙

정리

이별의 순간
두 번째 유혹을 준비하라

—

성공적인 유혹 뒤에는 위험이 따른다. 감정이 최고조에 달하고 나면 권태, 불신, 실망과 같은 정반대의 감정에 휘말리는 경우가 종종 있다. 질질 끄는 작별은 삼가도록 하라. 불안을 느낀 상대가 울며 매달리면 둘 다 고통을 받게 된다. 헤어져야 할 경우 이별 의식은 짧을수록 좋다. 필요하다면 상대에게 걸어둔 주문을 철회하라. 반대로 관계를 지속시키고 싶을 경우에는 긴장이 풀리는 것을 경계해야 한다. 너무 익숙한 느낌을 주게 되면 환상이 깨질 수 있다. 게임이 지속될 경우, 두 번째 유혹이 필요하다. 어떤 경우에도 당연히 옆에 있는 존재라는 인상을 주어서는 안 된다. 상대를 계속 애타게 하려면 부재 전략으로 끊임없이 고통과 갈등을 야기해야 한다.

유혹의 주문 풀기

유혹은 마법의 주문을 거는 것과 같다. 누군가를 유혹할 때, 사람들은 평상시의 모습과는 아주 다른 모습을 보인다. 자신의 존재를 드러내 보이기 위해서 따로 여러 가지 역할을 연기하기도 한다. 자신의 속셈과 불안을 감출 수 있다면 못할 일이 없다. 상대는 당신이 의도적으로 조성한 신비감과 긴장 상태를 통해 실제 같은 드라마를 경험한다. 당신이 건 주문에 넘어간 상대는 일과 책임감의 세계에서 저만치 멀어진 듯한 느낌을 받는다.

마침내 유혹이 완료되는 시점에 이를 때까지 긴장을 고조시키고 감정을 자극하면서 이런 상태를 가능한 한 오래 유지해야 한다. 하지만 유혹이 완료되고 나면 상대는 마법에서 풀려나게 된다. 긴장이 풀린 뒤에는 실망이 뒤따르는 법이다. 그럴 경우 상대는 그런 감정이 지극히 자연스러운 현상임에도 불구하고 당신에게 노골적으로 혐오감을 드러낼 수도 있다. 이는 시간이 지나면 약의 효과가 떨어지는 이치와 비슷하다. 약의 효과가 떨어지면, 상대는 당신을 있는 그대로 보게 된다. 당연히 결점이 눈에 띌 테고, 그 순간 상대는 실망을 느낄 수밖에 없다. 유혹하는 사람의 입장에서도 상대를 이상화하는 경향이 있기 때문에 일단 욕망을 채우고 나면 상대가 나약해 보일 수도 있다(결국 상대는 당신에게 굴복한 상태가 아닌가). 당신 역시 실망을 느낄 수 있다. 아무리 상황이 좋다 하더라도 이제는 환상이 아닌 현실을 다뤄야 할 때이기 때문에 불꽃은 서서히 사그라든다.

두 번째 유혹을 시작해야 하는 이유가 바로 여기에 있다.

상대가 만족할 경우, 그것으로 끝이라고 생각할지도 모르겠다. 하지만 때로 관계를 청산하려는 노력이 상대를 더욱더 매달리게 하는 결과를 낳을 수도 있다. 깔끔하게 헤어지려면 주문을 풀어야 하고, 관계를 지속시키려면 다시 주문을 걸어야 한다. 다시 말해 유혹이 끝난 뒤에도 기술이 필요하다. 바람직하지 못한 후유증을 피하려면 다음에 소개하는 전술들을 익혀두는 것이 좋다.

타성을 경계하라

상대를 마법에서 깨어나게 하려면 예전에 비해 덜 노력하고 있다는 인상을 주는 것으로 충분하다. 그들은 과거에 당신이 보여주었던 행동들을 되새기면서 당신의 의도를 의심하게 된다. 그때는 뭔가를 원했지만, 욕구를 채우고 나면 자기도 모르게 상대에게 소홀해질 수밖에 없다. 따라서 첫 번째 유혹이 끝나면 아직도 끝나지 않았음을 보여주어야 한다. 다시 말해 예전과 똑같이 그들에게 관심을 쏟으면서 끊임없이 미끼를 던져야 한다. 그럴 경우 상대가 마법에서 깨어 날 위험은 거의 없다. 일상에 안주하려는 경향을 경계해야 한다. 밀고 당겨야 하는 상황이 재연된다 하더라도 유혹을 멈춰서는 안 된다. 또한 육체적인 매력에만 의존해서는 안 된다. 아무리 아름다운 얼굴도 너무 자주 보게 되면 질리게 마련이다. 유일한 전략은 타성에 빠지지 않는 것이다.

신비감을 유지하라

익숙함은 유혹의 무덤이다. 상대가 당신의 모든 것을 알게 되면, 관계가 편안해지긴 하지만 환상과 불안의 요소는 사라지고 만다. 불안과 두려움이 없이는 성적 긴장을 기대할 수 없다. 현실은 유혹적이지 않다는 점을 명심하라. 계속 어두운 면을 유지하면서 상대의 기대를 무색하게 만드는 한편, 때로 부재 전략을 구사해 상대의 소유욕을 사전에 분쇄해야 한다. 신비감을 유지하지 못하고 익숙한 느낌이 끼어들면, 상대로부터 당연한 취급을 받게 된다. 그다음에 전개될 사태의 책임은 오직 스스로에게 물어야 한다.

가벼운 분위기를 유지하라

유혹은 생과 사의 문제가 아니라 일종의 게임이다. 유혹 이후의 단계에서 너무 심각한 반응을 보이면 관계가 다시 멀어질 수 있다. 상대를 등 돌리게 만들 작정이라면 모를까, 그렇지 않을 경우 잔소리는 가급적 삼가야 한다. 우는소리로는 상대를 지배할 수 없다. 불평은 상대의 방어 본능을 건드려 문제를 더욱 악화시킬 뿐이다. 상대를 제압하는 데에는 적당한 활력을 유지하는 것이 훨씬 효과적이다. 가끔 재미있는 일을 꾸며 상대를 즐겁게 해주기도 하고 잘못도 너그럽게 눈감아주면, 상대는 훨씬 다루기가 쉬워진다. 절대 상대를 개조하려 하지 마라. 대신 상대가 스스로 따라오게 만들어라.

　　　　　　　　　　　　　　　　　　인간 관계의 법칙

지루한 소모전은 피하라

주문에서 풀려나도 관계를 깰 용기가 부족해 미적거리는 경우가 많다. 이럴 때 모습을 감추면 상대의 욕망에 다시 불을 붙이는 역효과를 낼 수도 있다. 그렇게 되면 다시 쫓고 쫓기는 지루한 소모전이 시작된다. 상대에게 더 이상 흥미를 느끼지 못할 경우, 굳이 사과하려 들지 말고 재빨리 끝내라. 어줍잖은 사과는 상대에게 모욕감만 심어줄 뿐이다. 이별이 빠를수록 후유증을 극복하기도 쉬워진다. 정말 상대에게 정이 떨어졌다면, 더 이상 미적거리지 마라. 괜한 동정심 때문에 질질 끄는 것보다 차라리 깨끗하게 헤어지는 쪽이 상대를 도와주는 것이다. 이별을 선언하기가 난처하다면, 반유혹자적인 행동으로 상대를 마법에서 깨어나게 만들어라.

다시 유혹하기

나폴레옹은 프랑스와 자신의 군대를 생각할 때마다 마치 유혹할 상대를 대하듯 했다. 드 세귀르 장군은 그에 대해 이렇게 썼다. "권력이 필요한 순간이 오면, 그는 남자처럼 명령을 내리지 않고 마치 여자처럼 유혹한다." 엘바 섬을 탈출한 뒤 프랑스 국민을 상대로 한 나폴레옹의 두 번째 유혹은 고전적인 유혹이 아니라, 이를테면 재유혹이었다. 그는 옛날 감정을 자극해 다시금 옛사랑을 일깨웠다. 일단 누군가를 유혹하고 나면, 일시적인 소강 상태에 이어 실망이 찾아오게 마련이다. 그 때문에 사람들은 때로 헤어지기도 한다. 하지만 똑같은 상대를 다시 유혹하는 일은 생각보다 훨씬 쉽다. 옛날 감정은 결코 사라지지 않는다. 다만 잠자고 있을 뿐이다. 따라서 상대를 놀라게 하면, 다시 그런 감정 상태로 되돌릴 수 있다.

과거를, 자신의 젊은 시절을 되살려 다시 옛날 감정을 느낄 수 있다는 것은 기쁜 일이 아닐 수 없다. 다시 유혹을 해야 할 경우, 나폴레옹처럼 극적인 효과를 노리도록 하라. 즉, 기억을 되살릴 수 있는 옛날 이미지, 상징, 표현을 이용하는 것이 좋다. 프랑스 국민처럼 당신이 유혹하려는 상대도 이별의 고통은 어느새 잊어버린 채 좋은 일만 떠올릴 것이다. 두 번째 유혹은 과감하고 신속하게 이루어져야 한다. 다시 말해 상대에게 재고하거나 의심할 시간을 주어서는 안 된다. 나폴레옹처럼 현재의 연인과 대비되는 모습을 보여주는 것도 좋은 방법이다.

누군가를 다시 유혹하고자 한다면, 자신을 속속들이 알지 못하는 상대를 골라야 한다. 다시 말해 당신에 대한 기억이 호의적이고, 성격상 의심을 잘 못하고, 현재의 환경에 불만을 품은 상대가 적당하다. 시기도 중요하다. 시간은 장점은 돋보이게 해주고, 결점은 잘 보이지 않게 해준다. 이별을 끝이라고 생각하지 마라. 약간의 드라마 같은 사건과 계획만 갖춰지면, 언제라도 상대를 다시 손에 넣을 수 있다.

반전

상대를 계속 붙잡아두려면 끊임없이 유혹해야 한다. 하지만 조금 익숙한 느낌은 허용해도 무방하다. 상대는 당신을 알고 싶어 한다. 지

인간 관계의 법칙

나친 신비감은 의심을 야기할 수 있다. 게다가 계속 신비감을 조성하려면 본인이 피곤할 수도 있다. 따라서 완전히 낯선 느낌을 고집하기보다는 가끔 과거와 같은 방식으로 상대를 놀라게 해줌으로써 그들의 호기심을 어느 정도 채워주는 것이 좋다. 그럴 경우 그들은 계속해서 당신을 알아가고 있다는 생각에 기쁠 것이다. 하지만 너무 많이 알게 해서는 안 된다.

∞

아침이 되면 모닥불은 수명을 다하고 그 속에 남아 있던 깜부기불마저 서서히 사그라진다. 불을 관리할 때는 절대 요행에 맡겨서는 안 된다. 불을 끄려면 물이나 모래를 끼얹어 불길을 잡은 다음 탈 만한 것들을 치워야 한다. 반대로 다시 불을 지피려면 불꽃이 활활 타오를 때까지 부채질을 하고 땔감을 공급해야 한다. 지속적인 관심과 경계심만이 깜부기불을 계속 타오르게 할 수 있다.

관계 전략을
실행하기 좋은 상황

유혹자는 상대가 서서히 내적 변화를 느낄 수 있도록 해야 한다. 유혹자의 영향력 아래, 그들은 경계심을 풀고 마치 다른 사람처럼 행동하면서 새로운 자유를 만끽한다. 그런 점에서 특정한 장소나 환경, 새로운 경험은 그들을 당신의 의도대로 변화시키는 데 큰 도움이 된다.

화려하고 극적인 분위기가 느껴지는 공간은 그들을 어린아이처럼 들뜨게 해 이성적인 판단을 할 수 없게 만든다. 변화된 시간 감각도 똑같은 효과를 발휘한다. 잊지 못할 추억의 순간들은 축제와 놀이의 한복판에 있는 듯한 착각을 불러일으킨다. 결론적으로 말해서, 함께 있으면 현실 세계와는 다른 경험을 할 수 있다는 환상을 상대에게 심어줄 수 있어야 한다.

축제의 시간

옛날부터 축제는 지루한 일상이 반복되는 삶에 변화를 가져다주는 역할을 해왔다. 사람들은 적어도 축제 기간만큼은 의무와 책임감에서 벗어나 광란의 시간을 보낼 수 있었다. 그들은 가면을 쓰거나 특별한 의상을 입고 전혀 다른 사람이 되곤 했다. 축제는 일상의 무거운 짐을 벗어던지는 해방의 순간이었다. 이러한 축제는 사람들의 시간 감각까지 변화시켜 자기 자신을 잊게 만들었다. 시간은 정체된 듯이 보였다.

이처럼 축제는 일상과는 완전히 다른 경험을 의미했다. 그런 점에서는 유혹도 마찬가지다. 유혹의 과정이 진행될수록 상대는 일상과는 아주 다른 경험을 하게 된다. 그들은 유혹자가 제공하는 쾌락과 놀이에 빠져들어, 마치 가면을 쓴 것처럼 완전히 다른 사람이 될 수 있다. 그들과 함께 보내는 시간만큼은 오로지 그들을 위해 투자해야 한다. 일과 휴식이 반복되는 지루한 일상 대신, 그들에게 극적이고 근사한 순간을 제공해야 한다. 일상에서 흔히 볼 수 있는 장소와는 다른 장소로 그들을 데려가야 한다. 물리적인 환경은 사람들의 기분에 강한 영향을 미친다. 쾌락과 놀이에 빠져들 수 있는 장소는 은연중에 쾌락과 놀이에 대한 생각을 하게 만든다. 다시 일과 현실로 돌아갔을 때, 상대는 이전의 경험과 비교하면서 유혹자가 데려갔던 장소를 그리워하기 시작한다. 유혹자는 현실 세계가 멈추고 환상이 지배하는 축제의 시간과 장소를 만들 수 있어야 한다. 우리의 문화는 더 이상 그와 같은 경험을 제공하지 못한다. 하지만 그럴수록 사람들은 그런 경험을 동경한다. 거의 모든 사람들이 누군가가 유혹해주기를 기다리는 것은 그 때문이다. 따라서 그런 욕구를 채워준다면, 그들은 저절로 끌려오게 되어 있다.

매 순간을 드라마처럼 연출하라

극장은 현실과 동떨어진 마술의 세계 속에 있는 듯한 느낌을 제공한다. 배우들의 화장과 비록 가짜이지만 사람을 끌어들이는 무대장치, 다소 비현실적인 의상과 같은 화려한 볼거리들은 연극의 줄거리와 더불어 사람들에게 환상을 심어준다. 옷차림, 화장, 태도를 잘만 활용하면 실제 생활에서도 이러한 효과를 낼 수 있다. 관객들을 즐겁게 하기 위해 옷을 입는다고 생각하라. 여신 같은 분위기를 연출했던 마를렌 디트리히나, 매력적인 분위기를 연출했던 보 브리멀과 같은 댄디가 그 대표적인 경우다. 상대를 만날 때도 주변 환경이나 행동 하나하나를 미리 계산에 넣어 극적인 분위기를 연출할 수 있어야 하며, 상대가 다음에 어떤 일이 일어날지 전혀 예측할 수 없게 만들어야 한다. 온갖 우여곡절 끝에 행복한 결말에 이르는 한 편의 드라마를 볼 때처럼, 매 순간을 흥미진진하게 유도해야 한다. 한 마디로 공연을 하고 있다고 생각하라. 상대에게 마치 드라마 속의 주인공 같다는 느낌을 갖게 하라. 이 경우, 유혹자 자신도 현실에서와 전혀 다른 역할을 연기함으로써 마치 가면을 쓰고 있는 듯한 스릴을 맛볼 수 있다.

유쾌한 시각 언어를 사용하라

특정한 시각적 자극을 이용하면 현실에서 벗어난 곳에 있는 듯한 착각을 불러일으킬 수 있다. 생각을 하게 만들거나 죄책감을 야기할 수 있는 이미지는 피해야 한다. 그 대신 번쩍거리는 사물이나 거울, 물, 빛과 같은 현란한 이미지들로 가득 찬 환경을 제공하라. 이러한 공간은 보는 이의 감각을 온통 사로잡아 자기도 모르는 사이에 들뜬 기분에 빠져들게 한다.

공간을 인위적으로 꾸밀수록 효과는 더욱 커진다. 그들 안의 어린아이가 좋아할 만한 광경과 소리로 가득 찬 세계를 보여주어라. 많은 돈을 들인 사치스러운 공간은 현실 세계의 의무와 도덕 체계를 잊게 만드는 효과가 있다.

붐비거나 비좁은 공간을 이용하라

함께 모여 있으면 사람들은 심리적으로 쉽게 흥분한다. 축제는 군중이 만들어내는 전염성의 감정을 퍼뜨린다. 가끔 상대를 그런 곳으로 데려가 긴장을 풀게 만들어라. 이와 마찬가지로 비좁은 공간에서 오랜 기간 동안 함께 지낼 경우에도 사람들은 쉽사리 유혹에 빠져든다. 프로이트는 제자들을 모아놓고 여러 해 좁은 방에서 강의를 했는데, 그들 중 상당수가 연애 사건을 일으켰다. 축제처럼 사람들이 붐비는 곳이나 폐쇄된 세계가 주는 유혹의 효과는 매우 크다.

신비한 분위기를 연출하라

영적이거나 신비한 분위기는 현실을 잊게 만들어 사람들을 행복감에 취하게 만든다. 이는 육체적 쾌락으로 이어지는 작은 발걸음에 지나지 않는다. 점성술 책이나 천사의 이미지, 이국적인 음악 등 우리가 이용할 수 있는 소품들은 의외로 많다. 18세기의 위대한 오스트리아 최면술사 프란츠 메스머는 자신의 진료실을 하프 연주와 이국적인 향냄새, 멀리 떨어진 방에서 들려오는 여성의 노랫소리로 가득 채웠다. 그리고 벽은 스테인드글라스와 거울로 장식했다. 그를 찾는 환자들은 그 방에 들어가면 신경이 이완됨과 동시에 기분이 한껏 고양되면서 육체에까지 영향을 미치는 일종의 정신적인 흥분 상태를 경험하곤 했다. 이처럼 모호하면서도 신비한 분위기는 현실 세계를 차단하는 효과가 있다. 그 상태에서 영적인 분위기를 육감적인 분위기로 바꾸는 것은 그리 어려운 일이 아니다.

시간의 흐름을 잊게 만들어라

축제의 시간은 사람들로 하여금 생동감을 느끼게 하는 속도와 열정을 제공한다. 상대를 유혹하려면 심장을 빨리 뛰게 만들어 시간의 흐름을 잊게 해야 한다. 모든 것이 그들을 위해 멈춘 듯한 착각을 불러일으켜야 한다. 계속해서 몸을 움직여야 하는 장소로 그들을 데려가라. 새로운 구경거리로 그들의 주의를 딴 데로 돌리게 해준다는 점에서 같이 여행을 떠나는 것도 아주 좋은 방법이다. 젊음은 사라졌을 수도 있지만, 유혹은 나이에 상관없이 다시 젊어진 듯한 기

인간 관계의 법칙

분을 느끼게 해준다. 젊음은 활력이다. 유혹은 짧은 순간에 이루어지기 때문에 상대가 흥분에 들떠 마음이 해이해지는 틈을 노려야 한다. 뭐든 허용되는 분위기에 휩쓸려 자기도 모르게 긴장이 풀리게 마련이다. 나른한 쾌락은 전염성이 강한 법이다. 카사노바가 무도회에서 뭇 여성들을 유혹했듯이, 왈츠는 19세기의 레이크들이 선호하던 무기였다.

잊지 못할 순간을 제공하라

매일매일의 생활은 똑같은 행동이 끊임없이 반복되는 지루하고 고된 일과다. 반면 축제 때는 모든 것이 달라진다. 그 때문에 사람들은 축제를 영원히 잊지 못할 꿈같은 순간으로 기억한다. 상대를 축제나 극장과 같은 장소로 데려가 자연스럽게 유혹이 이루어지게 하는 방법을 사용하든, 아니면 극적인 행동으로 상대의 감정을 자극하는 방법을 사용하든 뭔가 극적이고 색다른 순간을 제공해야 한다. 어떤 경우든 일이나 도덕에 대한 생각이 끼어들 수 없도록 순수한 여흥과 쾌락의 순간이 되도록 해야 한다. 루이 15세의 정부였던 부인 퐁파두르는 쉽게 권태를 느끼는 연인을 매 순간 다시 유혹해야 했다. 이를 위해 그녀는 다양한 파티와 무도회, 놀이를 고안한 데 이어 베르사유 궁전에 작은 극장까지 만들었다. 당신이 기울이는 노력이 클수록, 상대의 기쁨이 커진다는 점을 명심하라.

대중을 사로잡는 법

뭔가를 팔려면, 물건을 팔고 있다는 인상을 덜 줄수록 좋다. 이는 우리 자신을 팔 때도 마찬가지다. 자신의 주장을 너무 강하게 펼치면 의심을 사기 쉽다. 눈치채지 못하게 은근하고 부드럽게 다가가야 한다. 첫째, 우회적으로 접근하라. 언론이 관심을 가질 만한 뉴스와 이벤트를 만들어 자연스럽게 자신의 이름을 알리도록 하라. 둘째, 끊임없이 즐겁게 만들어라. 사람들에게 쾌락과 약속을 팔아 긍정적인 이미지를 심도록 하라. 셋째, 사람들의 마음을 사로잡는 이미지들을 사용해 무의식을 파고들어라. 부드러운 유혹에 저항한다는 것은 거의 불가능하다.

부드러운 판매 전략

유혹은 궁극적으로 주도권 싸움이다. 유혹에 항복하는 사람들은 기꺼이 주도권을 내준다. 그들이 적의를 드러내는 경우는 거의 없다.

당신이 어떤 책략을 사용하든 그들은 모두 용서한다. 당신은 그들에게 세상에서 아주 희귀한 상품인 쾌락을 제공해주기 때문이다. 이러한 권력 싸움에 능통하다면, 무수한 사람들을 정복할 수 있다.

군중이나 유권자, 나아가 국가 전체를 유혹할 때도 방법은 똑같다. 차이가 있다면, 유혹할 대상이 개인이 아니라 대중이라는 점과 긴장의 정도가 다를 뿐이다. 사람들은 이성을 유혹할 때 일부러 불안과 고통을 야기한다. 대중을 상대로 한 유혹은 이보다 좀 더 부드러울 뿐이다. 끊임없이 자극을 가하면서 쾌락을 제공한다면 그들은 넘어오게 되어 있다.

당신이 사회 저명인사거나 유행을 선도하는 위치에 있거나 공직에 입후보했다고 가정해보자. 그럴 경우 당신은 어떤 식으로든 자신을 팔아야 한다. 이러한 목표를 달성하는 방법으로 '딱딱한 판매 전략(직접적인 접근 방법)'과 '부드러운 판매 전략(우회적인 접근 방법)' 두 가지가 있다.

딱딱한 판매 전략을 구사할 경우에 당신은 당신의 재능과 아이디어, 정치적 메시지가 어째서 다른 사람보다 우월한지를 설명하면서 당신의 입장을 강하게 주장한다. 당신의 업적을 적극적으로 선전하고, 통계자료와 전문가의 의견을 인용하고, 때로는 당신의 메시지를 무시할 경우 후회할 일이 생길지도 모른다며 청중을 협박하기도 한다. 다소 공격적인 이러한 접근 방법은 자칫 바람직하지 못한 결과를 초래할 수도 있다. 즉, 고압적인 태도를 보이면 상대는 기분이 상해 당신의 말이 아무리 진실이라 하더라도 그 메시지를 거부할 수가 있다. 또 평소 통계자료와 전문가의 의견을 신뢰하는 사람들도 너무 강하게 밀어붙이면 저의를 의심받을 수 있다.

반면 부드러운 판매 전략은 수백만 명을 끌어들일 수 있는 가능성을 지니고 있다. 듣는 사람들의 귀를 즐겁게 하면 아무리 같은 이야기를 반복하더라도 짜증을 유발하지 않기 때문이다. 이러한 기술은 17세기 유럽의 돌팔이 의사들이 고안해냈다. 엉터리 만병통치약을 팔기에 앞서 그들은 먼저 광대가 등장하는 쇼를 보여주곤 했다. 사람들이 모여들고 청중이 웃음꽃을 피우며 경계심을 풀기 시작하면 돌팔이 의사들은 무대 위로 올라가 만병통치약의 신비한 효과에 대해 간단하고도 극적으로 설명하곤 했다.

그때 이후로 수 세기가 지난 지금, 마케팅 담당자, 광고업자, 정치 전략가를 비롯한 많은 사람들이 이러한 방법을 새롭게 조명하고 있지만, 기본 원리는 변함이 없다. 첫째, 당신의 이름이나 메시지를 긍정적인 분위기와 연계시켜 즐거움을 선사하라. 둘째, 열기를 고조시켜 긴장을 풀게 만들어라. 셋째, 뭔가를 팔고 있다는 인상을 줘서는 절대 안 된다. 뭔가 의도가 있는 것처럼 보이면 의심을 사기 쉽다. 즐겁고 유쾌한 분위기로 무대를 꾸미고 판매는 옆문을 통해 몰래 하라. 하지만 그 경우에도 자기 자신이나 특정한 아이디어를 파는 것처럼 보여서는 안 된다. 즉, 새로운 라이프스타일이나 좋은 분위기, 모험심, 최신 유행을 팔고 있는 것처럼 보여야 한다. 그렇지 않고 속내를 드러냈다가는 집단적인 반발을 살 수도 있다.

다음은 부드러운 판매 전략을 구성하는 몇 가지 기본 요소들이다.

인간 관계의 법칙

광고보다 뉴스를 활용하라

첫인상은 아주 중요하다. 청중과 처음 대면하는 자리가 광고나 선전 수단일 경우, 우리 역시 관심을 가져달라고 비명을 질러대는 수많은 광고 대열에 합류하는 셈이 되고 만다. 광고는 교묘한 조작극이자 일종의 속임수라는 점을 다들 알고 있다. 따라서 처음 대중 앞에 나타날 때는 언론에서 '무심코' 뉴스로 다룰 만한 이벤트를 만들어 자연스럽게 이목을 끄는 상황을 연출하는 것이 좋다.

사람들은 뉴스에 더 많은 관심을 기울인다. 그쪽이 더 사실적으로 보이기 때문이다. 비록 짧은 순간이라 하더라도, 뉴스를 통해 갑자기 등장하게 되면 몇 시간씩 방영되는 광고에 얼굴을 내밀었을 때보다 훨씬 설득력이 강하다. 철저한 사전 작업을 통해 극적인 효과와 동작, 긴장, 과감함을 두루 갖춘 이야기를 제공하도록 하라. 그러면 언론에서는 며칠 동안 당신의 기사를 다룰 것이다. 무슨 일이 있더라도 진짜 목적, 즉 자신을 팔고 있다는 것을 들켜서는 안 된다.

감정에 호소하라

이성적이고 직접적인 논쟁으로 메시지를 전달하려 해서는 안 된다. 그 방법으로는 청중의 관심을 끌 수 없다. 머리가 아닌 가슴을 움직이도록 하라. 열정, 애국심, 가족의 가치 등 기본적인 감정을 건드릴 수 있는 말과 이미지를 개발하라. 가족과 자녀, 미래에 대해 생각하게 만들어라. 그러고 나면 사람들의 관심을 끌기가 훨씬 쉬워진다.

이로써 당신의 진짜 메시지를 전달할 수 있는 관심과 공간이 확보

되었다. 며칠 뒤 청중은 당신의 이름을 기억하게 될 것이다. 그들이 당신의 이름을 기억하는 순간, 게임에서 반은 이긴 것이나 다름없다. 아울러 전쟁 영웅이나 어린이, 성자, 작은 동물 등 청중에게 호소력이 강한 이미지들로 주변을 채워라. 하지만 이들과의 친분을 의도적으로 이용하고 있다는 인상을 줘서는 절대 안 된다.

시각적 장치를 이용하라

메시지의 내용보다도 형식에 더 신경 써야 한다. 이미지는 말보다 훨씬 유혹적이다. 실제로 마음을 진정시키는 색채, 적절한 배경, 속도와 동작을 암시하는 시각적 장치들은 메시지를 전달하는 데 상당한 효과를 발휘한다. 청중은 겉으로는 연설 내용에 관심을 기울이는 척하지만, 실은 시각적 장치에 열중하고 있다. 시각적 장치는 사람들의 무의식을 파고들기 때문에 말이나 연설보다도 오래 기억에 남는다. 그런 점에서 시각적 장치는 최면 효과를 지닌다고 할 수 있다. 시각적 장치는 그것을 사용하는 연사의 의도에 따라 사람들을 행복하게 만들기도 하고, 슬프게 만들기도 한다. 사람들이 시각적 장치에 정신을 팔수록 판단력은 흐려지게 마련이다. 그렇게 되면 당신의 의도를 감추기가 훨씬 쉬워진다.

상대방의 언어로 말하라

친근한 말투를 사용하라. 어떤 경우에도 청중보다 우월하게 보여서는 안 된다. 거드름을 피운다거나 복잡한 말을 사용한다거나 통계자

인간 관계의 법칙

료를 너무 자주 인용하는 것은 금물이다. 그보다는 그들의 눈높이에 맞추면서 친밀감을 형성해야 한다. 그들을 이해하고, 그들의 정서와 언어를 공유하라.

사람들이 광고제작자와 정치가들의 책략에 냉소적인 반응을 보인 다면, 그들의 냉소주의를 이용하라. 결점을 굳이 숨기려 하지 말고, 서민의 한 사람이라는 인상을 심어주어라. 경쟁자들의 야비한 속임 수를 폭로하여 우리 역시 청중과 똑같은 생각이라는 점을 보여주어 라. 광고의 초점을 서민적이고 친근한 이미지에 맞추되, 가능한 한 출연 횟수를 줄여라. 그래야 점잖고 고상하게만 보이는 경쟁자들과 차별을 둘 수 있다.

사람들은 약자 편을 드는 경향이 있다. 따라서 때로 약점을 보여 주는 것도 필요하다. 청중의 친구라는 점을 강조하라. 그들의 심금 을 파고들어 경계심을 풀고 당신의 이야기에 귀 기울이게 하라.

연쇄 반응을 유도하라

다른 사람들에게도 인기가 있는 사람은 그렇지 않은 사람보다 훨씬 유혹적이다. 이미 사람들의 관심을 끌고 있는 것처럼 행동하라. 그 렇게 행동하다 보면 실제로 그렇게 된다. 새로운 사상이나 라이프스 타일을 선도하는 것처럼 보이면, 대중은 뒤처질지도 모른다는 두려 움 때문에 당신 주변으로 몰려들게 되어 있다. 로고, 슬로건, 포스터 로 자신의 이미지를 널리 알려라. 당신이 제공하는 것이 무엇이든 점점 많은 사람들이 그것을 갖고 싶다는 욕망에 사로잡히도록 해야 한다. 이는 자신을 파는 가장 쉽고도 유혹적인 방법이다.

사람들에게 그들 자신이 누구인지 알려주어라

상대가 개인이든 대중이든 논쟁으로 설득하려는 것은 어리석은 짓
이다. 그럴 경우 그들은 십중팔구 저항하게 되어 있다. 사람들의 생
각을 바꾸려고 하기보다는 그들의 정체성과 현실 인식을 바꾸도록
하라. 그들이 누구인지를 말해주고, 그들이 동일시하고 싶어 하는
이미지를 제공하라.

　현재 상태에 대해 불만을 갖게 만들어라. 그들이 스스로에게 불만
을 가질수록 우리가 새로운 라이프스타일이나 사상을 제안할 수 있
는 공간이 그만큼 넓어지기 때문이다. 자신이 누구인지 알려면 당신
의 말에 귀를 기울이는 수밖에 없다고 생각하게 만들어라. 그와 동
시에 외부 세계에 대한 그들의 인식을 바꿔야 한다. 그러려면 그들
의 시야를 지배할 수 있어야 한다. 가능한 한 많은 매체를 사용해 그
들의 인식을 좌우할 수 있는 총체적인 환경을 조성하라. 당신의 이
미지가 광고로서가 아니라 공기의 일부처럼 느껴지게 해야 한다.

인간 관계의 법칙

초판 1쇄 발행 2020년 2월 25일
초판 16쇄 발행 2024년 6월 24일

지은이 로버트 그린
옮긴이 강미경

발행인 이봉주 **단행본사업본부장** 신동해
편집장 조한나 **책임편집** 김동화 **교정** 안희나
표지디자인 [★]규 **본문디자인** 데시그
마케팅 최혜진 이은미 **홍보** 반여진 허지호 정지연 송임선
국제업무 김은정 김지민 **제작** 정석훈

브랜드 웅진지식하우스
주소 경기도 파주시 회동길 20
문의전화 031-956-7355(편집) 02-3670-1123(마케팅)
홈페이지 www.wjbooks.co.kr
인스타그램 www.instagram.com/woongjin_readers
페이스북 www.facebook.com/woongjinreaders
블로그 blog.naver.com/wj_booking

발행처 ㈜웅진씽크빅
출판신고 1980년 3월 29일 제406-2007-000046호

한국어판 출판권 © ㈜웅진씽크빅, 2020
ISBN 978-89-01-23986-6 03180